破除魔咒

朱民
［美］里达·谢里夫 ◎编
（Reda Cherif）
［美］福阿德·哈桑诺夫
（Fuad Hasanov）

王文婧 ◎译

中信出版集团｜北京

图书在版编目（CIP）数据

破除魔咒 / 朱民,（美）里达·谢里夫,（美）福阿德·哈桑诺夫编；王文婧译 . -- 北京：中信出版社，2021.1
书名原文：Breaking the Oil Spell: The Gulf Falcons'Path to Diversification
ISBN 978-7-5217-1986-4

Ⅰ.①破… Ⅱ.①朱… ②里… ③福… ④王… Ⅲ.①世界经济—经济发展—研究 Ⅳ.①F11

中国版本图书馆 CIP 数据核字（2020）第 106550 号

Breaking the Oil Spell: *The Gulf Falcons' Path to Diversification* (English)
Copyright ©2017 by International Monetary Fund
Chinese language edition published under license by CITIC PRESS CORPORATION, Beijing, 2021
This translation is published under license. The International Monetary Fund does not accept any responsibility for the accuracy of the translation.

破除魔咒
版权所有 © 2017 国际货币基金组织
中信出版集团股份有限公司授权出版的中文版，北京，2021 年。
本书经许可后出版。国际货币基金组织对译文的准确性不承担任何责任。

破除魔咒

编　　者：朱　民　［美］里达·谢里夫　［美］福阿德·哈桑诺夫
译　　者：王文婧
出版发行：中信出版集团股份有限公司
　　　　　（北京市朝阳区惠新东街甲 4 号富盛大厦 2 座　邮编　100029）
承　印　者：天津市仁浩印刷有限公司

开　　本：880mm×1230mm　1/32　　印　张：9.75　　字　数：210 千字
版　　次：2021 年 1 月第 1 版　　　　印　次：2021 年 1 月第 1 次印刷
书　　号：ISBN 978-7-5217-1986-4
定　　价：68.00 元

版权所有·侵权必究
如有印刷、装订问题，本公司负责调换。
服务热线：400-600-8099
投稿邮箱：author@citicpub.com

序

经济多元化发展的模式

对于科威特和海湾阿拉伯国家合作委员会（简称海合会①）的其他成员国来讲，经济多元化始终是一个非常重要的课题。石油是科威特在生产、出口贸易和公共收入等方面的主要组成部分。科威特加大力度丰富经济活动多样性，一是为了减少对石油的依赖，二是为了创造更多创造性工作岗位，向劳动力市场持续注入大批新生力量。

几十年来，科威特经济不断发展，人民生活水平有了实质性提高，这也为国内充足的基础设施和高质量的公共服务提供了保障，但这些进步背后的成本也不低。在公共支出中，公共部门的

---

① 海合会成员国有巴林、科威特、阿曼、卡塔尔、沙特阿拉伯和阿拉伯联合酋长国（后文简称阿联酋）。

破除魔咒

工资开支金额巨大，补贴基本商品也给国家预算造成了不小的负担。目前，石油类公共收入占政府总收入的比重依然较大，科威特的劳动力更倾向于从事政府部门的相关工作，而对私营部门的参与度较低。更要紧的是，科威特在经济多元化方面进展甚微。

科威特已经提出了许多关于扩大改善商业环境、通过激励私营部门带动经济发展和创造就业的方案。实际上，这些方案的一个主要目的就是激发私营部门潜力，从而带动整个国家的经济发展，比如通过伙伴技术局建立公私伙伴关系，以及通过国家中小型企业创业基金鼓励创业等，这些都是推动发展、促进经济多元化的可行方案。

当然，前路漫漫，这些只是科威特经济多元化进程起步阶段的一小步。为了刺激私营经济增长而必须进行的改革是复杂的，要取得成效也非一朝一夕之事。为此，科威特不仅下定决心要进行改革，而且将广泛听取国内外私营部门的建议和意见，借鉴、吸收其他国家的经验，进一步推进科威特经济多元化进程。

阿纳斯·阿尔·萨利赫

（Anas Al-Saleh）

科威特财政部长

目 录

序 经济多元化发展的模式 // 001

前 言 // 005

引 言 // 011

第一部分 中东与北非地区的经济多元化尝试

第一章 海合会成员国在经济多元化方面的 7 个命题 // 003

第二章 经济多元化之谜 // 071

第二部分 亚洲和拉丁美洲的多元化经验

第三章 超越比较优势:新加坡方案 // 101

第四章 迈向高收入经济:以局内人的视角看马来西亚国家建设的五个十年 // 129

破除魔咒

第五章 韩国的工业多元化：经验探索史 // 144

第六章 拉美国家的经济多元化：面对艰难时期的举措 // 159

第三部分　助力多元化发展的关键政策

第七章 中等收入国家的增长政策设计 // 177

第八章 多元化和多元化经济：政府在加强产业基地建设中的作用 // 198

第九章 巴西工业化的实践与巴西国家开发银行的作用 // 218

第十章 从结构性视角看韩国新村运动对发展政策的影响 // 231

第十一章 今日教训和明日前路 // 248

后　记 // 256

鸣　谢 // 268

参考文献 // 272

前　言

自然资源储量丰富的国家容易陷入一个发展怪圈。它们所拥有的丰富的自然资源财富，一方面，能够直接提升本国居民生活水平，或者通过将政府额外收入转化为社会服务和基础设施服务方式，间接造福于民，但另一方面，这也在某种程度上阻碍了赋税征收，因而无法为其他经济活动提供必需的服务和支持。与此同时，有关"荷兰病"[①]的广泛研究也强调了这些经济体在发展中面临的不利影响，正是这些不利影响引发了我们所说的"自然资源诅咒"。

其中一些不利影响由来已久：有的国家从自然资源开发中获得了可观的收入和不错的就业表现，但这也容易导致它们在开展新经济活动时动力不足，自然也不愿去承担相应的风险。企业从

[①] 本书提及的"荷兰病"主要指石油出口产生的收入反过来阻碍非石油贸易部门发展的现象。

破除魔咒

政府的公开项目中获利，这又会导致企业的寻租行为，甚至滋生腐败。另外一些不利影响与资源分配有关，不仅涉及土地、煤矿、石油、天然气等自然资源的空间分布，也与不同社会群体能在多大程度上从自然资源利润中获益息息相关。

有关"荷兰病"的研究指出了一些经济发展问题，这些问题是本书探讨的重点，此外，各国在开展以新技术为基础的多元化生产活动时将面临何种困难也是本书格外关注的部分。在商品价格暴涨的情况下，国内生产结构受到不利影响，许多关联问题也会随之产生。在此，我想针对这些问题进行一些补充。我们可以将国内生产结构受到的不利影响称为"荷兰病"的结构性维度和周期性维度。

"荷兰病"的结构性维度可以这样解释。一些经济体虽然凭借丰富的自然资源获得了高额利润，但这也破坏了它们投资高科技制造业和服务业等其他贸易领域的积极性，然而恰恰是这些没能获得充分投资的贸易领域才能继续为国家带来中高水平甚至高水平的收入，推动经济的进一步发展。这个问题尤其体现在国家的去工业化和工业化水平不足上，其普遍表现为非自然资源类贸易领域发展不足。这是结构性问题，而且这个问题会因商品价格暴涨而不断加重。这一点，在本书所关注的海湾国家等高收入油气富国中表现得尤为明显。

这一问题与近年来在有关发展问题的讨论中引起相当重视的"中等收入陷阱"现象联系紧密。从这本书涉及的案例来看，这一现象可以更加准确地描述为"资源富足型高等收入陷阱",其问题在于,这些经济体虽然收入不低,但却无力发展那些高科技贸易部门,因此无法进一步提高生产力,实现更高等水平的发展。需要补充的是,那些后期陆续加入多元化发展阵营的国家,它们在参与任何经济活动时所遇到的任何挑战都会使这一问题更加复杂。想要通过开展新经济活动以实现生产结构多样化比以往任何时候都更难。技术学习的准入成本以及与其他公司争夺市场份额的迫切需要,这些都很可能会牺牲掉原本的利润率。规模小也是个问题。从国际标准来看,当经济活动呈现出规模效益,或者在进行补充活动时呈现出外部经济特点时,大多数海合会成员国规模小的问题就很突出了,这一点在制造业中尤为明显。

对于资源富足型经济体来说,应对这种结构性挑战是一项非常艰巨的任务。所以我们说上层引导是任何多元化战略推行过程中不可替代的要素,而且还应该集中精力发展成熟的商品贸易,以实现高收入水平的生产力增长。这涉及一系列政策手段,引用这本书的部分结论就是"实行出口补贴和对非贸易企业的税收补贴政策,通过风险投资基金、开发银行与出口促进机构获得融资和商业支持的相关服务,以及创建经济特区、产业集群、研发中心和初创孵化器"。这部分内容不仅囊括了本书作者的智慧,而且广泛参考了关于新兴市场和发展中经济体产业政策的文献,总结得十分全面。用阿尔伯特·赫希曼(Albert Hirschman)的话来说,利用商品部门的前向和后向联系,同时开展全新的经济活

破除魔咒

动,这对深入进行多元化发展,或者对这本书提到的纵向和横向多元化发展至关重要。技能和人力资本也必不可少,正如书中的部分章节指出的那样,这些都可以通过经济多元化发展来逐步增强,这实际上是成功开展替代性经济活动所需要进行的广泛学习的一部分。

再来说说"荷兰病"的周期性维度。周期性维度与商品价格周期管理有关,尤其是那种持续时间较长的周期,比如20世纪70年代引发油价暴涨的两次石油危机,还有20世纪80年代的非石油类商品价格暴跌以及自1986年起持续了将近20年的油价崩溃等。新一轮的商品繁荣始于2003—2004年,在持续了将近10年后迅速终结。实际上,无论哪种周期都表现出一个主要特征,即在经历强劲的价格上涨之后,往往会迎来更严重的崩盘。

进行周期管理需要推行非常规的反周期政策,以避免总需求在繁荣期间过度膨胀,导致非贸易品的相对价格上涨,造成实际汇率升值,给非资源类可贸易商品的进出口竞争带来不利影响。如果这类影响很大,活跃在这些贸易活动中的企业可能会在商品繁荣期间面临破产,这也会对结构多样化和生产力产生持久影响。从某种程度上讲,后者与生产经验(即学习)有关。此外,除非有专项政策推进生产活动多元化,否则在商品繁荣期间,各国很难有足够的动力进行学习,积累生产经验。

这就意味着,在商品繁荣时期进行周期管理,首先要通过强有力的手段增加储蓄,并将其留在国外。这正是自然资源富足型国家在创建主权财富基金和积累外汇储备等方面学到的经验。然而，就海湾国家而言，在其20世纪70年代和80年代初的繁荣时期，光有这些反周期储蓄是不够的，而且这本书的编者所提到的"超级大萧条"最终还是发生了。事实上，人均消费水平在繁荣期过后下降了约20%，直到2010年左右才恢复到以前的水平。但正如前文提到的，除了储蓄之外，这些国家还必须制定明确的政策，利用自然资源产生的财富开展新的经济活动，否则一旦商品价格崩溃，国家就不得不面临增长乏力的局面。当商品价格疲软时，努力开展新经济活动是必要的，但在危机蔓延和可利用资源减少的情况下，这可能不是开展新经济活动的最佳时机。

这本书关注的海湾经济体就在之前提到的"超级大萧条"中经历过严峻挑战，而且在20世纪八九十年代，这些国家的人均收入水平与当时的发达国家人均收入水平相比有了明显下降，直到最近的一次商品繁荣时期才勉强赶上来。而且这些经济体在多元化方面所做的努力也收效甚微。从书中对其他地区案例的分析可知，实际情况要更加严重。这本书介绍了以韩国、马来西亚和新加坡为代表的东亚与东南亚地区的成功案例，其中，马来西亚商品丰富，而新加坡又是一个小型经济体，这两国的情况与海湾国家更相似。第六章介绍了拉丁美洲的经验。由于拉美国家在与发达国家相比人均收入水平较低的情况下"过早地去工业化"，尤其是在20世纪80年代进行市场改革期间（有些国家是从20世纪70年代开始的），因此该地区的发展经验大多不太成功，但

破除魔咒

也有成功案例,比如第九章介绍的巴西国家开发银行在政策规划设计方面取得的不错进展。

随着2004—2013年商品价格超级周期结束,商品依赖型经济体正面临巨大挑战。但我为这本书的众多编辑和作者感到高兴。在危机之下,制定新的政策框架同推进政策实施一样有难度,因而他们对这些经济问题所做的分析研究比以往更加重要。

何塞·安东尼奥·奥坎波

(José Antonio Ocampo)

哥伦比亚大学教授

联合国前经济和社会事务副秘书长

联合国拉丁美洲与加勒比海地区经济委员会执行秘书

哥伦比亚财政部和农业部部长

引 言

蒂姆·卡伦　里达·谢里夫　福阿德·哈桑诺夫
TIM CALLEN　REDA CHERIF　FUAD HASANOV

　　创造力总是不期而至。在它能够真正发挥作用以前，永远别想指望它，也别相信它。换句话说，对于那些需要持续投入创造力才能取得成功的事，我们一般是不会主动去碰的。所以想要让创造性资源充分发挥作用，全靠我们一开始偶然误判了某些任务的性质，原以为这些任务更加常规、更加简单，不需要什么创造力就能完成，但后来却发现实际并非如此。

阿尔伯特·赫希曼《隐蔽之手的原理》

　　经济发展可以说是一系列过程共同作用的结果。这些过程包

破除魔咒

括应对艰难挑战,面对不确定性做出复杂选择,提出创造性解决方案等。政策制定者一直将高质量的生活和可持续的合理增长视为经济政策的最终目标。在追求这些目标的过程中,恐怕没有谁会有意识地寻找其中潜藏的挑战。相反,正如阿尔伯特·赫希曼在他著名的论文《隐蔽之手的原理》中所写到的,人们会"因为新任务看起来更简单、更易上手,就误以为目前并不存在什么挑战,转而欣然地去开展这些新任务,虽然事实不一定如此"。根据赫希曼的表述,"隐蔽之手"在发挥作用时,掩盖了新任务中的一些困难和风险,导致企业误判,认为此任务风险较小,故而决定开展这一任务。但在开展过程中,很多障碍和问题逐渐显现出来,可此时已经没有回头路了,所以只能硬着头皮克服障碍,继续向前。一个国家走向经济发展和多元化的道路也是如此。经济发展过程是复杂的,尤其是在石油产业利润丰厚的情况下,政策制定者可能会对是否需要推出新政策来应对新挑战而犹豫不决,无法立马做出决定。然而,正如本书所示,海合会成员国和大多数石油出口国都不可避免地要面对这些挑战。

我们对于经济发展和增长的追求还远没有结束。历史经验、制度建设和政策制定等诸多因素既能推动经济发展也能阻碍经济发展,想要找出其中最重要的决定因素并不容易。套用列夫·托尔斯泰的话说就是,所有发达经济体都是相似的,而欠发达经济体各有各的不发达。

从普遍的发展经验来看,石油出口国是一类特别有意思的经

引言

济体。这些国家的石油收入巨大,但生产基础却十分单一。石油收入带来了国民生活水平的提高,但即便是石油出口大国也面临着技术落后、经济多元化程度较低的问题。这些国家的出口贸易和财政收入大多来源于石油或石油相关产品。非石油类产出的绝大部分都是非贸易品,主要涉及餐饮、运输和通信等技术水平较低的服务业。大部分可贸易商品都是进口的。这就意味着,许多石油输出国急需进行技术升级,推动生产多元化发展。

2014年夏到2015年秋,恰逢本书在筹备编写中,石油价格走低的事实再次强调了石油输出国加快推进经济多元化发展的重要性和紧迫性。在这期间,石油价格至少下跌了50%,且始终保持在较低水平。石油输出国的公民和政策制定者依然对他们在20世纪八九十年代石油价格萎靡时期所经历的严峻挑战与磨难记忆犹新,如今,恐怖阴云再度袭来。原以为丰厚的石油收入能帮助国家实现迅速发展,可这不但未成现实,还导致了失业、生活水平下降和大笔债务等问题。石油出口国经历持续了大约30年的"大萧条"。人均实际消费下降了20%,直到21世纪初石油价格大幅上涨后才恢复到原有水平。历史不会重演,但我们不应对其中的经验教训视而不见。

如今,政府支出不断增加,对就业岗位和收入转移的预期逐步上升,在这样的背景下,要应对低油价带来的挑战甚至比以往更难。许多石油出口国吸取了经验教训,在21世纪最初10年的高油价期间积累了大量主权财富基金,但这也并非长久之计。随

破除魔咒

着对可再生能源、燃料效率、水力压裂技术和其他非常规石油天然气资源开采技术的投资趋势越来越明显，电动汽车的使用也不断增加，石油价格并不是没有长期下跌的可能性。在未来一段时间里，无论油价是保持低迷还是再次上涨，现在都是提出有关石油出口经济体性质基本问题的时候了。如何打破对石油出口的依赖并为可持续增长开辟道路才是问题的关键。

尽管石油价格急剧下跌，但许多观察家认为，对于石油储量丰富的高收入国家来说，技术升级和经济多元化似乎并不是它们面临的首要任务。从近期的研究著作中可以总结出许多学者认为的资源富足型国家应当解决的三类主要问题。第一类问题是缺乏再分配，财富并未惠及所有公民。该论点认为，如果国家能够放宽对自然资源收入的控制，并将收入直接分配到各家各户，那么国民生活水平将有显著提高。第二类问题是关于财政政策的实施。国家需要进行有效的波动性管理，并解决资源使用的代际公平问题。

第三类问题是标准配置的成分缺失，而缺失的部分就是各国面临的主要挑战。举例来说，标准配置包括金融深化、贸易开放、资本流动、私有化、基础设施发展、劳动力市场灵活性，以及消除经营中的法律和规章障碍。但简言之，市场扭曲，尤其是政府原因造成的市场扭曲拖了国家发展的后腿。被广泛讨论的有关石油出口国的多元化问题通常以构建有助于实现增长、促进私人部门发展的有利环境为框架展开。

引 言

但和以上讨论不同的是，本书把多元化放在了石油出口国政策议程的首要位置，并试图跳出标准的增长促进方案的限制，寻找实现多元化发展的途径。虽然石油财富再分配、波动性管理和代际公平问题也很重要，但解决这些问题并不能把石油出口国从它们过去几十年经历的"长期低迷"的困境中解救出来。实际上，正如本书第一章阐述的，大多数石油出口国的相对收入，尤其是海合会成员国的相对收入在过去30年间急剧下降，从高于美国人均收入的水平下滑到只有美国人均收入的一小部分。即便是高油价也无法抵消这种下降趋势。此外，第一章还讨论了标准增长配置不足，以及贸易部门缺少活力阻碍可持续发展的问题。本书之所以针对海合会成员国进行研究，是因为它们的经验代表了一种对发展理论和实践具有重要意义的准自然实验。这些国家已经在许多束缚增长的标准上设法实现了相对较好的指标——比如优质基础设施的可利用性，劳动力（包括熟练劳动力）和资本自由流动，以及低关税与税收等。然而过去几十年，这些国家的生产力一直增长乏力，甚至出现负增长，非石油贸易部门更是零发展。市场失灵是抑制出口部门活力、阻碍可持续增长的主要问题。而要扭转这一局面，必须加强政府干预，特别是要激励私人部门全面发展。

本书不仅提供了历史经验，而且对不同经济体如何实现长期增长进行了理论和实证分析，同时汇集学者和政策制定者的观点。本书涵盖了中东、东亚、拉丁美洲的案例，并结合经济学、历史学、政治学和社会发展等不同学科的观点。希望这项跨学科、跨区域的研究能够基于过去的经验提出新的见解，为未来提供切实可行的建议。

本书第一部分讨论了中东和北非地区的经济多元化尝试。第一章作为概述篇章，通过海合会成员国的案例阐明政策制定者需要将贸易活动多元化作为国家政策制定的优先项。海合会成员国面临着重新调整增长模式，创造多元经济构成的艰巨任务，还要减少对碳氢化合物和公共部门的依赖，实现增长，并吸收就业市场中的新生力量。要想实现可持续增长，需要推进贸易活动多元化发展，而这恰好是海合会成员国所缺少的。第一章吸纳了石油出口国，特别是印度尼西亚、马来西亚和墨西哥等少数相对成功的石油出口国的多元化发展经验。

出口多元化不是一朝一夕就能实现的，因此必须马上行动起来。和以往研究不同的是，第一章认为，石油出口产生的收入反而会遏制非石油类贸易的发展，在"荷兰病"导致基本市场失灵的情况下，虽然落实结构改革、改善机构和商业环境、建设基础设施、简化法律和规章限制等常规政策建议很有必要，但以上这些手段不足以解决目前的问题。为此，海合会成员国需要改变对劳动者和企业的激励机制。研究相关国家的经验可知，成功的战略部署往往是将在现有产业中建立联系的（特定部门）纵向多元化和超越比较优势的（跨部门）横向多元化结合起来，并重视出口和技术升级。在技能和社会发展方面进行投资会改变对劳动者的激励机制。

引 言

第二章剖析了北非和中东地区，特别是阿尔及利亚和沙特阿拉伯两国的案例，这两个国家都曾在 20 世纪 70 年代大力推进工业化。通过这两国的实践案例，第二章讨论了组合型政策对于促进该地区以碳氢化合物为基础的经济可持续多元化发展的可能性。想要构筑坚实的出口基础，人力资本和教育至关重要。阿尔及利亚和沙特阿拉伯这两个人口最多的石油国家尝试在人力资本有限的情况下发展工业，而它们的经验告诉我们，推进工业化并不一定要率先实现较大的人力资本存量，而人力资本有限也不是工业化道路上的障碍。这一点很有借鉴意义。

本书第二部分重点分析了东亚和拉丁美洲的实践经验。第三章阐述了新加坡自 20 世纪 60 年代中期开始的卓越转型。从一个贫穷的港口城市发展到如今世界上富有的国家，新加坡共经历了五个发展阶段：20 世纪 60 年代呈现出劳动密集型特点，20 世纪 70 年代是技能密集型，20 世纪 80 年代转变为资本密集型，20 世纪 90 年代是技术密集型，随后又进入 21 世纪的知识创新经济发展阶段。这一章总结了帮助新加坡实现各阶段过渡的关键政策，以及跨国企业在发展中起到的作用。此外，本章还特别通过新加坡电子产业、精密工程产业、化工产业和生物医学科学产业这四个产业的相关案例探讨了政府发展出口的四种方式，即创造附加值、围绕价值链建设、发展集群和聚焦研发。

第四章研究了马来西亚的发展道路以及促其成功的因素。马来西亚的有趣之处在于，它本身资源丰富，并成功建立了规模庞

破除魔咒

大且复杂的制造业出口基地,是为数不多的具备以上条件的发展中国家之一。这一章列举了马来西亚在社会、政治和经济方面遇到的挑战以及应对这些挑战的方式。为进一步加强工业和科学能力建设,马来西亚还制定了相应的发展战略,推动其未来几十年的发展。第四章还进一步阐释了其发展战略的理论基础。

第五章以东亚,特别是韩国的发展经验为主,基于历史背景,进一步阐释第一章提及的多元化方案是如何在韩国逐步落实的,以及如何克服其中存在的障碍。现实中的制约因素、与私人部门的关系、激励措施以及工业化战略背后的真正目标都将在第五章一一提及。

第六章介绍了拉丁美洲的多元化发展经验。虽然许多拉美国家在过去几十年间的表现可圈可点,但究其原因主要是赶上了商品繁荣的浪潮。生产力停滞不前已经为该地区敲响了警钟。这一章还谈到在横向或纵向多样化方面的公共投入和市场干预等政策类型,从中可以看到科学技术和创新对于拉美国家的重要性。

第三部分主要探索推动多元化发展的关键政策。

第七章是对一般发展理论和自然资源出口国发展问题的补充,涉及如何解决"中等收入陷阱"这一关键问题。本章讨论了决定企业生产力和生产力增长的潜在因素,探索企业规模增长的潜在障碍,重新审视了纵向目标(或部门政策)的作用,并提出了中等收入国家新增长战略的一些要素。

第八章抛开GDP(国内生产总值)这一衡量手段,从消除贫困、技术创新、资本流动、女性赋权和创业精神等角度探究经济多元化的意义。研究表明，产业多元化能够极大地提高这些非常规衡量手段的经济产出。这一章不仅阐明了多元化的重要性，而且研究了经济合作与发展组织不同成员国用于支持特定产业创新的政府计划，特别表明了美国小企业创新研究计划（SBIR）及欧洲类似计划的有效性。

第九章从巴西从业者的视角出发，探讨了巴西的工业化发展。本章全览了巴西工业化进程以及巴西国家开发银行在过去几十年间发挥的具体作用，简要概述了巴西过去的产业政策、成功和失败的经验以及21世纪最初10年新产业政策的回归，并讨论了巴西国家开发银行在推动发展导向型风险投资方面采取的相关政策和手段。

第十章分析了韩国的新村运动。有研究认为新村运动在市场导向和政府主导的发展政策之间建立了联系。之所以说新村运动为韩国社会和经济发展做出了贡献，是因为它不仅是一场自助型社区运动，更代表了一种社会包容机制。它的成功基于有政府支持的基层参与，以及通过20世纪50年代的土地改革而形成的开放流动的社会结构。新村运动"从某种意义上说，是韩国人民的一场精神改革运动，在这方面的确取得了很大成就。人们的态度由此从懒惰变为勤奋，从依赖到自力更生，从自私自利到乐于

破除魔咒

合作"[1]。

第十一章立足当下经验,展望未来发展,以沙特阿拉伯经济和规划部前部长、现任皇家法院大臣穆罕默德·阿尔·贾瑟尔（Muhammad Al Jasser）及时任国际货币基金组织副总裁朱民关于发展中国家经济多元化挑战的谈话实录作为全书的结尾。

---

[1] Choe, Chang Soo. 2005. Key Factors to Successful Community Development: The Korean Experience. Discussion Paper 39, Institute of Developing Economies, Japan.

第一部分

中东与北非地区的
经济多元化尝试

第一章

海合会成员国在经济多元化方面的 7 个命题

里达·谢里夫　福阿德·哈桑诺夫
REDA CHERIF AND FUAD HASANOV

海湾阿拉伯国家合作委员会的成员国正面临重新调整增长模式，实现经济多元化的艰巨任务。实现经济多元化很难，但这样做能帮助它们减轻对碳氢化合物的依赖，创造机会激励私人部门拉动增长，并促进劳动力能力建设，为他们进一步从事其他高附加值工作做准备。

其中的关键挑战在于找到方法推动非石油贸易部门发展，同时支持私人部门的可持续就业。然而，目前海合会成员国在出口和财政收入方面主要依赖石油和天然气销售，并通过公共投资等政府支出影响经济发展。截至目前，海合会各成员国依然将大量资金投入到石油和石油衍生品上，而非其他贸易部门。不仅出口多元化没什么进展，而且各经济部门间也没能建立有益的联系。除此之外，海合会成员国单凭其公共部门的优越条件已经无法吸

破除魔咒

收更多国民进入本国劳动力市场了。虽然有许多外国劳动力流入，但他们大多是低技能人员，从事的主要是技术含量较低的工作，且集中在非贸易部门，而不是非石油类的贸易部门。

海合会成员国在经济上虽然都很依赖碳氢化合物，但它们在经济多元化方面面临的困难各不相同。对巴林和阿曼来说，它们的石油储量可能比其他国家耗减得更快，因此寻找其他经济增长方式和出口收入来源就更加紧迫。沙特阿拉伯的石油储量尚且充足，而它面临的关键挑战则是要激励本国公民进入私人部门就业。与沙特阿拉伯一样，科威特、卡塔尔和阿联酋的国民大多在国家公共部门工作，很少有人愿意进入私人部门，更别提出于提升自己技能水平的目的，主动加入私人部门了。相比之下，迪拜的经济发展更加多元，但其非石油类出口也主要集中在矿产、金属、旅游和运输服务等方面。由此来看，为了让公民继续享受石油收入带来的发展成果，所有海合会成员国都需要探索新的经济增长模式。

在本章中，我们将通过七个命题来分析探讨海合会成员国面临的主要经济挑战。海湾地区国家普遍采用以石油为主的经济增长模式，这种模式虽然使各国在医疗保健、教育、卫生设施和有形基础设施等方面有了显著改善，但相比于其他国家，海湾国家的经济表现也因此出现了下滑。我们认为，可持续发展的经济增长模式需要多元化的贸易部门来支持，但这正是海合会成员国所缺少的。出口多元化不是一朝一夕就能实现的，因此必须马上采取行动。与之前的研究不同的是，我们认为，原有的常规性政策建议，比如落实结构改革、改善机构和商业环境、建设基础设施、放宽规章限制等，虽然很有必要，但在"荷兰病"所导致的基本市场失灵的情况下，这些政策建议并不足以解决目前的问题。

为了克服这些困难，包括石油出口国在内的其他一些国家已经跨越比较优势部门，着眼于制造业和创新产业等高附加值产业，不仅大幅提高了生产力，而且对其他产业也产生了溢出效应。政府在其中充当起风险资本家，促进公私合作，以实现公平的可持续增长。

我们从石油出口国的多元化发展经验中吸取教训，特别是印度尼西亚、马来西亚和墨西哥这几个经济多元化相对成功的国家。成败似乎取决于国家能否在石油收入下降之前及时采取适当的应对措施。针对不同的多元化发展战略的研究表明，纵横双向的组合式多元化发展方式似乎是最成功的。一方面，纵向多元化能在现有产业中建立联系；另一方面，横向多元化可以在超越比较优势、推动经济多元化发展的同时，强调出口和技术升级。

七个命题

命题一

现行的经济增长模式在很多方面推动了社会发展，但也降低了相对经济绩效。

破除魔咒

自从海合会成员国发现石油以来，潜在的威胁就与发展机遇并存。石油收入的流动带动了经济发展，还提高了居民生活水平。海合会成员国将大笔资金投入基础设施和重工业，同时发展金融、物流、贸易和旅游业，投资教育和医疗卫生，并为人民提供负担得起的食物和能源。然而到了20世纪八九十年代，油价下跌却阻碍了出口多元化的进一步发展。实际上，该地区的经济发展主要依赖石油的局面并未改变。

海合会成员国的经济增长模式主要包括开采石油，生产与石油相关的产品和非贸易品，同时进口国内消耗的大部分可贸易商品[①]。2000—2010年，大部分海合会成员国的石油出口份额占商品和服务出口总额的60%以上，这一比例自20世纪80年代以来没有明显变化（见图1.1）。2013年，海合会成员国的石油收入占财政总收入的60%以上。相比之下，印度尼西亚、马来西亚和墨西哥等国的石油出口份额都有明显下降。

海合会成员国的产出构成各不相同，但石油、化工产品和金属（如铝）等占比都很重。除了一个成员国之外，其余成员国的采矿或公用事业产出（按实际价值计算）均占总产出的30%以上；巴林的这一比例约为15%，与挪威相似。制造业份额比其他用于对比的石油出口国占比更少。2000—2010年间，非石油类出口从一个很低的基数起，平均每年增长约13%。与其他海

[①] 附表1.1.1和附表1.1.2列出了海合会成员国和其他石油出口国的主要经济特征。

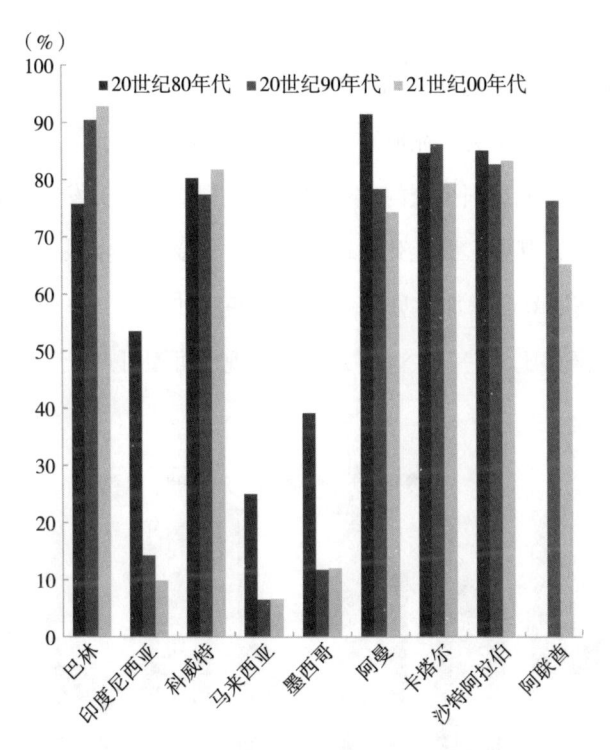

第一部分 中东与北非地区的经济多元化尝试

合会成员国相比，阿联酋在非石油类出口上的增长更加显著。

图 1.1 平均石油出口占商品和服务出口总额百分比

资料来源：国际货币基金组织，世界经济展望数据库。
注释：阿联酋的商品和服务出口不包括再出口部分。

国家主导经济发展，在获得石油收入后通过不同渠道进行再分配。油价波动主要通过财政政策向非石油类产出进行传导（Husain, Tazhibayeva and Ter-Martirosyan, 2008）。政府从石油收入中直接拿出大笔资金，通过公共部门的调拨和就业机会等形式回馈于民。海合会成员国的大多数国民都受雇于国家公共部门

破除魔咒

（IMF，2013a）。还有一部分收入用于开展大型项目，特别是基础设施和房地产领域的大型项目。其余收入就以主权财富基金等形式储蓄起来。此外，私人部门的大部分低技能水平和低生产率的工作都由外籍劳工完成。

海合会成员国民众的生活水平明显提高，人类发展指数得分大幅上升，其中，婴儿死亡率下降，预期受教育年限上升（见图1.2），预期寿命增加（见图1.3）。即使和加拿大、挪威等发达石油出口国相比，它们在这些方面的表现也可圈可点。

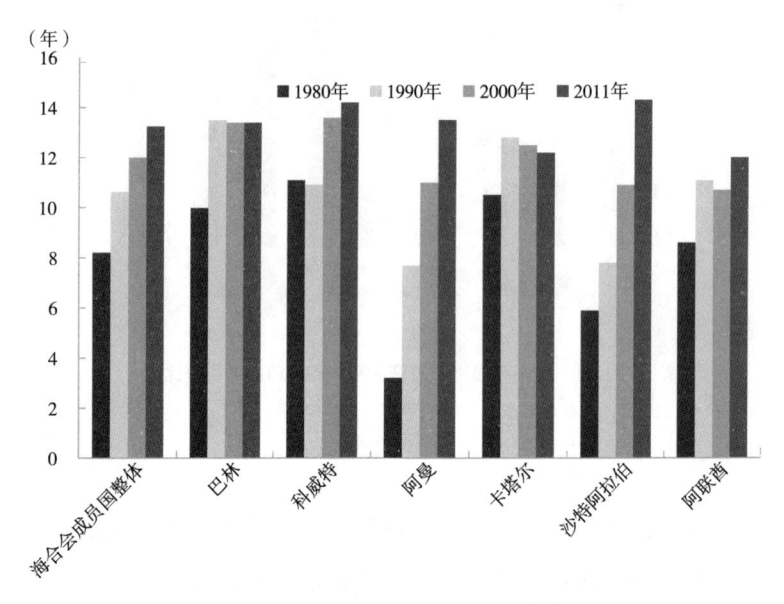

图1.2　1980—2011年海合会成员国预期受教育年限

资料来源：联合国经济和社会事务部；联合国教科文组织统计研究所；联合国经济和社会事务部（2009）；联合国开发计划署。

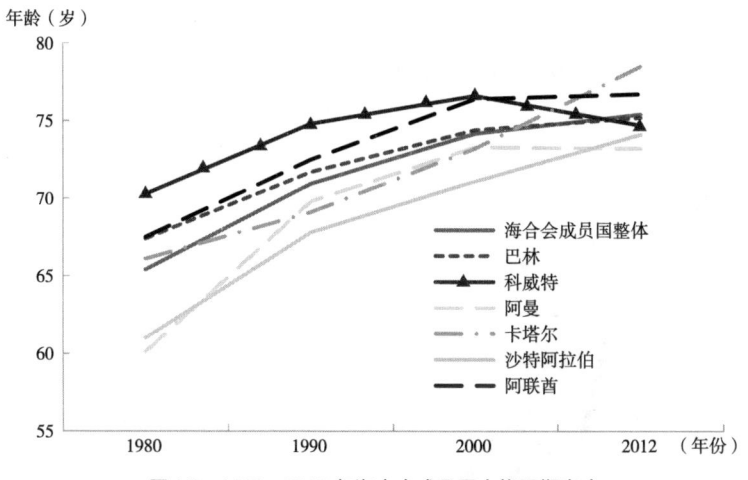

第一部分　中东与北非地区的经济多元化尝试

图 1.3　1980—2012 年海合会成员国人均预期寿命

而与此同时，海合会成员国的国际收入排名却出现了下滑。除阿曼和卡塔尔外，其他成员国的人均 GDP（购买力平价美元）均有所下降；当 20 世纪八九十年代油价跌至最低水平时，人民生活水平也因此下降，直到后期油价上涨后才有所改善（见图 1.4）。相比之下，海合会成员国的整体表现实在难以令人满意。相对收入排名也大幅下降，1980 年海合会成员国的人均收入还是美国的 1.5~4 倍，但在 2010 年就下降到了美国以下[1][2]。即使是卡塔尔这种天然气产量很大但人口较少的国家，其人均收入水平

---

[1] 1980 年是 20 世纪 70 年代起石油价格暴涨的高峰期，2010 年实际油价与 1980—1981 年的水平基本相同，因此将 1980 年作为基准是有效的。另外，无论是将 20 世纪 70 年代还是 1980 年作为基准，研究结果均有效。

[2] 人均 GDP（以购买力平价美元计算）和就业数据来自宾夕法尼亚大学佩恩表 7.1，可能与其他来源不同。

破除魔咒

也从原来美国的三倍多下降到两倍左右。巴林和沙特阿拉伯的人均收入也从1980年的世界前10位分别下降至2010年的第43位和第31位。

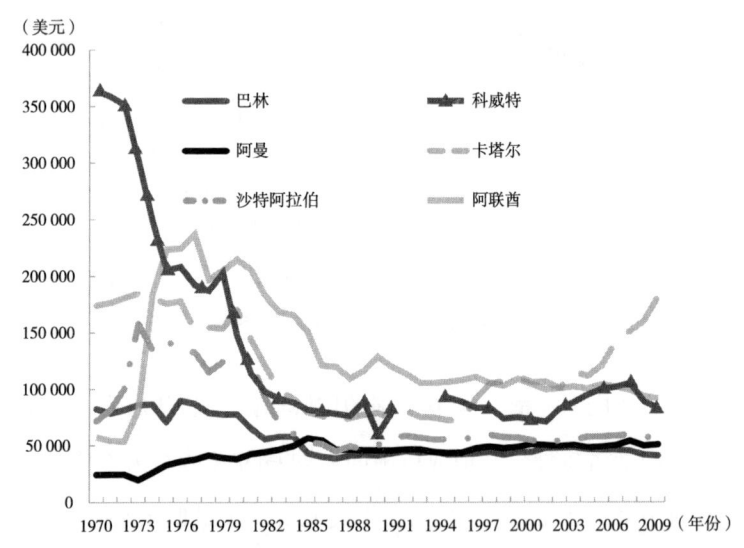

图1.4 1970—2010年人均GDP（购买力平价，恒定2005年美元价格）
资料来源：宾夕法尼亚大学佩恩表7.1。

相对收入的下降也伴随着生产力的下降，而实际GDP增长主要是受要素积累的驱动（见图1.5）。包括人力资本在内的高资本积累和人口增长促成了海合会产出的高增长，但人均相对指标并没有随之增长。截至2010年，30年间，所有海合会成员国的全要素生产率（TFP）均有所下降[1]，墨西哥也一样，但印度尼西

---

[1] 通过国民账户数据发现，在1990—2012年期间全要素生产率下降（IMF，2013a）。

第一部分 中东与北非地区的经济多元化尝试

亚和马来西亚却出现了增长,拉大了海合会成员国和其他石油出口国之间的差距。物质资本的大量积累推动了印度尼西亚和马来西亚经济与全要素生产率的增长(其他国家见附图1.1.1)。

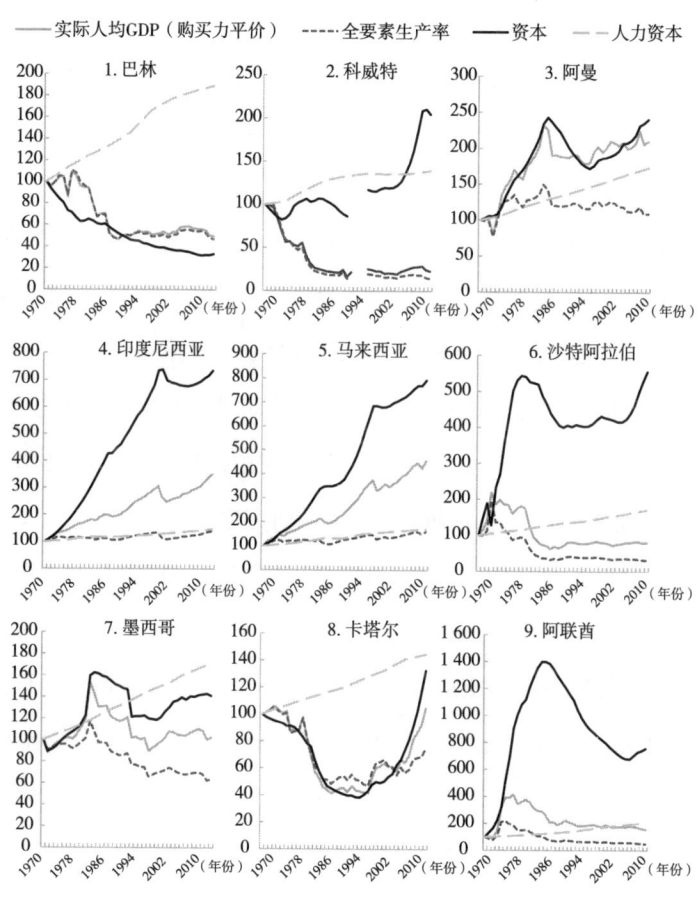

图1.5 1970—2010年经济增长因素分解(1970年=100)

资料来源:宾夕法尼亚大学佩恩表7.1。

破除魔咒

命题二

> 多元化贸易部门是可持续增长的必要条件。

可持续增长在很大程度上取决于出口多元化程度和国家发展成熟度。霍斯曼、黄和罗德里克（Hausmann，Hwang and Rodrik，2007）以及谢里夫和哈桑诺夫（Cherif and Hasanov）的研究表明，出口复杂度是决定增长的主要因素，此外还包括初始条件、制度建设、金融发展和其他增长因素。珈里尤和蓬塞（Jarreau and Poncet，2012）通过研究中国部分地区的数据也得出了相同的结论，但他们强调国内企业的出口活动对后续增长影响最大。外企主要是为出口升级做出了贡献。帕帕格奥尔基和斯帕塔福（Papageorgiou and Spatafora，2012）的研究也表明，对低收入国家来讲，出口多元化是决定增长的主要因素之一，这也与发展中经济体的人均GDP波动的减少有关。此外，研究还发现，质量升级，尤其是制造业的质量升级与经济增长呈正相关。由于出口复杂度对实现增长至关重要，而制造业在这一方面又有较大潜力，因此应该重点关注。此外，罗德里克（Rodrik，2011）的研究表明，如果不考虑初始条件的话，各国制造业的劳动生产率会逐步接近。

为了实现可持续增长，国家需要不断生产新产品，采用和开发新技术。卢卡斯（Lucas，1993）在研讨论文《制造奇迹》中表明，要想提高生产力，不能仅仅抱着一套固有产品不放，而是要不断推出新产品,才能激发生产力,制造出"持续增长"的奇迹。在这个过程中,边做边学是积累知识和人力资本的重要渠道。商品种类单一会迅速导致生产力停滞。相比之下,新产品和新任务将促使管理人员和工人不断学习,攀登"质量阶梯"[1]。卢卡斯还认为,为了大规模地实现这一目标,国家必须首先成为一个出口大国。

海合会成员国的生产力下降和相对收入不景气可以用出口基础单一和出口复杂度发展停滞来解释。正如上文提到的研究表明的,可持续增长在很大程度上取决于出口复杂度和新产品生产。与印度尼西亚、马来西亚和墨西哥等商品出口国相比,海合会成员国的出口复杂度较低,而且多年来没有太大改善(见图1.6)。[2]在此期间,其生产力也呈现出负增长趋势。

总体上讲,巴林和新加坡的产出构成是具有可比性的(见图1.7),它们在出口和生产多元化方面的对比为我们提供了一个鲜明的例子。与新加坡相比,巴林的采矿业份额自20世纪90年代起有所增加,两者的制造业份额相似,而巴林的建筑业份额略高。相比之下,巴林的出口几乎全部集中在石油和金属上,占比超过95%,这与新加坡多元的出口基础大不相同,新加坡的制造业出口占商品出口总额的60%以上(见图1.8)。巴林的制造

---

[1] 请参考阿格因和豪伊特(Aghion and Howitt,1992)有关创造性破坏的研究论文。
[2] 根据霍斯曼、黄和罗德里克(Hausmann,Hwang and Rodrik,2007)测量的出口复杂度数据。EXPY指数为一国出口篮子复杂度的出口份额加权平均值。每种商品的复杂度为该商品所有出口国的人均实际GDP加权平均值。

破除魔咒

业以金属铝为主,还包括其他一些金属,但这并不一定有利于引进新产品和新任务,攀爬"质量阶梯"。即使把巴林的运输、旅游、交通业和保险等服务出口算在内,其2010年的石油出口额也仍然占商品和服务出口总额的一半以上。

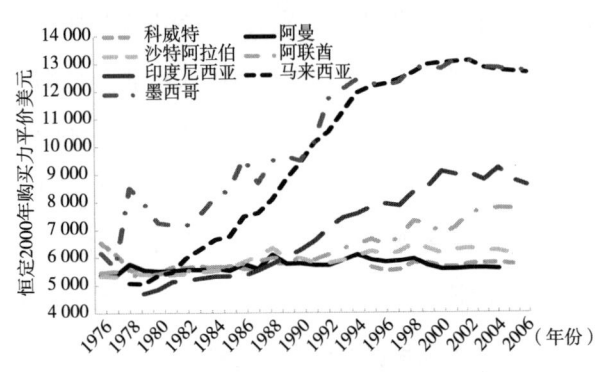

图 1.6 1976—2006 年商品出口复杂度

资料来源:霍斯曼、黄和罗德里克(Hausmann, Hwang and Rodrik, 2007);世界银行。

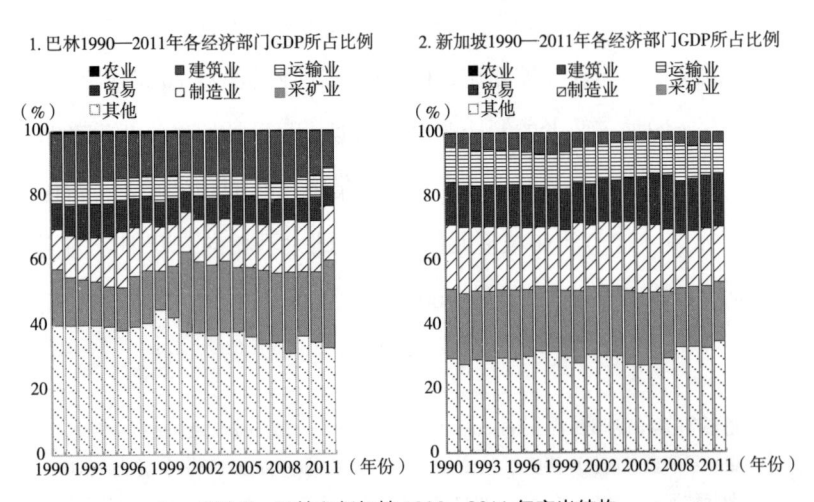

图 1.7 巴林和新加坡 1990—2011 年产出结构

资料来源:各国授权;联合国统计司数据库。

第一部分 中东与北非地区的经济多元化尝试

1. 巴林2008年出口商品占比前50位
（占商品出口总额百分比）

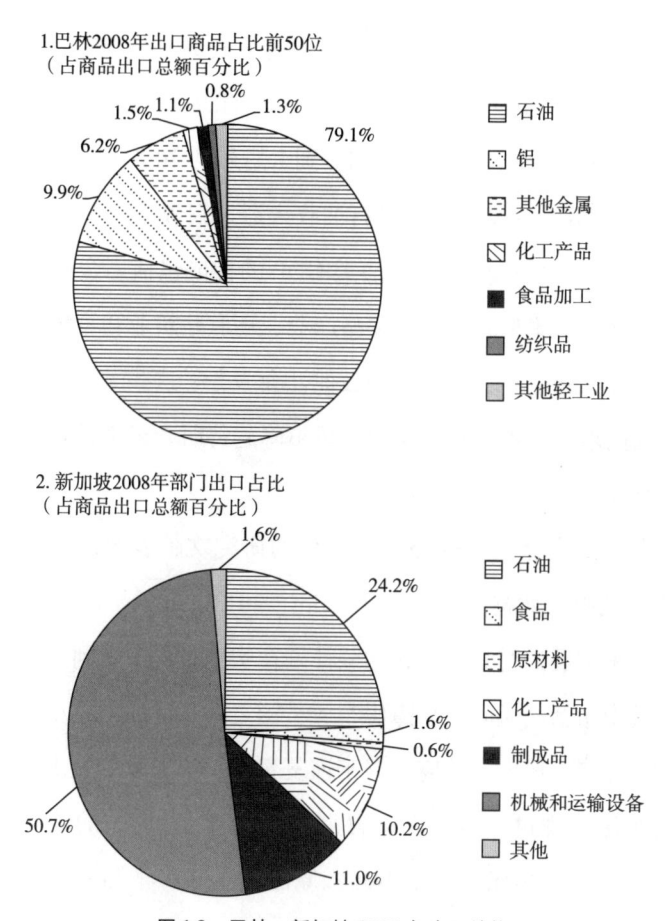

- 石油 79.1%
- 铝 9.9%
- 其他金属 6.2%
- 化工产品 1.5%
- 食品加工 1.1%
- 纺织品 0.8%
- 其他轻工业 1.3%

2. 新加坡2008年部门出口占比
（占商品出口总额百分比）

- 石油 24.2%
- 食品 1.6%
- 原材料 0.6%
- 化工产品 10.2%
- 制成品 11.0%
- 机械和运输设备 50.7%
- 其他 1.6%

图1.8 巴林、新加坡 2008 年出口结构

资料来源：各国授权。

有一点值得注意，我们常常会把生产多元化和非石油类增长等同于出口多元化和可持续增长，但实际上这个等式并不成立。从巴林的例子就能看出，相对多元的产出构成并不一定意味着出口多元化。出口结构代表着贸易商品的生产情况，也影响着生产

破除魔咒

力的提高和可持续增长。事实上，海合会成员国的全要素生产率在1980—2010年呈下降趋势，但同一时期的非石油类GDP的增长率却很高，从沙特阿拉伯的4%到卡塔尔的10%不等。非石油类GDP的增长主要是因为将石油收入通过财政支出和相关私人支出输入经济发展中。非石油类GDP的构成包括炼金业和石化工业等能源密集型和资源相关型产业，还有建筑业和零售、餐饮等服务业，运输业、通信业和其他社会服务。这些经济体中非石油类的高增长并不意味着当油价呈下降趋势时，未来长时间内或者持续一段时间内的经济增长。

有关海合会成员国经济多元化的研究文献表明，各国在过去的尝试中收效甚微。维特（Hvidt，2013）分析了海合会成员国对未来发展的愿景，认为这些计划在实施过程中受到了许多阻碍，其中包括区域间贸易障碍、成员国之间经济活动重复和不利的政治环境，比如，政府倾向于恢复赞助、增加政府支出，而不是克服困难推进改革。根据鲁尼（Looney，1994）的观点，海合会成员国的多元化程度不高，原因在于缺少全面的工业化战略，还有"荷兰病"的影响、过于依赖流动劳工以及生产和出口激励措施不足等。为了打破石油魔咒，埃尔巴达维（Elbadawi，2009）提出通过建立稳定的宏观经济环境，推行符合规则的财政政策，建立健全经济政治机构来管理石油租金。埃尔·贝布拉维（El Beblawi，2011）强调，以自然资源为基础的产业以及食品加工、建筑材料等进口替代产业都无法推动可持续增长。纳布利等

第一部分 中东与北非地区的经济多元化尝试

人（Nabli and others，2008）讨论了促进横向政策发展和提升治理水平的必要性。

海合会成员国在化工产品以及能源密集型产业中实行的重工业化战略虽然有助于推进生产和出口多元化，但也存在一些弊端。这些产业都是资本密集型产业，而且与其他经济部门的联系也不够紧密。各国可以支持重工业发展的贸易商品并未得到发展，且大部分复杂技术仍然依赖进口。虽然也有像沙特基础工业公司（SABIC）在 2007 年收购 GE 塑料公司这种技术收购案例，但除此之外并没有太多技术转让的案例。生产力提高和溢出效应有限。这些资本密集型产业能够提供的就业机会也很少。此外，石油化工品等石油衍生品的出口与石油价格密切相关，这反而不利于减少高出口收入的波动。近年来进行的有关创建产业集群、建立技术园区和发展其他制造业的尝试都未能取得实质性成果。

还有一些海合会成员国在服务业出口方面增长强劲，虽然尚不足以实现可持续增长，但旅游、物流、运输和金融服务都取得了一定进展。这对于增强产出多元化有一定积极意义，但旅游、运输等大多数服务业主要是低技能劳动，对本国劳动力的吸引力也不大，并不利于生产力的持续提高，更无法成为海合会成员国等高收入国家可持续增长战略的驱动引擎。虽然阿联酋的出口有所增长，但其 2011 年的服务出口还不及服务进口的 1/4，自 1990 年以来，净服务余额一直为负。巴林 2011 年的净服务余额虽然为正，但也仅占商品进口的 1/3 左右。

对人口大国而言，关注这些部门的发展并不能减少油价波动带来的影响，也无法降低失业率。从理论上讲，贸易和非贸易部门都有高附加值产业和相关的高薪工作。但是如果一个经济体要在软件开发、设计等高附加值的非贸易活动中创造足够多的就业机会，就需要建立起贸易和非贸易部门互相关联的网络。金融、保险、管理等现有的高附加值产业不太可能按计划吸收大量新的参与者。阿雷斯基等人（Arezki and others, 2009）的研究表明，旅游业的专业化给经济带来的增长效益是有限的。举个例子，旅游部门的出口份额增加 8%（1980—1990 年，超过 80 个国家的样本的标准偏差），但也只会给经济带来每年仅 0.5 个百分点的增量，更别提它能帮助该部门吸收具有高保留工资的国内劳动力了。即使是工资较高的金融部门也无法创造大量就业机会。2012 年，巴林的金融业约占 GDP 的 17%，但直接雇用的本国国民还不到 10%，与伦敦在金融和保险业的水平相似。

命题三

> 最初的技术差距和石油收入水平决定了石油出口国经济多元化成功或失败的可能性，而国家采取的政策则会加深或减轻这两种因素的影响。

第一部分　中东与北非地区的经济多元化尝试

过去几十年，石油出口国在经济多元化方面取得了不同程度的进展。阿尔及利亚、刚果、加蓬、海合会成员国和也门等尚未发展出种类多样的可贸易商品，但马来西亚、印度尼西亚、墨西哥等国家的出口复杂度有所提高，制造业也得到了发展。我们认为多元化相对成功与否主要在于贸易部门的挤出效应，这也可以被称为"荷兰病"的一种，但国家采取的政策能够加深或减轻这种影响。一般来说，"荷兰病"是指石油收入对可贸易部门造成的挤出效应，如果没有石油收入的话反倒不会这样。① 后文中，我们将通过"荷兰病"这一概念来分析这种对贸易部门的挤出效应，尽管这未必与实际汇率变动有关。

贸易部门受到挤出效应影响的严重程度取决于初始技术差距（或者说与前沿技术的差距）和石油利润总量（Cherif, 2013）。② 石油出口国可按图 1.9 所示的两个维度进行分类。以 1970 年人均机械和运输设备出口的实际价值（经美国消费价格指数调整）

---

① 当国家收入受石油收入影响而增加，且贸易和非贸易商品都正常生产时，实际汇率升值和劳动力转移到非贸易部门就会造成对非贸易物品需求的增加（可参考：Krugman, 1987）。但从经验上看，海合会成员国的实际汇率不受石油收入影响，这就意味着传统的"荷兰病"并不适用于如今的情况（Espinosa, Fayad, Prasad, 2013）。然而，正如命题五所讨论的，考虑到石油收入对海合会成员国出口动力的影响以及石油利润的分配机制，海合会成员国的确面临着贸易部门发展受阻的情况。

② 根据谢里夫（Cherif, 2013）提出的模型，相对收入取决于可贸易部门的相对生产率。相对生产率差距越大，相对收入差距越大。因此当石油利润增长并转化为国内收入时，相较于生产率差距较小的情况，石油利润的增加将会产生更大的收入效应，给贸易部门发展带来更严重的阻碍。实验结果也支持这一结论。

破除魔咒

作为初始技术水平[①]的标准进行衡量，可将石油出口国分为四类：低初始技术水平和低石油收入（阿尔及利亚、安哥拉、刚果共和国、厄瓜多尔、印度尼西亚、马来西亚、墨西哥、尼日利亚和委内瑞拉），低技术水平和高石油收入（巴林、加蓬、科威特、利比亚、阿曼、卡塔尔、沙特阿拉伯和阿联酋），高技术水平和低石油收入（加拿大），高技术水平和高石油收入（挪威）。[②]

总体而言，石油出口国的表现可分为以下几种类型（见图1.10）。

- 加拿大属于高技术水平与低石油收入国家，在提高以实际人均机械出口为代表的技术发展方面做得很好。
- 相比之下，挪威虽然石油收入高且技术发展成熟，但人均出口水平并未提高，实际上，它在1970年还高于美国水平，但在2000年下降到美国水平以下。

[①] 数据来源于芬斯特拉等人（Feenstra and others, 2005）的研究成果（联合国SITC分类的代码7）。珈里尤和蓬塞（Jarreau and Poncet, 2012）以高科技制造业在出口总额中的占比作为衡量标准，替代霍斯曼、黄和罗德里克（Hausmann, Hwang and Rodrik, 2007）提出的以出口复杂度为衡量标准的EXPY指数。这两种方法都不包括服务业，因为许多国家的服务业出口占比很小，并不影响衡量结果。

[②] 可能有人会说，对消费预期影响最大的因素不是资本流动或利润，而是石油储量或石油财富储备。然而，消费主体可能不会将储备所有权内部化，即便这样做了，要么信贷限制会妨碍他们进行平滑消费，要么由于油价较高的不确定性，其预防性储蓄动机也会很高（Cherif and Hasanov, 2013）。根据经验，大多数研究都发现了基于流向股票的"荷兰病"的证据（例如：Cherif, 2013；Ismail, 2010）。

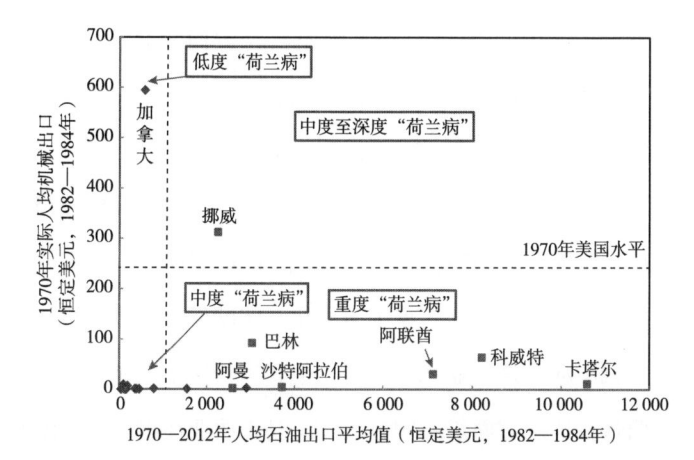

第一部分 中东与北非地区的经济多元化尝试

图1.9 1970年实际人均初始机械出口与1970—2012年石油收入

资料来源：芬斯特拉等人（Feenstra and others, 2005）的研究；国际货币基金组织，世界经济展望数据库。

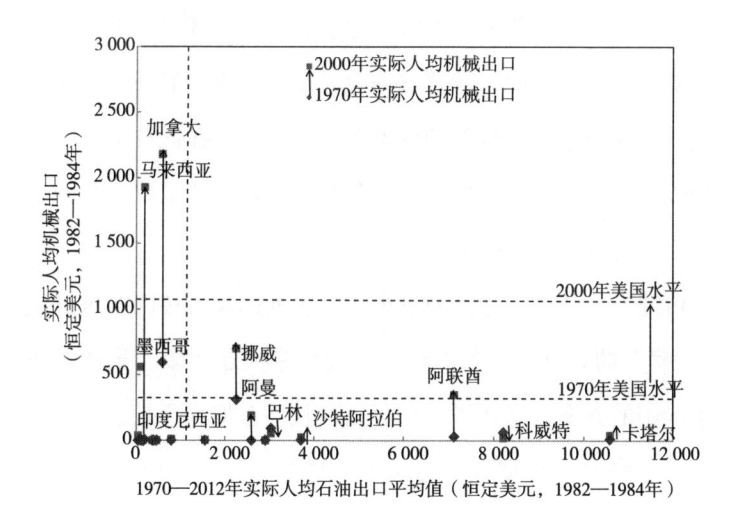

图1.10 1970年、2000年实际人均机械出口与1970—2000年石油收入

资料来源：芬斯特拉等人（Feenstra and others, 2005）的研究；国际货币基金组织，世界经济展望数据库。

021

破除魔咒

- 石油收入高的低技术水平国家在这方面的表现差强人意。以上九个国家中，阿曼和阿联酋的出口增长超过其他国家，但也仅仅达到了美国 1970 年的水平。
- 在低技术水平与低石油收入的国家中，相较于阿尔及利亚、尼日利亚、委内瑞拉这三个国家，印度尼西亚、马来西亚和墨西哥更加成功地实现了多元化。印度尼西亚虽然机械出口增长不如马来西亚和墨西哥，但其出口复杂度显著提高。墨西哥在这两方面均有明显改善，马来西亚在出口复杂度和机械出口方面也有明显进步，已经接近加拿大的水平。

总而言之，技术水平较高的国家为应对"荷兰病"做了更好的准备，并且早在获得石油收入之前就已在经济多元化方面取得了不错的进展。然而，随着石油收入增加，成功似乎已经对海合会成员国等技术水平较低的国家关上了大门。在低技术水平与低石油收入的象限中，我们认为正是各国采取的政策使这些国家走上了不同且分化的发展道路。

可能有人认为，像挪威这种出口多元的高科技国家可以免受"荷兰病"的影响。它的石油收入比加拿大还要多。虽然挪威制定了严密的方案，消耗了大部分石油收益，但它还是成为"荷兰病"的牺牲品。根据美国劳工统计局的数据，2012 年挪威制造业的小时工资是世界上最高的，约为美国和日本的两倍。2000—2010 年，单位劳动力成本增加了 50%，但德国和瑞典的这一数据都有所下降。此外，根据挪威国家统计局的数据，挪威 2012

年的年均工作时长大约为1 400小时，自1960年以来下降了600小时，在经济合作与发展组织中，如果按照工作时长从少到多进行排名，挪威位居第三。

尽管挪威的人均机械出口相对增加，但自20世纪70年代后期以来，挪威的出口复杂度已经呈现出下降趋势。出口复杂度的快速下降与70年代后期的油价飙升同时发生。到了80年代中期，油价低迷，挪威的出口复杂度略有回升，但从那以后就一直在下降。可能有人会说，在衡量出口复杂度时把服务业算在内就可以减缓下降的趋势。但挪威最主要的服务出口是海上运输，即便把这部分涵盖进去也不太可能扭转这一局面。挪威的邻国丹麦，出口复杂度相对更高，在1976—2006年还略有增加。挪威与丹麦的差距进一步拉大。有趣的是，马来西亚的出口复杂度在20世纪70年代中期只是挪威的45%左右，却从20世纪80年代后期逐步赶上，到21世纪00年代中期增加了约65%。

也可以这么说，石油出口国中少数的成功案例基本都是这样的情况，这些国家能够获得石油收入，且收入规模不足以对其他非石油贸易部门造成挤出。换句话说，只有这样的国家才有机会实现经济多元化。然而，这类案例也表明，政策起到了很重要的作用。挪威的案例告诉我们，在发展的早期阶段获得大量收入反而有可能对贸易部门产生潜在的不利影响。中东和北非地区许多石油出口国的经验都证明了这一点。

破除魔咒

在石油出口国中,只有印度尼西亚、马来西亚和墨西哥等极少数国家成功实现了多元化发展(见附 1.2)。它们在石油收入开始减少之前就已经做好了准备。但这三个国家还是比较依赖自然资源,相较而言,韩国和新加坡的发展则更加成功。

根据犹默等人(Jomo and others,1997)的研究可知,马来西亚是 20 世纪 70 年代最早开始收紧进口替代政策的石油出口国之一,它也是率先推行出口促进政策的国家,不仅成功地扩大了出口基础,而且提升了制造业的成熟度。如今,制造业占其出口总额的 1/3 以上,如果把炼油和其他自然资源相关制造业涵盖进去,这一占比将达到 3/4。能取得这样的成果,主要依靠马来西亚采取的多种政策:第一,有选择地鼓励出口方面的外国直接投资,特别是电子产品领域;第二,依靠自由贸易区;第三,推行税收优惠政策;第四,建立稳定的商业环境,给受过教育的劳动力提供具有竞争力的工资。马来西亚针对具体的战略产业采取了专项措施,并实现了最大限度的技术转让,这主要依靠其在工业和自然资源相关产业中采取的横向和纵向发展方式(Yusof,2012;Jomo and others,1997)。实际上,政府在其中充当了"风险资本家"的角色,积极进行国家干预,刺激重点部门增长。除了快速进行物质积累,人力资本的积累也非常重要。马来西亚政府还利用公共机构对员工进行持续的再培训和技能升级。

随着 20 世纪 80 年代油价崩溃,印度尼西亚采取了一系列措施,通过建立自由贸易区、税收优惠、放宽关税限制和非关税壁垒,以及发展中国家中最大汇率贬值(Jomo and others,1997)等手段,吸引外资,发展以出口为导向的制造业。从结果来看,具有吸引力的工资水平促成了纺织品、鞋类、电子产品等劳动密集型制造业的显著增长。在20世纪80年代自由化期间,政府遵循"战略撤退"的方针,只保留了钢铁和飞机制造业等几个战略项目。犹默等人(Jomo and others,1997)在研究中指出,印度尼西亚的经验告诉我们,只要政府下定决心,哪怕是贫穷的国家也可以从零开始,发展出复杂的技术产业。如今,印度尼西亚已经成为拥有飞机维修和飞机零件制造集群的发展中国家。尽管做到这一点成本很高,但国家支持确实有助于推动这一集群的建立和发展。

与印度尼西亚一样,墨西哥也开始从劳动密集型产业向更复杂的生产活动转变,但墨西哥仍然比较依赖以劳动密集型产业(主要是外国持有)为主的自由贸易区。自由贸易区的确有助于增加出口,但并不能帮助企业攀登"增值阶梯",也无法与其他经济活动建立紧密的联系。

从墨西哥过去15年汽车业的发展就能看出它的产业升级。2012年,墨西哥汽车业的从业人数已经超过了美国中西部地区的数据(墨西哥从事汽车业的人数占北美地区该行业从业总人数的40%,而美国中西部地区的占比则为30%),并预计会保持快速增长。很显然,《北美自由贸易协定》和发生在21世纪初的汇率贬值使得原本计划向美国出口汽车的企业改变了主意,转而直接向墨西哥投资。墨西哥各州为建立制造业集群而采取的政策及其在生产力提高和质量升级方面的表现值得关注，特别是瓜纳华托州，不仅推行了目标导向型投资战略，还加强了激励措施吸引企业。在基础设施方面，瓜纳华托州建造了占地2 600英亩（约合1 052公顷）的内陆港口，以及海关设施、铁路站台和连接当地机场的道路（Cave，2013）。附近还建有一所理工大学，为国家提供工程人才，州政府还鼓励企业派遣工人到国外接受培训。瓜纳华托州通过税收激励措施吸引外资企业，但更有趣的是，政府还像顾问一样，为这些企业提供服务。

概括来说，我们可以从石油出口国相对成功的案例中总结出经济多元化的政策经验。

- 进口替代战略并不鼓励国内企业参与市场竞争，进而导致大多数企业效率低下。这些企业更依赖于封闭的国内市场以及进口投入和技术。因此，关注国际市场竞争，重视技术升级、攀登"增值阶梯"至关重要。
- 马来西亚的政策组合最为成功，包括投资高附加值产业、比较优势产业（比如，和自然资源相关的制造业），以及电子产品等超越比较优势的产业。
- 对比马来西亚和其他石油出口国的经验可知，对于国家而言，积极鼓励投资目标产业（如熟练劳动力、基础设施、咨询）比为了保护某一产业而实行强制性价格扭曲（关税和价格控制）要好。

・印度尼西亚和墨西哥的经验表明，过度依赖低工资和劳动密集型制造业会阻碍生产力的提高。墨西哥的经验告诉我们，吸引外国直接投资需要努力创建产业集群。

命题四

> 推进出口多元化刻不容缓。

有人可能认为，海合会成员国享有高水平的生活质量，拥有大量石油储备，或许没必要这么着急进行经济多元化建设。但实际上，实施正确的多元化战略非常紧迫。

想要实现较高程度的出口复杂度需要二三十年的时间。少数获得成功的石油出口国提前几十年就开始建设非石油出口基地，以便能在石油利润减少时派上用场。比如，马来西亚在20世纪70年代初就开始推行出口导向型战略，其出口复杂度在20世纪八九十年代快速增长。尽管发展速度很快，但马来西亚用了20多年才达到了与一些发达经济体相当的出口复杂度水平。

石油出口国在20世纪八九十年代经历了支出减少、生活水平下降和债务增加等，这些都值得我们警醒。从人均消费发展的角度来衡量，石油出口国经历了一个长达30年的衰退周期。人均消费水平从1980年的峰值下降了约20%，直到2010年左右才因油价回暖而恢复到原有水平（见图1.11）。从社会稳定发展的角度看，实行相同的发展模式——继续进行石油开采，然后将其中一部分收益储存在主权财富基金，再将剩余大部分收益投资于基础设施建设，但却忽略了其他贸易商品——可能不利于社会福利。即使海合会成员国可以进行补贴和税收改革，并设法创造更多财政空间，但想要实现对可持续增长至关重要的贸易部门多元化，光靠这些还不够（见命题五）。

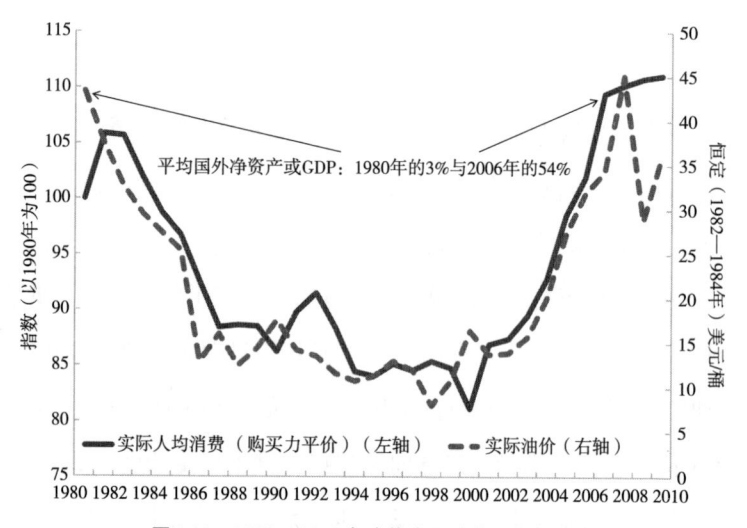

图 1.11 1980—2010 年人均实际消费和实际油价

资料来源：国际货币基金组织，世界经济展望数据库；宾夕法尼亚大学佩恩表 7.1。

注：数据来自石油出口国的样本。NFA = 净外国资产。

命题五

落实结构改革、改善机构和商业环境、建设基础设

第一部分 中东与北非地区的经济多元化尝试

施、减少限制等常规政策建议虽然都很重要,但在市场失灵的情况下,不足以刺激贸易商品的生产。

宏观经济稳定、最低限度的国家干预以及有利于投资物质资本和人力资本的环境,这些都是实现可持续经济增长的标准政策"处方"的主要组成部分。解决斯特恩(Stern,2001)和罗德里克(Rodrik,2005)所说的"政府失灵"也是其中一部分。这些失灵可能是由相关的高通货膨胀、垄断、投资障碍、产权不确定性以及其他与政府相关的问题所导致的。为了解决这些问题,海合会正在进行改革,但大多数成员国在出口多元化方面进展甚微(见命题三)。各个国家在法律框架和破产框架以及某些烦琐的商业法规等方面仍有改进的空间,但它们在增加非石油出口和制造业产出方面进展甚微,原因是否全在于政府失灵呢?我们认为,非石油贸易部门发展之所以受限,其原因在于市场失灵。对石油出口经济体而言,要想获得真正的发展,就必须解决政府和市场的失灵问题。

越来越多的研究文献指出重新思考产业政策的必要性。经济学家把产业政策当作一种手段来看,原因在于过去设计的产业政策不仅不适用,而且导致了经济发展的失败(尤其指20世纪70年代的进口替代战略)。一些经济学先驱,如爱丽丝·阿姆斯登(Alice Amsden)、张夏准(Ha-Joon Chang)、里卡多·霍斯曼(Ricardo Hausmann)、犹默(Jomo)、沙加亚·劳尔(Sanjaya Lall)、何塞·安东尼奥·奥坎波(Jose Antonio Ocampo)和丹尼·罗德里克（Dani Rodrik）等一直主张恢复产业政策。他们的主要观点是，经济运行正面临多种市场失灵的情况，工业化发展也因此受到阻碍。[1]但由于政府或政府失灵带来的扭曲以及外部性学习或协调失灵导致的市场失灵都会使经济陷入次优状态（Rodrik，2005）。

基于外部性学习的市场失灵意味着企业不会将生产率的提高内部化，进而导致资源流向其他高生产率部门。[2]正如松山（Matsuyama，1992）所说，某些经济活动，特别是制造业，会比非贸易服务或农业等其他传统活动需要更大程度的生产力发展。而企业可能没有完全意识到这些生产率的提高会随着时间的推移，导致高生产率部门的产量降低，并降低相对收入。外部性学习也可能伴随着溢出效应，使其他部门的生产率提高，但企业无法从溢出效应（比如制造业对农业的溢出效应）中获得收益。在这种情况下，对传统部门的资源分配也将高于社会最优部门（Rodrik，2005）。

而协调失败的市场失灵的观点是，对于现代部门（如制造业）来说，只有达到某一临界规模时才会有企业进入这一部门，而且只有当足够多的企业同时投资其他现代部门时，投资这一现代部门的企业才有利可图。研究文献中提出的解释溢出效应（例如需求溢出）的机制与此不同，但它们都与达到临界市场规模以

---

[1] 另一个主要观点正如命题二所讨论的，制造业扩张和出口成熟度的技术升级是生产力持续增长与发展的关键。
[2] "外部性学习"指的是生产活动对其他企业的积极影响，这里所说的"其他企业"指的是从事此项经济活动或为此支付相关费用的企业以外的企业。

证明投资复杂技术（例如汽车和飞机）的合理性相关。如果许多企业共同发力，同时投资现代部门，就能获得更高的生产力和发展水平。但在市场失灵的情况下，国家就需要根据市场失灵的类型进行干预，以获得社会优势。人们可以将进口替代战略的失败重新解释为对市场失灵产生了错误的判断。

政府失灵和市场失灵往往密切相关，但我们认为海合会成员国，或许还有其他石油出口国，并未像受到市场失灵的影响那样，受到政府失灵的影响。有三个论点表明，海合会对企业的约束和限制虽然阻碍了多元化发展，但这与政府失灵无关。

- 海合会成员国在基础设施质量和其他业务质量指标上已经取得了瞩目的成绩，但像印度尼西亚和墨西哥等石油出口国，它们虽然在经商环境优越度方面表现不佳，但在出口成熟度方面却有不错的进展（见图1.12）。
- 再看看挪威和加拿大（Stanford, 2012），它们基本不存在政府失灵的情况，和发展中国家相比更加明显，但这两国依然无法避开"荷兰病"。如果像这种本身在制度建设、有效治理、技能发展、基础设施建设和社会环境等方面就表现良好的发达经济体都不能免受"荷兰病"的影响的话，那么那些出口石油的发展中国家也不太可能摆脱"荷兰病"的困扰。此外，即便它们努力达到了与加拿大和挪威同等的制度建设水平和开放程度，其贸易部门也不足以得到充分发展。正如亨利和米勒（Henry and Miller, 2009）所表明的

破除魔咒

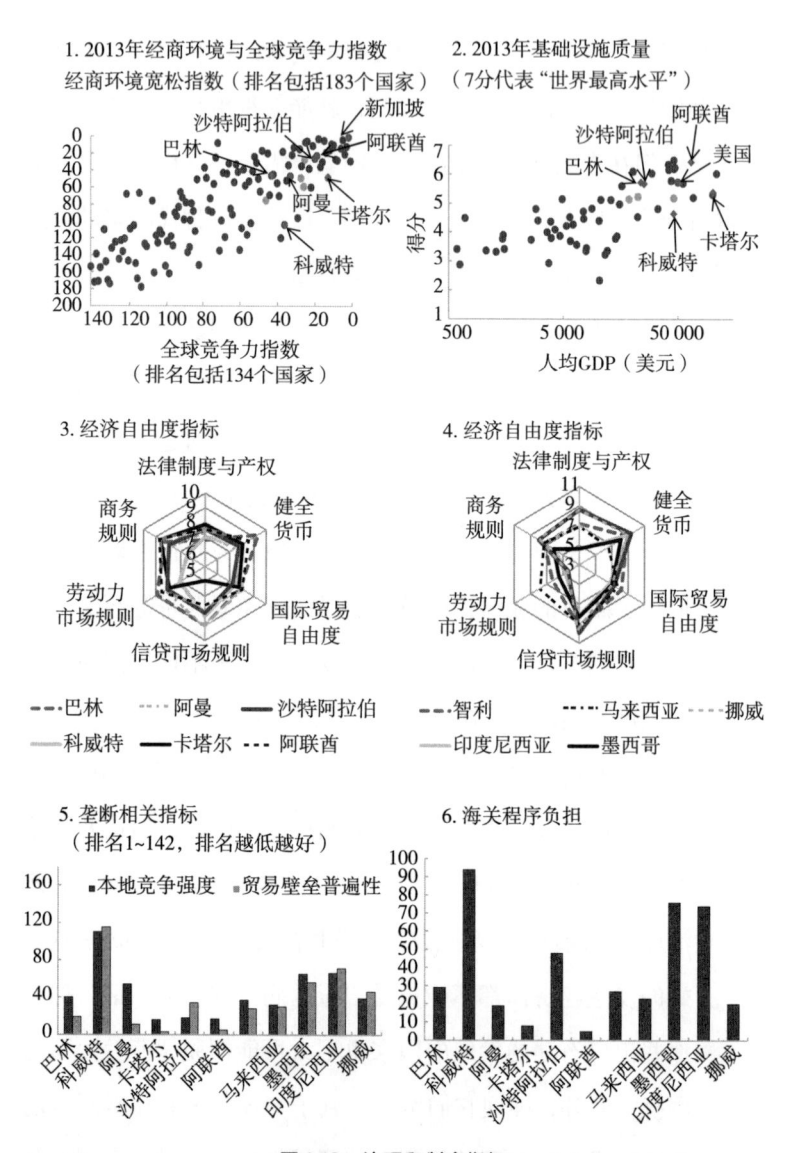

图 1.12 治理和制度指标

资料来源：加拿大弗雷泽研究所；世界经济论坛全球竞争力指标（2013—2014年）；世界银行经商环境指标。

那样，巴巴多斯和牙买加的实际人均国内生产总值在独立后出现了分化。两者虽然在制度环境、地理条件、殖民历史和法律遗产等方面情况类似，但分别采取了不同的经济政策。

- 由于石油利润缓慢下降，成功的石油出口国一直在推进多元化发展。随着这一进程持续进行，体制改革还需要更长时间才能实现。根据"国家风险国际指南"（ICRG）的数据，马来西亚和沙特阿拉伯的官僚质量指数相似，并且在20世纪八九十年代几乎没有变化。在此期间，马来西亚一直在发展可贸易部门。但印度尼西亚这一指数较低，表明风险较大。

我们找出了阻碍这些经济体发展贸易部门的市场失灵。正如命题三所讨论的那样，如果企业没有充分认识到可贸易部门生产力增长的潜在可能性，那么"荷兰病"就会导致学习失败。根据罗德里克（Rodrik，2005）的分类法，这是由外部性学习引起的失灵的一种变体。我们在命题三中讨论过，石油出口国已经陷入了一个可贸易部门相对生产率或技术差距不断恶化的恶性循环之中。这种市场失灵似乎是研究文献中最重要的理论贡献。

然而，我们需要确定与海合会相关的确切途径。[①] 我们提出

---

① 标准的"荷兰病"理论与海合会成员国的情况不尽相同。标准的"荷兰病"理论有一条重要假设，即劳动力不是国际流动的。如果这样，那么石油出口利润的增加就不会导致实际汇率升值和贸易部门的挤出。对大多数石油出口国来讲，这种假设是相当合理的，特别对尼日利亚和委内瑞拉等人口众多的国家而言。但海合会成员国在过去几十年中拥有开放的劳动力市场，以及大量外籍工人，特别是来自低收入国家的工人。

破除魔咒

了"荷兰病"在海合会成员国传播的一种新途径,要理解这种途径,关键在于企业,特别是企业集团的态度。对中小型企业而言,许多潜在障碍,包括融资途径、技能缺失和无法提供支持的不良商业环境等,都增加了它们发展出口商品的难度。相比之下,该地区的企业集团则是有数年历史的大型企业,不仅掌握土地、融资和政府关系资源,而且有引进熟练和非熟练劳动力的能力。此外,这些企业集团还能利用世界一流的基础设施,并在贸易协定范围内的市场最前沿展开经营。换句话说,这些企业集团可以免受大多数形式的政府失灵或目前已知的市场失灵的影响,特别是协调失灵的影响。既然如此,它们为什么不像几十年前的韩国企业集团那样,进入新的可贸易领域呢?

根据谢里夫和哈桑诺夫的研究成果可知,对海合会成员国而言,石油利润打破了可贸易部门和非贸易部门之间的风险-收益平衡。我们假设一个企业家必须决定是否要进入某一贸易或非贸易部门。可贸易部门生产率提高的潜力更大,但需要面临国际竞争,还要进行长期投资,因此收益的不确定性很大。考虑到石油利润足够高,"保险"机制开始发挥作用,非贸易部门的吸引力就比可贸易部门大得多。劳务引进不会改变这种机制,只会影响非贸易商品产出的规模和利润率。事实上,外籍工人的流入可能会进一步加大对非贸易商品的需求,加剧恶性循环。

矛盾的是,政府可能会使这种环境下的市场失灵更加严重。因为政府多年来参与大型基础设施类项目,所以这些项目从本质上讲都是非贸易活动。承诺建设基础设施值得称赞，大多数发展中经济体都把这当作发展的优先事项。但如果当前的基础设施建设并不对贸易商品的生产造成约束性阻碍，就可以更好地配置资源，发展贸易商品。事实上，大型基础设施项目可能会进一步增加非贸易部门对垄断竞争或寡头垄断企业的风险调整后收益，从而加剧对贸易部门的挤占。这一机制也适用于中小企业，它们很少会进入可贸易部门，即使它们面临的一般障碍得到缓解，情况也是如此。鼓励中小企业的政府资助计划主要集中在运输、零售和餐饮等服务业。

命题六

> 政府需要改变现行的激励结构。

海合会成员国推行的财政政策有助于建立福利较好的社会制度，但面对风险时，这种制度能发挥的激励作用就很有限了。如命题一所述，海合会成员国的许多公民都受雇于国家公共部门，平均薪酬相对较高，例如在阿联酋，公共部门工作人员的月薪约为4 500美元，而私人部门雇员的月薪不到2 000美元（IMF，2013a）。海合会成员国的能源补贴占GDP的10%~20%，在巴林，这一数据约为30%（IMF，2013b）。此外，海合会成员国的法定退休年龄相对较低。沙特阿拉伯有明确的福利制度，规定男

破除魔咒

性退休年龄为60岁，女性为55岁（IMF，2012），巴林、阿曼和卡塔尔的甚至更低，在50~55岁之间。养老金福利水平也很高，巴林的养老金替代率为80%（2013年世界社会保障论坛）。

命题五中涉及的风险-收益权衡也适用于劳动力市场。公民加入公共部门就能获得相对较高的薪酬和优厚的补贴福利，但这样一个零风险的发展政策根本无法对充满不确定性的贸易部门内的创业或就业起到激励作用。[①] 在私人部门工作可能会面临更高的失业率、更长的工作时间，甚至更低的工资水平。劳动力市场结构也不鼓励对人力资本进行投资。如果有可能获得一份终身雇佣、养老金福利较好、薪酬相对较高的零风险工作，那么风险调整后的教育回报需要非常高，才能证明投资人力资本的合理性。相反，技能缺失又会阻碍私人部门创造生产率足够高或者薪酬足够高的就业机会，无法吸引劳动力。这是一个自我强化的过程：由于技能缺失，私人部门无法创造出高生产率的工作岗位；因为劳动力没有太多机会在高生产率的工作岗位中"边做边学"，劳动力技能也无法得到提高。那么，国家应该如何改变激励结构，改善私人部门的就业情况呢？

与大多数私人部门相比，公共部门能够提供相对较高的薪酬和福利。政府应该对公共部门的工作和工资加以严格限制，并向公共部门的从业者明确表示不应期待过高。

---

① 有关公共部门就业挤出效应的论证请参阅贝哈尔和默克（Behar and Mok，2013）的研究。

此外还需要与其他计划相配合，确保从业者在私人部门工作时获得所需的培训和支持。在比利时和德国，凭借有关凭证就可以参加培训项目，涉及创业、会计和财务、法律问题、信息技术和其他应用型专业以及学徒培训系统与职业教育等方面。同时还需要建立安全网，为失业者提供最低收入保障，并鼓励他们参与就业。

通过这些方法，可以减少公共部门吸纳新从业者的需要、降低薪资水平、简化庞大的公共部门体系，并在不影响公共服务的前提下提高效率。有保障的最低收入会激发冒险精神，培训计划也能为创业者提供必要的支持。

想要吸引国民进入私人部门工作，需要更加具有竞争力的薪资和高附加值的就业岗位，还要进行公共就业政策改革。为了创造这样的就业机会，私人部门必须摒弃那种依赖零售、餐饮、运输等低附加值产业和非熟练廉价劳动力的经济发展模式，转而发展更先进的产业。为此，可能需要在一开始吸引国外高技能劳动力和企业家加入，配以积极的政策，创造充满活力的高技能劳动力队伍。

提升劳动力技能和转变观念的问题也应该尽早解决。随着进入私人部门的劳动力人数不断增多，仅仅依靠提高劳动力技能、改变激励措施是不够的。越来越多的证据表明，幼儿时期的教育质量具有长远的影响（Heckman，2008）。赫克曼、平托和萨维耶夫（Heckman, Pinto and Savelyev，2013）的研究表明，优质的早期教育会对儿童的考试成绩产生长期的积极影响。更重要的是，接受过良好早期教育的儿童能在后续考试中获得更高的成绩，原因不在于他们有更高的智力水平，而在于良好教育所形成的更加积极的社会行为和更加强烈的学习动机，而且这种积极影响并不局限于劳动力市场，还能促进形成更健康的行为（Heckman，2008）。

虽然海合会成员国的政府在教育方面投入了大量资金，而且受教育年限也在增加，但教育成果仍然不理想。它们在教育方面的支出平均占国内生产总值的4%以上，其中沙特阿拉伯和阿联酋的数据更是达到5.0%~5.5%，高于其他中高等收入国家的平均水平（IMF，2013a），人均支出甚至还高于大多数发展中经济体，但成果却不尽如人意，平均受教育年限仍然远低于那些发展中经济体。

幼儿早期教育的程度和质量也会影响儿童后期的能力表现。一些海合会成员国的幼儿教育毛入学率很低（见图1.13和图1.14）。同时如图1.15所示，毛入学率最高的国家和地区的学生在中学考试成绩方面往往表现最好。学生的表现优劣也与教师的素质高低有很大关系。道尔顿和马斯纳罗－古铁雷斯（Dolton and Marcenaro-Gutierrez，2011）的研究表明，教师的素质往往取决于教师在国家收入分配中所处的位置。根据效率工资理论，薪酬对教师的教学意愿有直接影响，还会影响教学质量、培训时长和招聘流程选择等。高水平的教学能有效解决考试成绩低和一般教育质量差的问题。

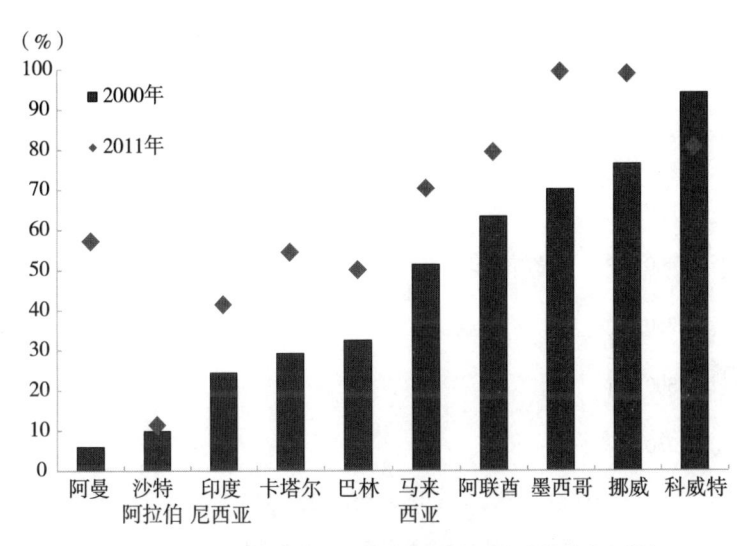

图 1.13 2000—2011 年海合会成员国和其他国家学前教育入学率

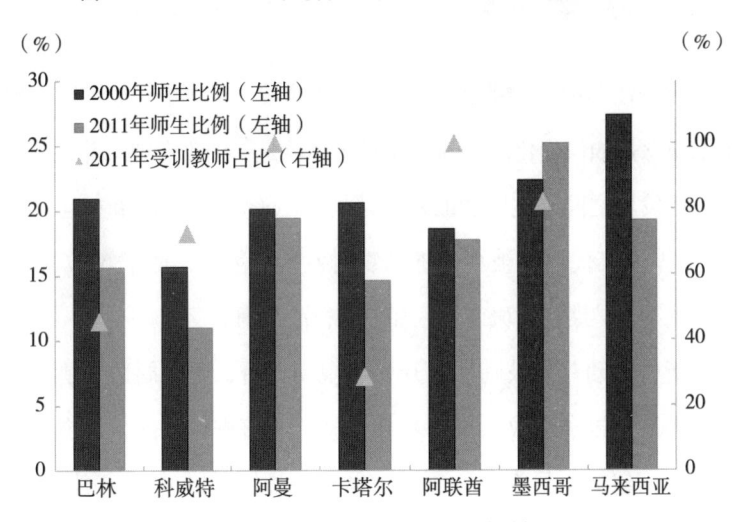

图 1.14 2000—2011 年学前教育数据

资料来源：联合国数据库。

破除魔咒

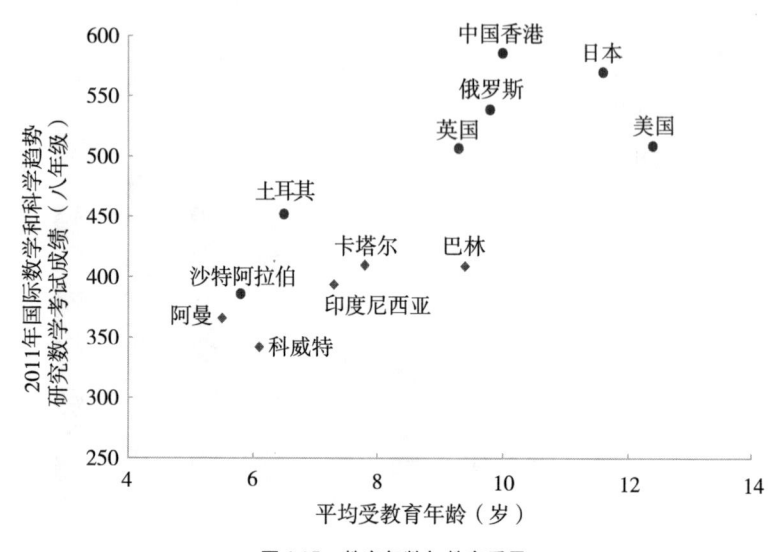

图1.15 教育年数与教育质量

资料来源：国际数学和科学趋势研究（TIMMS）；联合国开发计划署。

改变社会对私人部门就业的观念很重要，韩国的经验向我们展示了观念是如何变化的。韩国新村运动就是一个改变观念并在社会和经济发展之间建立联系的社会计划（Kwon，2010）。新村运动在20世纪70年代早期被视为推动农村发展的手段，由于效果不错，后来就迅速扩展到了城市社区和公共行政部门。

新村运动首先鼓励社区开展小规模项目，改善周边环境，然后再进一步投资创收项目和基础设施。政府进行资助，并提供组织框架，包括项目类型、领导协助、问责制、区域/国家协调以及技术援助。新村运动取得了实质性成功，成果显著，但其长期目标是鼓励社区共同努力，开展自主活动，最终改变人们的社会观念和态度,使他们立志为国家发展做出贡献。[①] 新村运动"从某种意义上说,是韩国人民的一场精神改革运动,在这方面的确取得了很大成就。人们从懒惰变为勤奋,从依赖到自力更生,从自私自利到乐意合作"(Choe,2005)。

有关社会发展的文献认为,韩国新村运动是一个典型的成功案例,也是韩国成功的重要组成部分(Choe,2005;Kwon,2010)。但是在借鉴这一经验时,应考虑到不同社会的具体情况(Kwon,2010)。即便如此,韩国的经验也表明,通过具体的社区项目,结合社会实际经济背景,政府是可以激发人们自力更生、创新创业的精神的。但要实现这一目标,政府还需要改变自身处理发展问题的方式。

命题七

> 国家可以充当风险资本家的角色,促进公私合作,设计并实施超越比较优势部门,以及针对拥有巨大溢出效应和生产力提高潜力的高附加值部门的发展战略。

到目前为止,我们一直在讨论海合会成员国要实现可持续增长,就需要发展充满活力的非石油贸易部门。我们还从一般的石

[①] 例如,在 20 世纪 70 年代,新村运动一共建造了 43 000 千米的乡村公路,61 700 千米的农业公路和 79 000 座小桥,同时为 270 万户家庭供电(Choe,2005)。

破除魔咒

油出口国和海合会成员国的经验中推断出，阻碍非石油贸易部门兴起的主要原因并不在于政府失灵，而在于市场失灵，需要重新部署，进行国家干预。我们还认为，各国应该立即着手实施相应政策以应对这一挑战。我们需要思考这样一个问题，除了改变经济体中原有的激励结构外，政府还应该做些什么来推进多元化进程。必须指出的是，在没有解决命题六所指出的社会激励结构问题的情况下，单纯实施本命题中提议制定的政策是行不通的。没有适当的激励措施，即便提出新的政策，也无法满足经济发展的需要，推动新兴贸易部门发展，而且还可能导致对资源配置的破坏性错误。[1]

我们通常认为应该把注意力集中在海合会成员国具有"比较优势"[2]的部门。但比较优势理论忽略了一个事实，即一个国家想要发展新的产业，就需要积累特定行业的资本和知识。现代比较优势理论的核心假设是，每个国家都可以免费获得相同的技术。例如，最贫穷的发展中经济体在生产飞机、机器人和卫星方面唯一的障碍就是资本-劳动力比率。但这种假设忽略了获取新技术或在实践中学习的过程中积累经验的重要性。单纯的资本积累并不一定意味着新产业的发展。从海合会成员国的例子

---

[1] 正如谢里夫和哈桑诺夫（Cherif and Hasanov, 2013）所论，由于贸易部门的生产率较低，最优投资应该相对较低。

[2] 需要注意的是，如果将相同的逻辑应用于20世纪60年代的韩国，那么结论应该是集中在当时主要出口的大米和假发上。

来看，它们积累了大量的道路、港口和机场等基础设施，还有不少住宅和商业地产，这些都是资本积累的构成部分。克鲁格曼（Krugman，1987）也表明，即使在标准的李嘉图比较优势框架下，进行外部性学习（从实践中学习）时，新兴产业保护政策也是有一定合理性的。扬（Young，1991）的研究也进一步表明，在从实践中学习的增长模式中，初始知识水平较低的国家在自由贸易均衡下的增长会比在没有贸易的均衡情况下要少。从本质上讲，在没有尝试生产那些具有外部性学习的商品的情况下，从实践中学习的部门生产商品会降低增长速度。

还有针对海合会成员国纯粹比较优势战略的论点。基于"显示性比较优势"的研究通常表明海合会成员国应投资附加值相对较低的产业，比如农用工业、基础金属制造业、动物皮革和皮革制品。也就是说，相对落后的经济体可以关注这些部门，逐步实现工业部门升级。然而，考虑到海合会成员国已经步入了高收入国家的行列，仅仅关注这些部门的发展似乎无法阻止它们在"收入阶梯"上进一步下滑的趋势。这些低附加值部门无法吸引足够多的本国劳动力以解决紧迫的就业问题。从张夏准等学者（Chang and Lin，2009）的描述中可知，真正的问题并不在于是否应该遵循比较优势，而在于国家能将比较优势发挥到什么程度。

在纵向多元化方面，海合会成员国已经在炼油、冶炼铝、化肥和石化产品方面进行了大量投资。从马来西亚的案例来看，国

043

破除魔咒

家重点加强了国内能力建设，并开始介入上下游产业，比如，以橡胶为基础的医用材料、改善棕榈生产的生物技术工程研究以及马来西亚国家石油公司的国际多元化发展等（Jomo and others，1997）。未来的重点应该放在与其他经济部门建立联系和技术转让升级方面。

这可能涉及围绕现有出口产业建立供应商网络的问题。比如，石油开采和炼油业就需要机械、金属、管道和平台建设等大量制造投入，还有软件、地质调查和工程研究等就业潜力较大的高附加值服务。这些产业的优势在于地理上的邻近性以及对具体需求和预期的了解。

在这方面，挪威在20世纪70年代制定的发展石油天然气供应商集群的国家政策是一个很有趣的研究案例。首先，政府直接干预石油经营者的采购。《挪威石油准则》要求经营者将投标人的名单上报给政府，而且政府有权在名单中加入其他挪威企业，甚至决定谁能中标（Leskinen and others，2012）。其次，政府要求外国运营商在进行许可程序时，提交针对挪威当地供应商的能力建设计划（Heum，2008）。最后，从20世纪70年代末开始，政府规定至少50%的研发活动要在挪威的实体企业中进行（Leskinen and others，2012）。尽管挪威在1994年与欧盟签署贸易协定时取消了这些限制，但政府在1997年之后继续通过INTSOK基金会支持供应商，鼓励它们将经营活动国际化。最终，发展供应商集群的政策非常成功，涉及领域包括与海下、地质和地震领域相关的大量高附加值产业,还培养了所需技能;在 2009 年直接雇用了大约 114 000 名工人,是石油天然气产业运营人数的五倍多(Sasson and Blomgren,2011a,2011b)。

新加坡为了创建引领产业发展的大型企业"系统集成商"和贸易部门的"全球品牌",也为了指导国有企业生产贸易商品,摇身变成了马祖卡托所说的"创业型国家"①(Mazzucato,2013)。文献中所讨论的纯粹的协调失灵要求"系统集成商"或工业滩头阵地为准备进入市场的企业提供强有力的推动(Murphy,Shleifer and Vishny,1989)。研究发现,技术飞跃越大,或者比较优势相差越大,看到实际成果所需承担的风险就越大,花费的时间就越长(Rodrik,2005;Chang and Lin,2009)。横向多元化通常侧重于制造业贸易和包括高技能服务在内的高科技创新领域。莫雷蒂(Moretti,2012)的研究表明,高科技领域和创新领域对于创造就业机会产生了巨大的溢出效应。全球价值和供应链的增长能够进一步支持企业与国家进行特定商品的生产(如亚洲供应链)。在经济活动和半成品贸易全球化的今天,全球价值链正在开辟一条新路径,促使各国加入高附加值产品生产链。

与短期就能获得高回报的非贸易部门相比,发展贸易部门虽然潜在的回报较高,但获益周期长,风险也相对较大。有关风险回报权衡的例子,比如诺基亚的移动手机部门(当时还是一家伐

---

① 自独立以来,新加坡政府的相关公司在经济中发挥了重要作用,并在竞争和商业的基础上有效运作(Ramirez and Tan,2004)。

木公司的组成部分），它持续亏损了大约20年；丰田公司也是在亏损了30年后才开始盈利的（Chang and Lin，2009）。相比之下，马来西亚的轮胎产业没有成功发展起来（Jomo and others，1997），这也表明了国际市场竞争和实行问责制的重要性。

为了解决风险回报权衡问题，政府已经在税收方面对出口商和非贸易企业给予了补贴。然而是否向私人企业或国有企业提供支持的关键在于能否确保企业的最高管理层对其获得的资金负起责任，并且如有必要，可因其不作为而将其解雇（Chang，2007）。即使是在美国和欧盟这种商业环境优越的发达经济体，大企业也能获得大量补贴和税收优惠。根据非营利组织Good Jobs First的调查，波音公司一共享受了137项补贴和税收减免福利，价值约为130亿美元。美国铝业公司获得了56亿美元的补贴，英特尔公司获得了约40亿美元的补贴，陶氏化学公司在过去几十年间共获得了14亿美元的补贴。世界贸易组织称，空中客车从20世纪90年代到2005年，从欧洲各国政府那里获得了大约180亿美元的补贴。

各国政府推行的第二套政策就是通过开发银行、风险投资基金和出口促进机构等对贸易部门提供保障和融资支持。鉴于贸易部门获得潜在回报的周期长、风险大等情况，廉价信贷、赠款和股本资金就能帮助企业集团和中小企业在面临风险回报权衡问题时尽快做出选择。大多数发达经济体还有一些专门为中小企业提供前期融资的项目，并以此来支持创新。根据实践经验，"美国小企业创新计划"在1983—1995年提供了超过60亿美元的资金支持，得益于该计划的企业，其增长速度明显快于同类其他公司（Lerner，1996）。1980年，由于没能成功吸引跨国公司入驻新成立的科技园，中国台湾推出了一项风险投资计划，通过财政激励和税收抵免鼓励企业落脚入驻（Kuznetsov and Sabel，2011）。而种子基金则为私人风险投资基金提供了与之相匹配的资本支持。事实证明这一做法是成功的，大型银行和企业纷纷创建自己的风险投资基金。即使是保守的家族企业集团也进行效仿，并开始投资信息技术产业。到了20世纪80年代后期，风险投资业的增长势头良好。

建立经济特区、产业集群、与大学相关联的创业孵化器以及激发创业精神是各国促进贸易商品发展的第三套政策。经济特区解决了各国特定的约束性限制，如土地权和法律/破产制度框架。专门从事城市规划服务的新加坡裕廊集团帮助新加坡成为了外国投资者的落脚地。和这家企业类似，经济特区也在短时间内提供商业服务支持，比如土地收购、设施使用、租赁协议和计划获批等（Minli，2008）。孵化器与大学联系紧密，配以研发基金，能够促进技术转让和商业化发展。由图1.16可知，与其他石油出口国相比，科威特和沙特阿拉伯的研发支出非常低。事实上，大学与产业的联系非常重要。麻省理工学院的技术许可办公室就是这样一个例子。技术许可办公室不仅加大了对大学科研和发明的投资，而且加速了科研成果向市场转移的进程。2012年就产生了约200项专利，并有16家公司注册成立。

破除魔咒

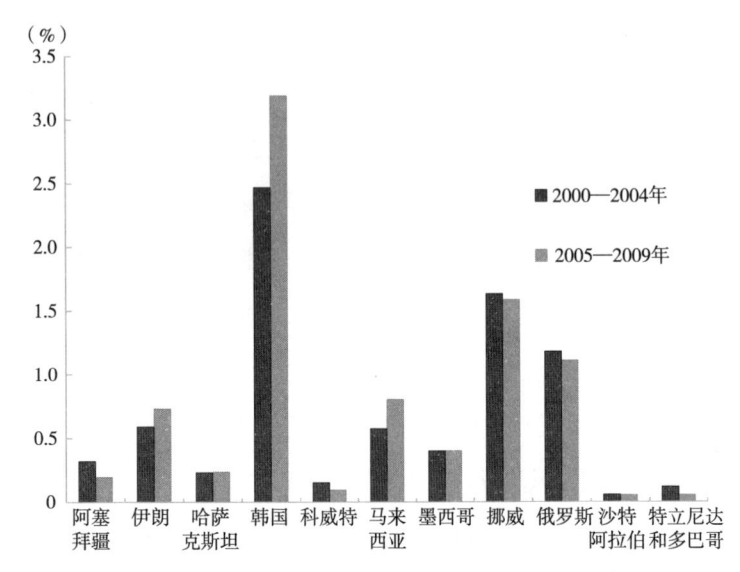

图 1.16 研发支出（占国内生产总值百分比；平均值）
资料来源：世界银行世界发展指标。

各国政府为推动贸易部门发展所采取的第四套政策是进行专项投资，培养技术熟练的劳动力。经验表明这是必要的。虽然发展一般基础设施和教育很重要，但对特定方面进行专项投资才是关键（Chang，2007）。比如，创建工程学和计算机科学产业集群，除了必需的基础设施和工业设备以外，与该部门相匹配的人力资本和技能也必不可少。建立在墨西哥瓜纳华托州的理工学院就是为了向工业园区提供熟练劳动力而专门设立的。在汽车公司的实习机会和连续的应用教育为学生提供了就业所需的技能。2013 年，曾有研究者对美国发展迅速的企业中的 150 名高管进行调查，结果显示，这些公司之所以能发展到现在的阶段，关键并不在于税收和商业友好型法规，而在于熟练劳动力和生活质量保障（Mazerov，2014）。这才是创建产业集群的两个关键因素。

可能有人认为，人力资本技能不足是许多国家无法主动参与许多高附加值和复杂经济活动的原因之一，而且它们似乎只能等待这些技能慢慢形成。但事实上，这是一个从实践中学习、逐步积累掌握的过程。马来西亚和智利自20世纪70年代以来的比较就是一个很好的例子。过去几十年间，马来西亚虽然在出口增长和成熟度方面明显优于智利，但其劳动力受教育程度却明显偏低，到21世纪才赶了上来。

大学教育能够相对较快地为学生提供所需技能，就像爱尔兰在20世纪70年代末所采取的做法。当时，爱尔兰发展署与电子公司达成协议，此举大大增加了对电气工程师的需求。为了在短期内填补这一空白，爱尔兰政府通过为期一年的课程专门培养理科毕业生，并从长远角度出发，扩展了技术项目、课程和学位。但为了进一步增加目标产业和产业集群所需的人力资本与技能，还需要建立正式的学徒计划和职业培训体系。瑞士15~16岁的学生中有2/3参加了学徒计划，德国有超过一半的学生是学徒，只有25%的人选择上大学（Nash，2012）。在德国，零售贸易和制造业是最大的雇主，政府可以提供激励措施，比如对企业安置学徒的成本进行补贴（Aivazova，2013）。正如挪威所做的，发展当地人才和当地供应商的需求将进一步提升产业发展所需的技能组合。

破除魔咒

一般来说，政府为了促进贸易和出口发展，可以加强国有企业、跨国公司和中小企业之间的联系。实现这一目标的潜在方法之一就是仿照爱尔兰的国家联系促进计划，制定相关方案和计划。该计划由工业发展局发起，汇集跨国企业和潜在供应商，促进当地采购。政府还指示各个机构，协助中小企业在不同的政府部门间运作，并根据不同的需求调整服务，提供更有效的支持。该计划主要针对电子产业领域的跨国企业，并对这些企业进行了广泛的游说，支持当地企业的发展。政府在该计划的头两年投入了相应的成本，和国家技术部门一起为中小企业提供技术援助。那些中小企业在参与计划之前已经经过了全面评估，和跨国公司一起被选中。在该计划运作的五年中，跨国公司从当地采购的材料从原来的9%增加到19%。

海合会成员国也采用了本章提到的一些政策，比如创建经济特区、加强大学与企业的联系、技能发展、中小型企业基金、开发银行、出口促进机构以及最近的建立产业集群。但这些政策目前尚未达到预想的效果。

结论

本章描述了海合会成员国现行经济发展模式的主要特征，即依赖石油出口，且经济活动集中在技能水平较低的非贸易部门。我们观察到，过去几十年间，这种经济模式在人类社会发展和基础设施建设方面取得了重要成果。但就经济表现而言，这种模式却会导致发展停滞不前。海合会成员国在这一点上表现得尤为明显。

越来越多的研究表明，缺乏充满活力的非石油贸易部门是阻碍海合会成员国经济发展的主要问题。我们研究了一组石油出口国的数据，并从中进行推想，认为"荷兰病"是一股强大的力量，只有较高的初始技术水平才能遏制这种力量。关于多元化发展的尝试，在石油收入不断减少的情况下，只有那些提前几十年就开始制定政策、做好准备的国家才取得了宝贵的成功。

我们认为，推行非石油类贸易部门多元化战略刻不容缓，即使对最富裕的海合会成员国来说也是如此。海合会成员国多元化面临的主要问题不是政府失灵，而是市场失灵，除此之外，社会的激励结构也需要改变。虽然各国在商业环境、基础设施、技术技能和机构建设等方面还有完善提升的空间，但光从这些方面入手不足以刺激非石油类出口。政府还需要改变经济体的激励结构，鼓励个人进入私人部门工作，鼓励企业寻找新的出口机会。此外，还要提高教育质量，尤其是早期幼儿教育的质量，并实施社会发展计划。这些都是改变激励机制的重要方面。

此外，其他国家的经验还表明，推行多元化政策往往伴随着出口产业的纵向多元化和产业供应商集群的横向多元化，以及高附加值和创新部门的工业滩头阵地。更重要的是，还应在推行多元化政策的同时，改变工人和企业的激励措施，两方面共同发挥

破除魔咒

作用，实现预期结果。这些国家采用组合型政策（包括风险投资基金、开发银行和出口促进机构）来实现多元化成果，并结合技能开发，强调技术升级和国际市场竞争等。海合会各成员国应针对多元化发展战略进行某种程度的协调，这样将有助于避免各国在同一领域集中发展而造成相互挤占的情况。

附录

附 1.1 石油出口国主要经济特征

附表 1.1.1 石油出口国：选定经济指标

	人口（百万）		人均国内生产总值（购买力平价美元）		商品/石油收入占财政收入总额百分比[1]（%）	石油出口占货物和服务出口总额百分比（%）
	1970年	2013年[2]	1970年	2010年	2013年[2]	2013年[2]
巴林	0.2	1.2	21 654	23 101	72.3	69.0
科威特	0.7	3.9	102 997	41 240	81.7	86.2
阿曼	0.7	3.2	6 118	22 390	86.1	65.6
卡塔尔	0.1	1.9	79 555	136 248	64.7	74.8
沙特阿拉伯	6.4	29.6	16 829	20 189	81.8	83.1
阿联酋	0.2	9.0	24 062	60 175	80.6	30.5
阿尔及利亚	13.6	38.1	4 066	6 263	63.2	93.0
安哥拉	6.0	20.8	2 313	5 108	80.2	96.5
阿塞拜疆		9.3		9 474		83.3
文莱达鲁萨兰国		0.4	51 532	44 555	91.9	88.3
加拿大	21.3	35.2	17 726	37 104		19.5
乍得	3.6	11.0	879	1 331	61.2	79.0

053

破除魔咒

续表

	人口（百万）		人均国内生产总值（购买力平价美元）		商品/石油收入占财政收入总额百分比[1]（%）	石油出口占货物和服务出口总额百分比（%）
	1970年	2013年[2]	1970年	2010年	2013年[2]	2013年[2]
刚果共和国	1.2	4.2	1 348	2 254	74.4	83.7
厄瓜多尔	5.9	14.9	2 916	6 227	33.2	49.4
赤道几内亚		0.8	737	13 958	158.4	97.9
加蓬	0.7	1.6	8 281	9 896	60.4	80.4
印度尼西亚	120.3	248.0	816	3 966	17.7	8.6
伊朗	28.7	77.1	8 480	9 432	37.9	60.7
伊拉克		34.8	2 779	4 537	91.2	97.2
哈萨克斯坦		17.2		12 303	52.3	58.3
利比亚	2.0	6.5	26 814	19 491	96.0	96.8
马来西亚	10.5	30.0	2 046	11 956		10.3
墨西哥	50.9	118.2	6 821	11 939		12.2
尼日利亚	55.2	169.3	1 572	1 695	80.1	91.6
挪威	3.9	5.1	17 980	50 488		23.0
俄罗斯联邦		141.4		15 068	29.8	47.8
叙利亚	6.6	21.4	1 753	3 793	18.5	26.4

第一部分 中东与北非地区的经济多元化尝试

续表

	人口（百万）		人均国内生产总值（购买力平价美元）		商品/石油收入占财政收入总额百分比[1]（%）	石油出口占货物和服务出口总额百分比（%）
	1970年	2013年[2]	1970年	2010年	2013年[2]	2013年[2]
东帝汶		1.2		1 119		
特立尼达和多巴哥		1.3	11 110	30 749	49.3	28.4
土库曼斯坦		5.7		15 635	49.7	91.4
委内瑞拉	10.2	30.0	9 366	9 071	30.4	94.3
也门		26.7		2 393	46.2	51.4

资料来源：国际货币基金组织，世界经济展望数据库和"区域经济展望：中东和中亚"；宾夕法尼亚大学佩恩表7.1。

1. 中东和北非国家、中亚国家的石油收入数据来自选举办公室；其他国家的商品收入数据来自世界经济展望。
2. 叙利亚的数据是2010年的。

附表1.1.2 石油出口国：储量、含油层和产量

	首次发现或生产石油年份[1]	目前产量（每天百万桶）	截至2012年底石油储量（10亿桶）	按目前产量含油层开采年限（年）
巴林[2]		0.1	0.1	6.2
科威特	1938	3.1	101.5	88.9

破除魔咒

续表

	首次发现或生产石油年份[1]	目前产量（每天百万桶）	截至2012年底石油储量（10亿桶）	按目前产量含油层开采年限（年）
阿曼		0.9	5.5	16.3
卡塔尔	1935	2.0	23.9	33.3
沙特阿拉伯	1938	11.5	265.9	63.2
阿联酋	1958	3.4	97.8	79.3
阿尔及利亚	1956	1.7	12.2	20.1
安哥拉	1955	1.8	12.7	19.5
阿塞拜疆		0.9	7.0	22.0
文莱		0.2	1.1	19.0
加拿大		3.7	173.9	127.3
乍得		0.1	1.5	40.8
刚果共和国		0.3	1.6	14.8
厄瓜多尔	1921	0.5	8.2	44.7
赤道几内亚		0.3	1.7	16.5
加蓬		0.2	2.0	22.4
印度尼西亚		0.9	3.7	11.2
伊朗	1908	3.7	157.0	116.9
伊拉克		3.1	150.0	131.9
哈萨克斯坦		1.7	30.0	47.6
利比亚	1959	1.5	48.0	87.2
马来西亚		0.7	3.7	15.6

第一部分　中东与北非地区的经济多元化尝试

续表

	首次发现或生产石油年份[1]	目前产量（每天百万桶）	截至2012年底石油储量（10亿桶）	按目前产量含油层开采年限（年）
墨西哥		2.9	11.4	10.7
尼日利亚	1956	2.4	37.2	42.2
挪威		1.9	7.5	10.7
俄罗斯联邦		10.6	87.2	22.5
叙利亚		0.2	2.5	41.8
东帝汶[2]		0.1	0.0	0.0
特立尼达和多巴哥		0.1	0.8	18.8
土库曼斯坦		0.2	0.6	7.4
委内瑞拉	1914	2.7	297.6	299.1
也门		0.2	3.0	45.6

资料来源：英国石油公司统计年鉴2013年数据工作簿；美国能源信息管理局。

1. 数据来源于石油输出国组织。阿尔及利亚：首次发现商业石油年份；安哥拉：首次石油生产年份；厄瓜多尔：首次油井生产年份；伊朗：首次油井钻探年份；科威特：首次钻探商业油井年份；利比亚：首次油井生产年份；尼日利亚：首次发现石油年份；卡塔尔：石油勘探起始年份；沙特阿拉伯：首次石油开采年份；阿联酋：首次发现商业石油年份；委内瑞拉：商业油井钻探第一年。
2. 巴林和东帝汶目前的生产和储量数据来自国际能源统计平台能源信息管理局。

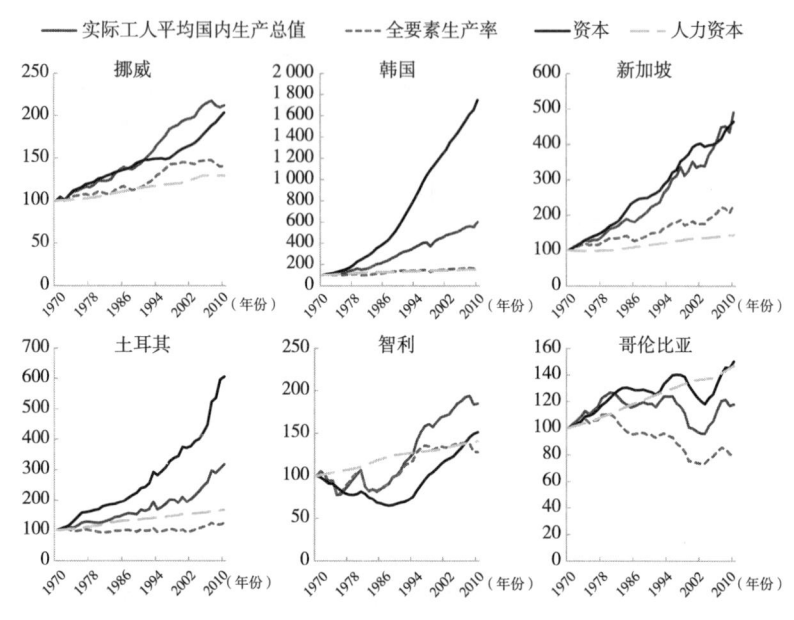

附图 1.1.1　选定国家：1970—2010 年增长分解（1970 年 = 100）

资料来源：宾夕法尼亚大学佩恩表 7.1。

附 1.2 石油出口国的多元化经验

多元化尝试和失败案例

那些低技术水平、高石油收入的国家，特别是阿尔及利亚、海合会成员国和委内瑞拉，都曾试图尽早实现多元化和工业化。它们在出口多元化方面经历了三个主要阶段。然而，它们大多数都未能真正实现多元化发展，摆脱对石油的依赖。

20 世纪 60 年代至 70 年代是多元化进程的第一阶段，其主要特征是石油繁荣、进口替代政策和政府重压管理。20世纪50年代末至60年代初推行的国有化政策扩大了国家和中央计划的覆盖范围。各国普遍实行价格管控和生产补贴。生产活动主要集中在国有企业。随着国家开始实行进口替代政策,高关税和其他保护措施(如许可证)使国有企业免受国际竞争的影响。政府并不指望这些国有企业进行出口活动,这一点和东南亚的情况不同。20世纪70年代的石油价格飙升不仅带来了大量的石油收入,而且这些收入还可以转化为工业基础。事实上,当时的投资率很高,超过了GDP的40%,高于当时韩国的水平。石油收入转化为固定投资支出时也严重依赖国有企业。

政府在经济事务中有巨大的影响力,纵向政策和重工业化是这一时期多元化战略的主要特征。阿尔及利亚投资了钢铁、化学品和建筑材料(Gelb and others, 1988)。委内瑞拉在钢铁、铝、石化、炼油和水力发电等方面建立了国有企业(Di John, 2009)。海合会成员国的能源和资本密集型重工业则集中在石油化工、化肥、钢铁和铝等行业。在与外国企业建立的合资企业中,卡塔尔在20世纪70年代早期率先建立了石化、化肥和钢铁工业(UN, 2001)。成立于1976年的沙特基础工业公司在20世纪70年代末和80年代初开展了化学品、塑料和建筑材料等进口替代项目,随后又进行了大规模的石化项目(Hertog, 2011)。迪拜和巴林涉足了铝冶炼和铝轧制产业。廉价的能源和原料使这些国有企业有利可图。比如20世纪80年代中期,沙特基础工业公司的大型

破除魔咒

石化工厂刚一投入运营就开始赢利。相比之下,阿尔及利亚、委内瑞拉和利比亚的国有企业则出现了赤字。没有国际竞争的压力和提高生产力的需要,只要石油价格居高不下,这些赤字企业就能生存下来。

在多元化进程的第二阶段,随着20世纪80年代至90年代油价崩溃,石油出口国不得不调整支出,转而采取自由化政策。依赖半成品进口和投入的重工业没能在油价崩溃中存活下来,特别是因为后期生产的商品无法出口,不能填补油价下跌而造成的收入缺口。到了20世纪80年代中期,大多数石油出口国放弃了原来的进口替代政策,转而采用更加灵活的经济政策,取消或减少关税,进行价格监管,公共企业在很大程度上被关闭或私有化。而且因为石油经济衰退期间累积的巨额经常账户赤字必须被吸收消化掉,所以这段时期的平均投资占国内生产总值的比例也有所下降。尽管实际汇率大幅贬值,但因为没有可利用的工业基础来提高竞争力,非石油类出口并未增加太多。霍斯曼、罗德里格斯和瓦格纳的研究表明,在经历过1981—2002年出口崩塌的10个石油出口国(阿尔及利亚、巴林、厄瓜多尔、印度尼西亚、墨西哥、尼日利亚、阿曼、沙特阿拉伯、特立尼达和多巴哥以及委内瑞拉)中,只有印度尼西亚和墨西哥成功发展了非石油类出口并推动了经济增长(Hausmann, Rodriguez and Wagner, 2006)。这两个经济体都有足够的非石油类贸易基础来增加非石油类出口。

有人认为,阿尔及利亚在石油价格下跌的萧条时期推翻了当时实行的工业化政策，正是这一转变导致了其工业化计划的失败（Henry，2009）。1978 年，在阿尔及利亚总统胡阿里·布迈丁（Houari Boumediene）去世后，工业化技术统治论者们失去了靠山，导致从轮胎、卡车、汽车到水泥、天然气液化等很多工业化项目都被迫停止。有人认为，之前的政策催生了一系列和工业化不相关的项目，这些项目不仅没有帮助企业建立产业内部联系，也没有促进商品和服务的交换。然而放宽管制、重组和出售国有企业的政策并没有改善阿尔及利亚的经济发展前景。放松对国家垄断的管制也带来了一些关系不错的进口商，却也使当地生产者望而却步。"荷兰病"呈现出的种种表现实际上是政策问题而非石油租金问题所导致的结果（Henry，2009）。

相比之下，委内瑞拉重工业化政策失败的原因则在于政治分裂。迪·约翰认为，对于那些需要集中力量调动资源并进行有效监督的重工业项目来说，20 世纪 60 年代后的民粹主义、庇护主义和派系政治体系可不是什么好兆头（Di John，2009）。20 世纪 60 年代，制造业中的化学品、钢和铝等金属以及金属转化工业的产出在不断增长。政府认识到需要继续加强进口替代产业的出口。1973 年，国家出口信贷基金为企业提供了大量出口信贷，帮助企业进入国际市场。大部分信贷支持流向了制造业，尤其是化工、铝和钢铁部门，但是缺乏稳定性。非石油类出口以这些部门为主，还有运输设备占其中一小部分。虽然非石油出口有所增长，但重工业发展却遇到了麻烦。国有企业进行了大量以美元为

破除魔咒

单位的借贷，导致外债飙升。20世纪80年代初，委内瑞拉经历了资本外逃、货币贬值和大额债务偿还等。到1985年，国有企业数量增加到约400家，工人人数大幅上涨，人员支出和外债利息也大幅增加，但公共投资却急剧下降。补贴激增，在20世纪70至80年代间，受保护的大型制造业企业的数量增加了一倍以上，这类企业获得的国家信贷支持最多。开始于20世纪80年代后期的自由化使许多企业生存艰难。重工业企业处在进退两难的境地，一方面，关闭企业的政治成本很高，但另一方面，企业目前的产能又远远不足。在很大程度上，委内瑞拉分散的政治体系把国家政策驱入歧途，无法有效地将企业和商业利益排除在国家支持之外，进行管理约束，也无法协调整个经济体的投资和补贴（Di John，2009）。

21世纪初是多元化进程的第三个阶段。随着石油价格回升，石油收入增加，石油出口国采取了另一种投资策略，加大对基础设施的投资，以弥补萧条时期的投资不足。早些时候推行的自由化政策进一步打开了国际市场，为此各国开始着手改善商业环境，吸引外国资本。石油出口国在基础设施和房地产领域加强投资，并进一步关注比较优势部门，促进出口多元化，比如发展石油相关产业以及金属铝和石化工业等能源密集型产业。阿尔及利亚、海合会成员国和委内瑞拉的非石油类出口仍然集中在化学品和金属上。此外，海合会成员国还重点发展服务业，特别是旅游、物流和金融服务。

多元化成功案例

马来西亚、印度尼西亚和墨西哥虽然成功实现了出口多元化，但仍需要做出更多努力。

马来西亚

马来西亚成功增强了出口基础，提升了制造业复杂度，还有针对性地推动战略产业发展，以求实现最大限度的技术转让，并依靠工业和自然资源相关产业进行横向和纵向发展（Yusof, 2012; Jomo and others, 1997; Jomo, 2001），最重要的是，马来西亚通过积极的国家干预来刺激重点部门的增长。

马来西亚拥有棕榈油、石油等丰富的自然资源，这些也被视为该国的比较优势部门。马来西亚针对自然资源产业相关的高附加值活动实行纵向发展政策。积极的国家干预产生了多方面的结果。20世纪70年代早期正值石油价格飙升，该国勘测出了石油资源并开始发展石油工业。马来西亚的国家石油公司是一家高效的国际企业，业务遍及30多个国家，涉及勘探、开采、炼油和其他许多与石油相关的复杂活动，是世界上最赚钱的公司之一。积极的技术升级也帮助马来西亚很好地应对了石油储量耗减和海上油田开采的问题。其棕榈油精炼也被认为是成功的：马来西亚不仅在该领域保持了主导地位，而且摆脱了对棕榈油原油出口的依赖，成功实现了出口多元化。然而，它在橡胶业和伐木业中采

破除魔咒

取的价值链升级的做法，比如促进轮胎生产和家具建造等，并没有产生预期的效果。和大多数石油出口国相比，马来西亚在发展所有资源相关的制造业时，都很强调技术转让、技术升级以及国际竞争力。

20世纪60年代，马来西亚实行了进口替代战略，尤其是在钢铁、水泥和汽车（宝腾汽车）等重工业方面。为了保护新兴产业，政府通过关税壁垒和补贴的方式，从公共企业开始进行干预，尽管其中大部分国有企业在后期都至少被部分私有化了。这种策略与韩国10年前的做法相似，但在出口方面的侧重程度较低，有关的效果评估也少得多（Jomo and others, 1997；Jomo, 2001）。到目前为止，这些企业还没能在国际市场上取得像韩国企业那样的成功，而且仍比较依赖国内市场。应该指出的是，在这些产业中，企业取得成功以前，往往会先经历几十年的亏损，比如丰田和诺基亚（Chang, 2007）。

马来西亚是在20世纪70年代最早收缩进口替代战略的石油出口国之一，并转而实行出口促进政策（Jomo and others, 1997），加入国际竞争的行列，在有限的国内市场以外寻求发展，这也使它迎来了制造业后面30年的迅猛发展。如今，马来西亚的制造业占所有出口的1/3以上（如果把炼油和其他自然资源相关的制造业部分也涵盖进去，这一占比则达到3/4）。马来西亚也是世界上电气和电子制造业的主要出口国。为此，马来西亚采取了多种方法：第一，有选择地鼓励出口领域的外国直接投资,特别是电子产品的出口;第二,依靠自由贸易区;第三,降低税收;第四,提供稳定的商业环境,并为受过教育的劳动力提供有竞争力的薪酬。然而,马来西亚和其他成功的东亚经济体一样的是,这些产业都没能与其他经济部门建立足够的联系,而且出口的高附加值产品并没有所谓的"冠军"产品,这部分解释了为什么马来西亚虽然取得了不错的成绩,但未能达到韩国的水平(Jomo and others,1997)。

包括马来西亚在内的亚洲经济体的成功通常被解释为高储蓄率和投资率,这导致物质资本的快速积累。犹默表明,对这类经济体中的大多数而言,其储蓄构成主要是企业储蓄,而家庭储蓄的部分都比较小(Jomo,2001)。在这类国家中,家庭储蓄率较高的只有新加坡和马来西亚。马来西亚家庭储蓄较高的原因在于私人部门为雇员提供的强制性公共管理退休基金。雇主自1980年以来平均为员工增加了12%的工资,而员工则需要拿出10%的收入存入该基金。大部分储蓄都是依法投资于政府证券。这种强制储蓄计划等于金融抑制,为政府的投资计划提供资金。

马来西亚在快速进行物质积累的同时,也很重视人力资本的积累,这是它成功的另一个重要因素。马来西亚政府利用公共机构对员工进行持续的再培训和技能升级。人力资源开发基金成立于1993年,通过向雇主征收约占每名雇员工资1%的税款来获得资金。[1]该基金惠及很多服务部门，但制造业是其关注的重点。参与该项目的企业可以在基金指导方针的范围内利用其缴款开展再培训和技能升级。马来西亚的奖学金计划在1995年达到高峰，全国有20%的学生留学，政府每年支出约为8亿美元，占1995年经常项目赤字的12%。[2]此外，还有一些机构的任务是为企业提供帮助，特别是中小企业，对它们进行技术升级和质量管控，争取达到国际标准。这些机构还为企业提供不同层面的咨询服务，帮助企业出口。

印度尼西亚

印度尼西亚和其他石油出口国一样，也在20世纪70年代油价飙升期间尝试了进口替代战略。它创建了涉及水泥和钢铁等重工业领域的国有企业，用以支持基础设施投资，并创建了化肥和农业机械企业来支持农业发展。根据研究，印度尼西亚的制造业在20世纪70年代达到了每年约15%的涨幅（Poot and others，1990）。然而这些国有企业不仅与国际市场脱轨，而且几乎没有任何业绩控制指标，因此不仅效率低下，还十分依赖公共支持（Hill，1988）。

---

[1] 人力资源开发基金（The Human Resources Development Fund）网站：http：//www.hrdf.com.my/wps/portal/PSMB/MainEN/Corporate-Profile/About-HRDF。

[2] Patrick Blessinger 和 Enakshi Sengupta，《马来西亚是国际高等教育的区域领导者吗？》，《卫报》，2012年7月2日。网站：http://www.theguardian.com/higher-education-network/blog/2012/jul/02/higher-education-in-malaysia。

第一部分　中东与北非地区的经济多元化尝试

印度尼西亚与大多数石油出口国，特别是石油输出国组织的其他成员国不同的是，随着 20 世纪 80 年代的石油价格崩溃，印度尼西亚实现了惊人的转变。它采取了一系列旨在吸引外资进入出口导向型制造业的新政策，主要手段是建立自由贸易区，提供税收优惠，放宽关税限制和非关税壁垒，以及 80 年代发展中国家间最大的一次汇率贬值（Jomo and others, 1997）。因此，纺织品、鞋类、电子产品等劳动密集型制造业因其具有吸引力的工资水平而实现了大幅增长。盖尔布等人认为，印度尼西亚是唯一一个拿出很大一部分石油收入来发展生产能力的石油输出国组织成员国，特别是在农业方面（Gelb and others, 1988）。随着 80 年代中期的日元升值以及随后日本企业在东南亚的离岸外包，印度尼西亚的低水平工资可能起到了更为突出的作用。

更重要的是，印度尼西亚的石油收入在 20 世纪 90 年代迅速下降，其下降程度使它在 2003 年变成了一个石油净进口国。换句话说，在此期间，"荷兰病"的强度逐渐减弱。1985—1997 年，制造业的增长率约为每年 10%（Dhanani, 2000）。然而，自 1997—1998 年亚洲金融危机以来，制造业的增长停滞不前，使观察人士甚至开始担心早期的去工业化问题（Aswicahyono and Manning, 2011）。但 21 世纪以来，印度尼西亚在总体增长方面仍然表现良好。制造业在 20 世纪 90 年代曾是增长引擎，但这一点已经发生了变化（Aswicahyono and Narjok, 2011）。

在 20 世纪 80 年代的自由化过程中，政府进行了"战略撤

破除魔咒

退",但保留了一些战略项目,尤其是钢铁和飞机制造业项目。根据经济合作与发展组织的资料,印度尼西亚的国家钢铁公司被认为落后于东南亚国家联盟的其他生产商。它在建立飞机制造业的尝试被视为反面教材(McKendrick,1992)。但犹默等人指出,虽然印度尼西亚存在效率低和其他政治经济问题,但它的经验也表明,在政府的帮助下,当时贫穷的国家可以从零开始逐步发展复杂的技术产业(Jomo and others,1997)。如今印度尼西亚脱颖而出,成为拥有飞机维修和飞机零件制造集群的发展中国家。尽管做到这一点成本很高,但国家支持确实有助于推动这一集群的建立和发展。

墨西哥

印度尼西亚和墨西哥有几个相似之处。两国都是人口大国,遵循着大致相同的出口导向战略,都十分依赖自由贸易区,且集中在外国独资的劳动密集型产业。这些政策再加上有吸引力的薪酬和商业环境,构建起两国成功的出口贸易。然而,这些在自由贸易区经营的企业没能在"增值阶梯"上走得很远,而且它们与其他经济部门之间的联系仍然很弱(Jomo and others,1997;Verhoogen,2012)。

过去15年,墨西哥汽车业的发展经验值得注意。这一产业大部分都集中在该国的中心,远离边境。边境通常是"马基拉朵拉工厂"的所在区。如今,墨西哥汽车业的从业人数已经超过美国中西部地区的数据（墨西哥从事汽车业的人数占北美地区该行业从业总人数的40%，而美国中西部地区的占比则为30%），预计这一数据还将继续保持快速增长。《北美自由贸易协定》和发生在21世纪初的汇率贬值使得原本计划向美国出口汽车的企业改变了主意，转而直接向墨西哥投资。墨西哥各州为建立制造业集群而采取的政策及其在生产力提高和质量升级方面的表现值得关注。特别是瓜纳华托州，不仅推行目标导向型投资战略，还加强激励措施，吸引企业入驻。在基础设施方面，瓜纳华托州建造了占地2 600英亩（约合1 052公顷）的内陆港口以及海关设施、铁路站台和连接当地机场的线路（Cave，2013）。附近还有一所理工大学，专门为国家输出工程人才，州政府还鼓励企业派遣工人到国外接受培训。瓜纳华托州不仅通过税收激励措施吸引外企，还像顾问一样为这些企业提供咨询服务。[1]

最近，墨西哥的航空航天业集群增长迅速，2012年的总出口额达到122亿美元（Araujo，2012）。航空航天业不仅需要更高水平的技术技能，而且在质量管控上还受到国际较高标准的约束。在墨西哥建立的300多家航空航天业企业是它在该领域生产力提高的标志。然而罗梅罗观察到，墨西哥在该领域几乎没有研发活动（Romero，2010）。罗梅罗对几个产业集群中的航空航天

---

[1] Norbert Buechelmaier, Getrag's executive vice president of manufacturing, in McCurry, John, "Center of Attention", *Site Selection* magazine, January 2009. Available：http：//www.siteselection.com/ features/2009/jan/Mexico/.

破除魔咒

企业进行调查,发现这些企业在选址时主要考虑的因素包括工业基础设施、熟练劳动力和低运营成本,因而得出结论,如果政府不能采取更加积极的政策鼓励研发和创新,尤其是不能创建自己的"系统集成商",独立完成整机组建和商业经营,墨西哥在该领域的生产力增长和创新发展仍会受到限制。

第二章

经济多元化之谜

克莱门特·M. 亨利
CLEMENT M. HENRY

正如里达·谢里夫和福阿德·哈桑诺夫在第一章得出的结论,对石油国家来说,实现经济的可持续多元化发展是一个严峻的挑战,但对政策制定者而言,这更是一个难解的谜题。那些后期才开始进行多元化发展的国家[1]必须攀登更加陡峭的"质量阶梯"才能形成复杂度更高、更有竞争力的出口贸易。想要保持多元化发展,仅靠进口替代政策是不行的。在中东和北非地区,海合会成员国也许能从韩国、马来西亚和新加坡的成功经验中获得启发,尽早采取行动。本章将主要探讨中东和北非地区的一些富油国目前为止在这方面的成功和失败案例。但在此之前,我们首先要弄清楚成功实现多元化发展的标准是什么?还有实现多元化

---

[1] 后期加入多元化发展阵营的国家通常指韩国这种在20世纪后半叶才开始发展的经济体。

破除魔咒

发展的意义是什么？

如果人均收入水平是评价多元化尝试成果的主要指标的话，其实从长远来看，多元化经济体通常会比非多元化经济体发展得更好。而那些目光短浅的政策制定者往往更看重其政治前途，不太可能会冒着破坏现有经济平稳运行的风险去进行经济改革。此外，北非地区的石油天然气收入与其对国家预算的贡献之间呈现出明显不匹配的情况。但迫在眉睫的预算紧缩很可能迫使政策制定者开始把注意力转向多元化发展上。随着一些石油国家的支出增加，而油价又不足以维持其财政上的盈亏平衡，2013年，国际货币基金组织和海合会共同表达了对未来财政平衡的担忧（IMF，2013）。即使海合会成员国（除巴林和阿曼以外）的天然气和石油储备与生产比率足以实现数十年的稳定收入，但出于对财政问题的担忧，这些国家也可能会努力改变其以碳氢化合物为基础的单一经济，转而朝着多元化方向发展。石油价格波动可能给科威特、卡塔尔和阿联酋的政策制定者们提了个醒。实际上，这些国家的人均租金非常高（见表2.1）。[①] 丰富的资本可能会诱使其中一些国家通过主权财富基金等方式来丰富收入来源，却不一定能激发它们想办法调动出口贸易活力，驱动私人部门发展。

[①] 一般而言，石油租金是指按世界价格计算的石油生产价值减去生产成本，石油租金主要是过去产生的固定成本。

第一部分　中东与北非地区的经济多元化尝试

表 2.1　石油和天然气收入

国家	2009 年人均租金（美元）	2012 年人均租金（美元）	2012 年公民人均租金（美元）	2012 年租金占GDP百分比（%）	2012 年租金占政府收入百分比（%）
卡塔尔	24 940	22 447	153 398	24	62
科威特	19 500	31 077	103 517	55	83
阿联酋	14 100	9 938	86 620	24	89
阿曼	7 950	9 904	14 033	42	88
沙特阿拉伯	7 800	12 896	18 857	50	90
利比亚	6 420	—	—	—	—
巴林	3 720	5 469	11 549	24	87
阿尔及利亚	1 930	1 211		23	65
伊拉克	1 780	3 044		46	92
伊朗	1 600	1 614		25	44
叙利亚	450	503		18	—
埃及	260	365		11	56
也门	270	217		16	56
苏丹	260	88		5	16[1]
突尼斯	250	222		5	17
印度尼西亚	140	110		3	22
马来西亚	860	905		9	41

073

破除魔咒

续表

国家	2009年人均租金（美元）	2012年人均租金（美元）	2012年公民人均租金（美元）	2012年租金占GDP百分比（%）	2012年租金占政府收入百分比（%）
俄罗斯联邦	2 080	2 469		19	30
美国	730	421		1	5

资料来源：罗斯（2012）；世界银行世界发展指标；国际货币基金组织（2013）；国际货币基金组织磋商报告第四条。

1. 在南苏丹独立之前的2011年为58%。

即使是富裕小国，要实现经济多元化，也得采取类似海外证券投资的方式，因为新的经济活动在很大程度上都掌握在外籍管理人员和劳动力手中。例如卡塔尔，其国民只占劳动力构成的5%，而且几乎都是政府雇员（第一章）。在科威特，国民进入本国劳动力市场的比例虽然更高一些，达到18%，但其中超过3/4的劳动力都进入了政府部门，而进入私人部门的仅占5%，虽然政府采取了"胡萝卜加大棒"的奖惩激励措施，但也没能改变这一局面。政府向私人企业提供补贴，鼓励它们雇用更多科威特公民，并要求这些企业只有在达到一定雇工比例时，比如咨询公司中的科威特工程师至少要占10%，才有资格获签政府项目。尽管如此，大多数科威特人，包括工程师和建筑师在内，都更倾向于选择政府服务部门内工资较高但要求较低的工作。目前还没有阿联酋的相关数据，但迪拜各种国际服务业的多元化发展显然在很大程度上取决于外籍人士。

无论是通过主权财富基金还是其他方式,都很难判定投资组合多元化是成功的,至少对于大型石油出口国来说是这样,除非它能为本国公民创造可以获得收益的就业机会。能否扩大并实现可持续就业以适应激增的青年人口数量,无疑是评估中东和北非大部分地区多元化发展经验是否有效的最具政治意义的标准。石油财富也带来了额外的负担。这一资本密集型产业需要直接雇用的人很少,即使是沙特阿拉伯国家石油公司(简称沙特阿美公司),也已经用当地人取代了大多数外国工人。

此外,石油和天然气产业均处在紧密相关的产品空间的边缘(Abdon and Felipe,2006;Hausmann and others,2008;Hausmann and Hidalgo,2010)。与纺织业不同的是,碳氢化合物相关产业很少会直接溢出到其他工业或制造业部门,它们还没有发展出能够轻易转换到其他出口贸易部门的能力。从"可持续经济增长模式需要多元化的贸易部门"(第一章)这一角度去考虑,石油输出国的可持续发展前景可能还不如那些原本资源就比较少的国家。要实现可持续发展,不仅需要一定的出口复杂度,还需要国家劳动力充分参与其中,这对那些石油出口大国来说根本就是一个无法克服的障碍。想要认真解决石油出口国的经济多元化之谜,就必须满足这一谜题对人力资本方面提出的要求。

研究了迄今为止的部分成功和失败的经验,本文旨在探索能够促进中东和北非地区以碳氢化合物为基础的经济可持续多元化发展的政策组合。目前，该地区还没有一个国家具备实现高复杂度出口所需的人力资本和技能。一些规模较小的海合会成员国已经开始投资人力资本，让更多公民参与到国家发展战略中去。阿拉伯地区两个人口最多的石油国家阿尔及利亚和沙特阿拉伯，它们正结合自身的人力和金融资本状况，试图打破对碳氢化合物收入的依赖。这两国的多元化发展起步较晚，在全球竞争下，攀登质量阶梯也越来越难，对它们而言，人力资本的问题更加紧要。

阿尔及利亚的工业化进程和错失的良机

阿尔及利亚在20世纪六七十年代的发展经历值得我们关注，原因在于它是第一个在1971年实现石油工业完全国有化的阿拉伯国家，比伊拉克和其他海湾国家都要早。它也是该地区唯一成功发动了全面解放战争反抗殖民统治的国家。现在，它并不打算停下脚步，并转而进行工业化改革。阿尔及利亚的总体愿景是实现迅速发展，构建多元的经济体系：新勘探发现的石油为进一步开发天然气田以及随后的液化天然气提供了资本，并利用70年代相对较新的技术向欧洲和其他地区运输。碳氢化合物所产生的收入又将重新投放于石化、钢铁和水泥厂。这些都被法国发展经济学家吉尔德·德斯坦·德·贝尼斯（Gérard Destanne de Bernis，1963，1966）称为"工业化产业"，正是这些产业带动了其他产业，或者上文所提到的计划内的工业化的发生。但用阿尔及利亚首席规划者贝莱德·阿布德塞拉姆（Belaid Abdesselam）的话来说：

> 阿尔及利亚的工业化战略完全是由阿尔及利亚革命当局设想并制定的。其实正与外国媒体故意宣传的相反，特别是与在法国宣传的意思相反……阿尔及利亚的这些选择和最终目标绝不是产生于外部因素……法国的德斯坦·德·贝尼斯在这些构想中没有任何作用。阿尔及利亚工业化政策的目标是使国家有能力为其经济和人口发展需要提供尽可能多元的投入……我们将通过全国范围内的产业间交换，使对基础产品和半成品的投入达到最大程度（Abdesselam，2007，pp.1-2）。

半个世纪过去了，各国之间伴随全球化而来的相互依赖日益增强。回想起来，阿尔及利亚在20世纪60年代这"十年发展"中的自给自足和专制很容易受到诟病。它的发展愿景并未给出口贸易创造足够的空间，因为那些革命者对国际市场没什么兴趣，更没有经验。此外，重工业化的发展过程是资本密集型的，而非劳动力密集型。埃及和突尼斯等国已经开始通过工业化来实行类似的进口替代计划，但无力维持下去。它们分别在1966年和1969年终止了进口替代计划，将许多私有资产，其中包括大部分外国资产进行了国有化，并且用尽了外汇。但阿尔及利亚拥有

破除魔咒

的大量石油和天然气租金使该国有能力在下一个十年再次追求其革命性梦想。

> 如果总统胡阿里·布迈丁（Houari Boumediene）没有在1978年底去世的话，贝莱德·阿布德塞拉姆可能还有机会继续推进他的发展战略。1977年，他主动提出从工业和能源部长的职位上调离，转而担任旧产业组合中最薄弱的轻工业部的部长，以培养"工业间交流"。他称自己从布迈丁总统那里获得过持续的支持，并且当总统在原计划于1979年举办的国民议会大会上重新巩固权力后，他将有望成为留在最高决策圈的少数几位部长之一（Bennoune and El-Kenz，1990）。

但布迈丁总统却因一种罕见疾病骤然离世，阿布德塞拉姆的政敌也抓住这次机会推翻了他的产业政策，导致这些计划被迫终结。事实上，正如他的同事兼重工业部长穆罕默德·利斯宾（Mohammed Liassine）在1990年的学术会议上所说的那样，这是对阿尔及利亚工业的"刺杀"行动（Moore，1994）。

讽刺的是，阿尔及利亚经济政策的转变恰好发生在石油和天然气收入增加的时候。如果阿布德塞拉姆的政敌没有在此时废除他与美国埃尔帕索公司（El Paso Company）签订的液化天然气合同，当石油和天然气收入下降时，这项合同将抵销掉阿尔及利亚年收入中20亿~30亿美元的损失（Abdesselam, 1990, p.293）。随后，在总统查德利·本杰迪德（Chadli Bendjedid）领导期间，阿尔及利亚经历了消费狂潮，又因外汇汇率估值过高导致重大债务危机，到了1987年，基本商品短缺，新工业固定资产维护不足，制造业增加值出现了持续下滑。2007年，阿尔及利亚的制造业生产量还不及突尼斯，要知道突尼斯的人口还不到阿尔及利亚的1/3（见图2.1）。

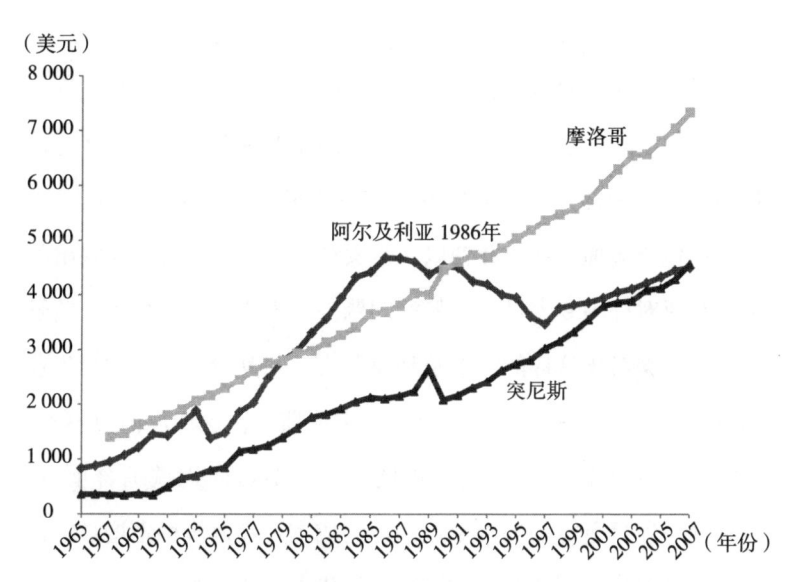

图 2.1　1965—2007年阿尔及利亚、摩洛哥和突尼斯制造业附加值
（恒定2000年美元）

资料来源：世界银行世界发展指标。

我们很容易诟病阿尔及利亚的发展，但其中所呈现的弊端可能会帮助我们加深对中东和北非地区未来挑战的理解。阿尔

破除魔咒

及利亚在人力资本方面的情况非常特殊。出于工业化甚至农业发展（由法国业主和工头主导）的目的，其1960年的教育和技能水平与同年的韩国相比可以说几乎毫无进展（第五章和第十章）。在1954年革命爆发时，阿尔及利亚只有165名医生、354名律师、350名公务员、100名法国军官和不到30名工程师（Malek，2010，p.206）。1962年独立后，学生领袖可以夸耀地说，革命产生的大学毕业生人数比过去124年殖民统治期间产生的大学毕业生总数都要多（Pervillé，2004，pp.30，136）。

尽管如此，阿尔及利亚受过教育的核心骨干人数还是远远少于邻国突尼斯，法国的直接统治也使阿尔及利亚几乎没什么行政管理经验。因此，新产业的发展多是现成的"交钥匙工程"，由项目承包方包揽一切，并辅以"手头产品"合同，这就反映出阿尔及利亚对外国专家过度依赖的问题。大学毕业生人数少，监管能力有限，对于这样的阿尔及利亚而言，与其投资大量的轻工业制造项目，不如集中精力参与几个主要项目，这样反而更容易，比如在法国生铁出口计划上扩展出来的Hadjar钢铁综合项目。虽然这一项目所需的外国专业知识的成本正在逐步稳定增加，但它依然是阿尔及利亚在20世纪70年代进行的主要项目。

由于敏锐地意识到阿尔及利亚在管理和技术能力上的不足，比如缺少熟练劳动力等，为此，一批新成立的公共企业建立了各种各样的技术机构，这些机构与各自的产业紧密联系在一起，并且独立于殖民时代遗留下来的国家教育体系。到1984—1985

学年，最初由工业部而非高等教育部资助的技术部门有58%的资源都用于教学和研究人员，其余的42%用于资助传统大学的教学和研究人员，这类人员的数量几乎是技术人员的两倍（El-Kenz，1992，p.232）。可是随着工业生产失败，在大多数工厂满负荷运转的情况下，一个新问题出现了，那就是失业的工程师和技术人员等人力资本未能得到充分利用。此时，本国那些经验丰富的核心骨干纷纷因研发能力得不到重视而在海合会成员国等其他地方谋出路。

遗憾的是，如今阿尔及利亚在出口多元化上的表现还不如中东和北非地区的其他石油出口国，它的非石油类出口不仅复杂度不高，而且和碳氢化合物一样，都是边缘产品。换句话说，阿尔及利亚的商品出口种类十分有限，只有184种，与拥有336种出口商品的沙特阿拉伯相比，其固定资产、熟练劳动力、基础设施、监管等都不太容易转移到其他产品空间（Hausmann and others，2008，p.65）。1962年夏天，随着大多数殖民者离开，阿尔及利亚也在革命中失去了它在过去132年殖民统治时期所积累的生产能力。

工人收回了农场，但是随后的一场土地革命加速了农村人口的外流以及农业生产力的下降。与法国的争端又导致大量葡萄园被毁，阿尔及利亚直到最近才又开始努力重建这些葡萄园，以便发挥比较优势。许多为满足工业发展需要而接受培训的人不得不在其他地方找工作。国家经济政策严重的不连续性仍然不断产生意想不到的后果，而且在上一代人中建立起来的技能和实践并没有传递给下一代人。

然而，阿尔及利亚与外围产品空间相关的能力虽然有限，但仍有可能以此作为新的开端。2008年有一项分析专门评估了阿尔及利亚在现有能力的基础上开发产品空间集群的潜力，并列举了各种值得开发的新产品（Hausmann and others，2008）。这一分析提出了"对于阿尔及利亚最具吸引力的出口机会"，按照优先顺序进行排列，分别是：

· 肉类、牛奶和渔业产品；

· 其他农工业产品和化学品；

· 钢铁和铝、金属制品和造船业。

但有趣的是，该研究得出的结论与政府对其石油和天然气核心能力下游的石化工业的计划相左，认为它们仍与上游产品空间相去甚远。

作为殖民统治和独立的极端案例，阿尔及利亚可能是一个例外。它特别关注自己在实现经济多元化过程中所犯的一些错误。阿尔及利亚虽然在行政能力方面不如邻国摩洛哥和突尼斯，却拥有大量可自行支配的资金。它的领导层还将本国企业家同法国企业家混为一谈，将其全部视为人民的敌人。私人资产国有化的恐怖气氛笼罩着整个国家。和纳赛尔统治时期的埃及一样，所有银行都被国有化，并根据以碳氢化合物为主的对外贸易、其他工业和农业，以及服务业分为了三大类（Naas，2003，p.44-55）。

虽然私人企业在1980年后受到了更多尊重,但是自1986年以来,在政府严格控制下的银行业遗留问题始终阻碍着改革的步伐。无论是出于公众对公共机构的普遍不信任,还是出于宗教信仰等原因,对于谋求利益这种事存在排斥,阿尔及利亚人总是对银行业务心存抵触。超过25%的广义货币供应量是在国内,而在埃及和突尼斯大约是15%。再反过来看,银行对私人部门的贡献也是微乎其微的。从传统意义上讲,阿尔及利亚的银行是国有企业的摇钱树,但对于私人企业来说,银行更倾向于让它们自己融资,除非它们是公共企业或与政府有关系。表2.2将阿尔及利亚对私人部门的信贷分配情况与其他国家进行比较,从中可以看出,只有伊拉克、苏丹、叙利亚和也门的情况与阿尔及利亚的类似。

表2.2 2011年银行对私人部门的信贷情况

国家	银行存款百分比(%)	私人部门信贷占国内生产总值百分比(%)	信贷金额(十亿美元)	人均信贷(美元)
卡塔尔	97.1	36.5	66.7	32 526
科威特	95.5	55.8	99.3	30 549
阿联酋	—	59.1	226.7	24 627
巴林	95.0	70.0	20.0	15 188
阿曼	89.2	41.1	28.0	8 443
沙特阿拉伯	89.0	36.4	228.9	8 092
阿尔及利亚	72.8	14.5	27.9	725

续表

国家	银行存款百分比（%）	私人部门信贷占国内生产总值百分比（%）	信贷金额（十亿美元）	人均信贷（美元）
伊朗	–	12.5	62.9	823
伊拉克	52.6	6.0	10.1	309
苏丹	69.5	12.0	7.3	196
埃及	81.5	29.1	73.5	911
摩洛哥	76.2	73.3	71.4	2 196
马来西亚	95.0	117.8	323.3	11 057
土耳其	91.9	57.9	411.5	5 561
印度尼西亚	86.7	35.0	268.6	1 088
哈萨克斯坦	79.7	36.7	67.7	4 032
俄罗斯联邦	72.0	48.1	853.1	5 958

资料来源：国际货币基金组织世界经济展望数据库；世界银行世界发展指标；沙特阿拉伯货币机构年度统计数据。

阿尔及利亚的案例表明，如果没有充满活力的私人部门，任何试图推动经济朝着多元化方向发展的努力都注定失败。然而，仅为私人部门提供服务显然不够，还要为国民提供就业机会。阿尔及利亚为了提升劳动力的受教育水平和素质所做的努力值得关注。在1890年，阿尔及利亚只有1.9%的人口在学校接受教育，到了1954年也只有13.7%的人识字（Guerid，2007，p.62）。正规教育几乎完全是用法语进行教学，这就导致在那些本就不多的识字的人中，有 3/4 的人懂法语，而这些人里也只有 1/3 同时还会阿拉伯语。此外，作为传统教育的结果，识字的人中剩下的那 1/4 只懂阿拉伯语（Lardjane，2007，p.325）。

独立之后，阿尔及利亚想要将教育系统阿拉伯化的雄心壮志似乎过犹不及，这与其为现代工业培养核心骨干人员的大规模计划相冲突。在 20 世纪 70 年代，观察人士提出了一种双轨系统：对工业领袖进行法语培训，而对文化代表和政治人物进行阿拉伯语培训（Gellner，1981）。但阿尔及利亚的文化革命与其工业化发展需求相冲突：将人文科学和包括管理在内的社会科学阿拉伯化，反而破坏了那些为发展工业而进行的努力（El-Kenz，1992）。在阿拉伯文化下培养出的骨干人才想要进入工厂，就必须学习法语（Madi，1994）。巨大的文化差异也是导致其 20 世纪 90 年代"内战"的原因之一。

虽然其他产油国从未经历过阿尔及利亚这种文化的两极分化，但阿尔及利亚的经历可能与该地区当前的范式冲突有一定关系。它提醒我们要注意现代劳动力培训所蕴含的政治意义，以及根据经济多元化不断变化的需求而调整劳动力培训的必要性。同样值得注意的是，虽然阿尔及利亚拥有大量训练有素的技术人员、工程师和非熟练工人，但他们并未与企业或工会建立有效的联系。阿尔及利亚政府采取了和其他海合会成员国一样的做法，引进劳动力参与大规模基础设施项目。但曾在现已停产的工业部门中积累的研发潜力却在很大程度上因为需求不足而得不到充分利用。按照地区标准[1]来看，阿尔及利亚在研发方面仍然投入不足，而且剩余的技术人才也未充分就业。

沙特阿拉伯尚未完成的多元化道路

20世纪70年代，沙特阿拉伯的石油收入创下历史新高。在积极推动重工业力求实现经济发展多元化的同时，沙特阿拉伯也和阿尔及利亚一样，雄心勃勃地进行经济规划，目前正在实施第九个四年计划。但与阿尔及利亚不同的是，沙特阿拉伯不仅坚持了自己的发展路线，还通过引进合资企业为经济多元化发展加力，这些合资企业主要是与美国传统企业伙伴等跨国公司共同建立的。沙特并没有投资美国顾问所建议的"交钥匙工程"，而是从国际联盟中受益，为下游石化和其他重工业项目开拓新的出口市场。

沙特基础工业公司是一家成立于1976年的上市公司，是沙特政府的工业臂膀，由政府持有70%的股份。其实沙特基础工业公司不太依赖私人投资者的支持，但与大多数跨国合作伙伴一样，沙特基础工业公司也会发布年度报告，向国际企业传达一种成熟友好的形象，这种做法与阿尔及利亚的同类企业截然不同。

受到丰厚的石油收入的推动，沙特基础工业公司的目标也同样激进。它从20世纪70年代末开始为沙特阿拉伯的两个工业城

---

[1] 世界银行世界发展指标。

市——朱拜勒和延布建造工厂，并不断建造更多需要大量资金、石化产业相关、可以利用本地廉价石油原料的工厂。最近，沙特基础工业公司的计划是打造另外 27 个工业城市（Kingdom of Saudi Arabia，2013）。正如它在网页中所述的：

> 沙特基础工业公司率先在制造业活动中建立了伙伴关系体系，这一点通常是发展中国家工业进步的典范，对促进业务增长来说也至关重要。为了建立先进的制造业工厂，沙特基础工业公司与来自世界各地的行业领导者建立了合资企业，并为这些企业提供资源，以换取人力资源和全球营销方面的技术与专业知识。

与阿尔及利亚一样，沙特基础工业公司也开展了钢铁综合业务，由其子公司沙特钢铁公司（Hadeed）进行管理。沙特钢铁公司成立于 1979 年，1983 年开业，从 80 万吨长材的初始产量逐步扩大到 330 万吨，并增加了 220 万吨板材和 100 万吨杂项产品。相比之下，阿尔及利亚 El Hajdar 综合产业的生产能力虽然在理论上为 200 万吨，但在 2001 年仅为 100 万吨。随后 El Hajdar 被私有化并置于外国管理之下，其产量在 2012 年又减少到 50 万吨。2013 年，阿尔及利亚政府以象征性的 1 阿尔及利亚第纳尔（0.01 美元）回购了该公司 21% 的股份，从而重新获得了与安赛乐米塔尔钢铁集团（ArcelorMittal）的合资企业的主要控制权。

破除魔咒

沙特的战略保障了其石油化工出口的质量标准和国际市场，不仅避免了阿尔及利亚曾经犯过的错误，而且成功开发了一个产业结构相对不那么单一的出口"篮子"。尽管会受到庞大的石油部门的拖累，但产量也能达到阿尔及利亚的两倍。

沙特阿拉伯还在新成立的工业城中进一步实施下游一体化政策，不仅出口石化产品，而且鼓励轻工业利用沙特基础工业公司综合工厂的部分投入。分别受雇于沙特朱拜勒和延布皇家委员会的工程公司 Bechtel 和 Parsons 会为新入驻工业城的私人企业提供完善的基础设施。图 2.2 记录了沙特阿拉伯在制造业中创造增加值方面的快速进展。按照恒定美元计算，沙特阿拉伯的城市居民人均制造业增加值已经达到了马来西亚的水平，大约是每城市居民 2 500 美元，而阿尔及利亚的同期数据却大幅下降。

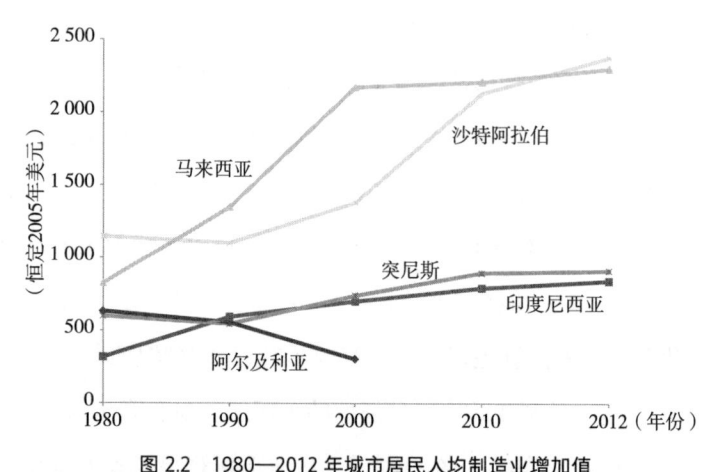

图 2.2 1980—2012 年城市居民人均制造业增加值
资料来源：世界银行世界发展指标。

第一部分　中东与北非地区的经济多元化尝试

与阿尔及利亚不同的是，沙特建设并提供了世界一流的商业友好型环境。沙特于 2005 年加入世界贸易组织，而阿尔及利亚与世贸组织的谈判始于 1989 年，至今仍在进行中。在 2013 年世界经济论坛发布的《全球竞争力报告》中，沙特的竞争力水平居于 148 个国家中的第 22 位，而阿尔及利亚未进入前 100 位。表 2.3 列出了中东和北非地区石油出口国和选定的比较国的总体排名，其中还包括它们在教育、商业成熟度、技术准备和创新潜力方面的排名。

表2.3　世界经济论坛排名（包括146个国家）

国家	整体排名	高等教育和培训	技术准备	商业成熟度	创新
阿联酋	19	35	28	16	28
巴林	43	53	32	53	73
科威特	36	84	69	77	118
阿曼	33	57	56	32	45
卡塔尔	13	29	31	10	16
沙特阿拉伯	20	48	41	28	30
阿尔及利亚	100	101	136	144	141
伊朗	82	88	116	104	71
伊拉克	—	—	—	—	—
苏丹	—	—	—	—	—
埃及	118	118	100	84	120
摩洛哥	77	102	80	92	106
土耳其	44	65	58	43	50
马来西亚	24	46	51	20	25
印度尼西亚	38	64	75	37	33
哈萨克斯坦	50	54	57	94	84
俄罗斯联邦	64	47	59	107	78

资料来源：世界经济论坛《全球竞争力报告》。

破除魔咒

沙特阿拉伯不像阿尔及利亚那样，依赖国家对轻工业的投资来加强与重工业基地的联系，沙特更注重激励包括外国投资者在内的私人部门。沙特基础工业公司在功能上相当于阿尔及利亚在20世纪70年代的工业和能源部，该公司全资拥有其钢铁综合产业，并在石油化工领域参与企业合资经营，但在它从20世纪70年代以来建造的近6 000家工厂中，沙特基础工业公司并没有直接参与其中大部分工厂的经营。此外，最初与跨国银行合资经营而逐渐发展出的沙特商业银行系统也为私人部门提供了更多的信贷支持。关于私人部门信贷占国内生产总值百分比和人均信贷的情况见表2.2。沙特政府还通过专项资金为公民提供额外的廉价消费信贷。

沙特基础工业公司还帮助沙特宣传其创新的国家形象，向世界宣告沙特有能力在全球经济竞争中攀登出口实力阶梯。在2013年的年度报告中，沙特基础工业公司还强调了它在沙特及国外，包括中国、印度、新加坡以及欧洲和美国建立工业研究中心的情况。包括沙特优质钢铁在内的高科技产品都得到了充足的发展空间。另一项重要举措就是沙特国王大学，大学中的世界级科学家可以通过沙特基础工业公司的研究中心将他们的前沿科研成果直接应用于沙特工业。然而，正如扎兰所观察到的，"目前还没有一个阿拉伯国家为了构建知识型经济而发展国家科技体系"（Zahlan，2012，p.195）。

沙特在推动服务业发展时采取的措施与其他海合会成员国所

做的努力一样，都在后面遇到了同样的问题。我们可以在很大程度上说迪拜或卡塔尔等国在投资组合方面是多元的，但不会认为是可持续发展的，原因就在于许多关键职位，特别是研发方面的关键职位都由外籍人员主导，而非本国国民。

与10年前的阿尔及利亚一样，沙特在初始阶段的基础非常薄弱，但也下定决心，努力培训本地劳动力，建立人力和工业资本，沙特基础工业公司也开发了培训工业核心骨干力量和从事应用研究的并行系统。除了大力投资国内大学体系以外，政府还恢复了向国外派遣留学生的计划，涉及人数上万。自2001年以来，沙特也在努力进行教育改革，以便更好地将学校教育与私人部门所需的技能匹配起来，可到了2011年，私人部门雇员中的本国公民仅占11.1%。不可否认的是，在级别最高的8%的雇员，也就是65 000名行政和商业主管里，有80%以上是沙特人，其中包括比前一年2 328人的数据增加的5 934人（Saudi Arabian Monetary Agency，2013，p.187），抵消了约7 000名退休或降级的沙特男性。然而，沙特公民在下一级的雇员中仅占15%，技术专家在私人部门的劳动力构成中仅占5%左右。

沙特的教育体系能否培养更多有就业能力的毕业生，外派留学生学成归来后能否顺利融入并参与沙特经济发展，目前还都不能确定，那些留学生是否返回沙特也同样是个问题。尽管沙特迅速扩张的非石油产业中有许多潜在的就业岗位，但数据表明，2006—2010年，沙特有将近30%的年轻人失业，这反映出要么沙特对年轻人的培训不足，或者是年轻人主观就业意愿不强，要么就像科威特一样，年轻人更倾向于在政府部门工作，但这些工作机会很可能早就被人占了（Looney，2014，p.475）。

尽管沙特阿拉伯制定了出色的货币政策，并在公共部门和私人部门间进行了精心规划的任务分配，但目前还不能说沙特已经解决了可持续多元化发展的难题。沙特谨慎地将战略资本投资与精心设计的私人企业激励措施结合起来，但还是没能让更多国民参与国家发展。因此，沙特也与阿尔及利亚一样面临着类似的风险，也就是技术精英与普通民众之间潜在的两极分化。

有必要进行的政治改革已经超出了本章的讨论范围，但是对于公众围绕经济管理方面产生的担忧或许可以从提高政府运作透明度的角度来寻找解决方案。目前，在阿拉伯地区的主要石油生产国中，还没有任何一国自愿加入2002年启动的《采掘业透明度倡议》。人们或许会认为，对那些不需要外国直接投资的国家来说，实在没有加入该倡议的必要，但加入之后可能有利于加强沙特在国际商业社会以及本国民众中的地位。

实现经济规划和可持续多元化战略显然不能单靠涓滴效应，还需要私人企业的参与，以及更广泛的工人群体的支持和理解。本书第十章所讨论的韩国的经验为我们提供了农村居民准备进入现代经济发展的例子。

第一部分　中东与北非地区的经济多元化尝试

跳出框架进行思考

沙特在工业多元化方面的经验或许具有一定启发性，但海合会各成员国仍然需要采取新的措施，动员全体国民参与各国开展的可持续项目。该地区虽然有充足的资本，但还需要发展人力资本，进一步扩大优势。迄今为止，海合会成员国对人力资本的投资大部分都是自上而下的，借助外国专家进行尖端科技转移。美国的顶尖学府在卡塔尔和阿布扎比都建有分支机构，为其国际商业计划提供服务，沙特国王大学还有不少学术明星的加入。但这些高素质的外籍人士往往是流动的，若他们离开了，他们所掌握的科学技术也会被一同带走。灵感和创新需要在本土扎根才行。

毫无疑问的是，发展中国家需要建学校，发展大学教育，派遣留学生出国深造。关于这些方面，或许可以从新加坡详细的干预政策中借鉴经验（第三章）。政府还需要扮演风险投资家的角色，构建复杂度更高的出口贸易体系，进一步攀登质量阶梯。但正如沙特模式所示，在风险投资中，与经验更丰富的跨国企业合作，结果可能会更好。

对沙特阿拉伯来讲，政府面临的首要挑战是制定适当的资本和劳动力激励方案。一直以来，沙特和其他国家争相推出刺激资本积累和构建"商业友好"环境的激励措施，但是如何调动工人的积极性呢？政府如何才能激发人们的工作意愿，使其主动学习技能来满足工作岗位的需求呢？什么样的环境才能推动自下而上的人力资本建设呢？

像沙特阿拉伯和阿尔及利亚一样，各国可能会从领导层面上采取措施，加强人力资本建设，但也需要尽早开始进行自下而上的努力。中东大部分地区的女性受教育水平普遍落后于东南亚地区。如图2.3所示，现在母亲这一代识字了，就可以为她们的孩子读故事书。童书的内容很重要。正如大卫·麦克利兰在其半个世纪前的著作《成就社会》(*The Achieving Society*)中指出的那样，关于努力工作和向上进取的故事可能会让小孩子在以后的生活中有更好的表现（David McClelland，1961）。政府或慈善机构可能会赞助举办作家竞赛，年轻母亲也能参与其中，写出好的故事。诗歌竞赛也许能将贝都因人的传统与阿拉伯遗产融为一体。智能玩具还可以让儿童接触到工业和后工业社会的机器人。各国能够通过以技术人员、水暖工人以及社会经理人等为代表的正式和非正式的教育途径，积极传播努力工作的价值观，并对各种非通常意义上的成功途径表示尊重。

如果想让公民充分参与多元化经济发展，政府就必须采取行动，培养公民的职业道德，提高他们与发达国家的同龄人竞争的能力。与其过分关注投资组合的多元化以及对高科技专业知识和名牌大学的引进，不如先把关注点放在基础小学教育上，优先改变自己在国际数学和科学趋势研究测试中的数学水平和其他基本技能方面的不佳表现。芬兰在这方面的经验可能会对许多国家的小学和初中，甚至一些美国学校都有借鉴意义。在芬兰，教师这一职业很受尊敬，提供的报酬也不错，这与在中东和北非地区前殖民时代的"欧莱玛"和乡村教师的境况大不相同。

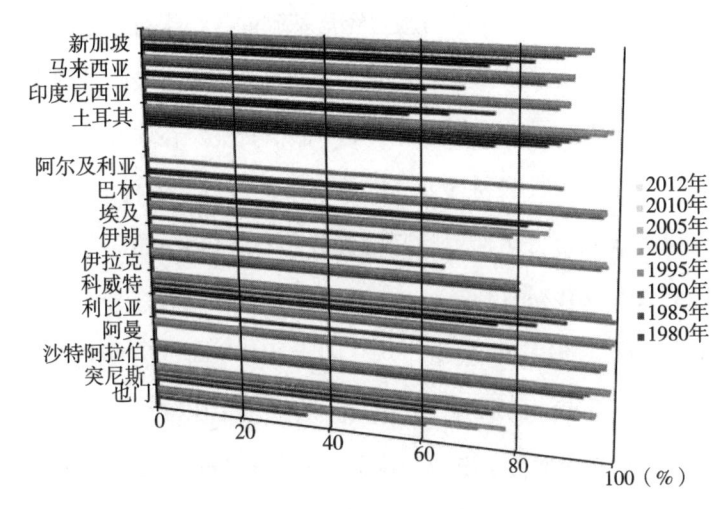

图 2.3 15~24 岁女性识字率

资料来源：联合国教科文组织统计研究所；世界银行世界发展指标。

尖端服务并不局限于关注全球竞争。海合会是阿拉伯地区的一部分，与联合国西亚经济社会委员会一样，都有实现阿拉伯文化、教育和经济一体化的崇高愿景。海合会可能因为在传统上与阿拉伯贝都因人相近而享有一定的区位优势，相较于西方对阿尔及利亚甚至埃及的干涉，这种区位优势帮助海合会避免了很多外部干扰。处在边缘地带的石油飞地也赋予了它们一定的历史优势。那些主要由从事宗教研究的教师和学生组织起来的宗教朝觐旅游也能产生附加价值，并发展成为高科技全球服务产业。

破除魔咒

伊斯兰金融业是另一个潜力巨大的服务领域。如今受到伦敦和纽约银行业巨头的影响，富裕的沙特人已经成为推动伊斯兰金融业发展的主要力量。然而由于受到宗教信仰的影响，大多数穆斯林似乎不太接受以收取利息为经营基础的传统银行，因此特殊的伊斯兰金融业必然有机会进行实践。但为什么不鼓励发展大多数传统银行尽量回避的劳动密集型小额信贷呢？在埃及进行的实验表明，比起以收取利息为基础的格莱珉银行（乡村银行），村民更愿意接受符合伊斯兰教义的无息银行（El-Komi and Croson 2013；Ali, 2012；El-Gamal and others, 2014）。埃及可能就是一个潜力巨大的伊斯兰金融市场。因为从其他阿拉伯国家的公众舆论中可以看出，民众对传统银行业表现出了比以往更大程度的不信任，这对伊斯兰金融业来说又是一块潜在的肥田。向中小型企业提供更多资金支持也许能鼓励企业摆脱非正规经济的阴影，并缓解表 2.2 中反映出的信贷短缺问题。

阿拉伯调研机构 Arab Barometer 围绕民众对银行收取利息的态度分别在 2006—2008 年和 2011 年进行了调研。表 2.4 记录了中东和北非地区代表性国家的调研结果：在接受调查的国家中，大多数人都认为银行不应该收取利息，也有一些宗教当局认为在某些条件下收取利息是可以接受的。

2011 年调查中的第二个问题是，考虑到现代经济发展的需要，是否应该允许传统银行收取利息。关于这一问题的意见分歧更大。尽管如此，除黎巴嫩人、埃及人（其中一些是基督徒）和突尼斯人外，还是有超过一半的受访者反对传统银行收取利息。复杂的伊斯兰金融服务可能会为全球经济提供另一个可交易的利基市场。

表2.4 中东和北非地区代表性国家对银行收取利息的态度

国家/地区	银行收取利息与伊斯兰教义相悖（赞同人数占比） 2006—2008年	2011年	银行不应被允许收取利息（同意所占比例） 2011年
阿尔及利亚	89	86	56
埃及	—	72	45
伊拉克	—	80	69
约旦	86	87	54
科威特	76	—	—
黎巴嫩	65	69	38
摩洛哥	86	—	—
约旦河西岸和加沙地带	85	86	69
沙特阿拉伯	—	77	74
苏丹	—	64	59
突尼斯	—	85	48
也门	81	77	67
平均值	82	78	58

资料来源：调研机构 Arab Barometer I and II，www.arabbarometer.org。

要破解可持续多元化发展的谜题并不容易。从相对适度的人力资本储备开始，将劳动密集型活动与出口复杂度结合起来是一项艰巨的挑战。作为可以尝试的方法之一，文化服务应该得到更

破除魔咒

多的关注,对于分散在全球的 15 亿穆斯林来说,这些文化服务也许就能构成"复杂"的出口。然而复杂的高科技商品出口和服务出口是无可替代的。文化服务甚至进口替代可能也会包含其中,规划者可能会考虑到人力资本形成的各个阶段,并在不同阶段,结合自上而下和自下而上的激励策略,才能摆脱产品空间的石油"贫民窟"。

第二部分

亚洲和拉丁美洲的多元化经验

第三章

超越比较优势：新加坡方案[①]

杨烈国
PHILIP YEO

自 1965 年 8 月独立以来，新加坡在经济、社会和政治方面都发生了很大转变。新加坡的工业发展战略经历了这样几个阶段：20 世纪 60 年代的劳动密集型、20 世纪 70 年代的技能密集型、20 世纪 80 年代的资本密集型、20 世纪 90 年代的技术密集型以及 21 世纪的知识和创新型经济（图 3.1）。电子产业、精密工程产业、化工产业和生物医学科学产业这四个产业构成了新加坡工业发展的基础。

---

① 新加坡经济发展创新私人有限公司（Economic Development Innovations Singapore Pte Ltd）的于光松（Yew Kwan Choong）博士为本章的编写进行了调研和协助。

破除魔咒

20 世纪 60 年代：劳动密集型

20 世纪 60 年代，新加坡国内生产总值为 22 亿新元，约合 7 亿美元。2013 年增长到 3 728 亿新元，约合 2 980 亿美元。在大约 50 年的时间里，人均收入从 428 美元增至 54 662 美元（Singapore Department of Statistics，2014a）。这种惊人的增长可以归因于根据不同工业发展阶段而进行的经济转型（见图 3.1）。

图 3.1 1960—2012 年新加坡经济发展的五个阶段

资料来源：新加坡统计局。

新加坡在 20 世纪 60 年代面临的主要问题是高失业率，因此它把注意力首先放在了劳动密集型产业为主的工业化方面。新加坡在岛屿西部的红树林沼泽改造而成的裕廊工业区率先实施了工业化计划，建设工厂生产服装、纺织品、玩具、蚊香、木制品和假发等（EDB，2014a）。当时的首要战略是迅速实现工业化，抓紧创造新的就业机会，促进经济发展。

对独立后的新加坡来说，它在工业化方面没有什么经验，因为自1819年英国人登陆新加坡并进行管辖起，新加坡的经济就一直完全依赖转口贸易。因此，在当时的条件下，急需政府积极领导，及时有效地落实各项政策，促进工业化。经济发展局进行了工业规划、开发和投资促进，而从经济发展局的土地部门分拆出来的裕廊镇管理局（现为裕廊集团）则专注于工业区的开发和管理。

20世纪70年代中期，新加坡制造业占国内生产总值的比重很大，帮助新加坡成功实现了从转口贸易到工业化的经济转型（见图3.2）。但新加坡也意识到了国内市场在支持本地产业中的局限性及其原始资源不足的问题，于是政府开始积极进入全球市场，吸引外国投资者。

此外，新加坡在逐步推进工业化的同时，也进行了早期的社会投资。对新加坡河的改造清楚地反映了新加坡50年的经济增长。新加坡河是新加坡近现代史的基石，位于国家中部地区，作为新加坡的经济生命线，最初是一个繁忙且污染严重的港口，并且在20世纪70年代还因沿途所建的家禽养殖场而得名"死鸡河"。

为此，政府各部门开展了一项为期10年的新加坡河清理计

破除魔咒

划。河边的棚户居民被安置在公共住房中,商贩则去了商贩中心。20世纪80年代,清理工作完成后,市区重建局又开始了一项长期的河区全面改造计划。该计划覆盖了整条新加坡河,一直延伸到位于滨海湾的河口,中心市区就坐落于此。河道的清理整治巩固了新加坡作为一流金融和商业中心的竞争优势。早在20世纪60年代后期,政府计划进行土地回收,作为新市区的一部分,实现中心商务区的无缝扩展。如今,新加坡河已经被改造成了一个既美观又功能齐全的蓄水池,还开发了旅游和商业活动。

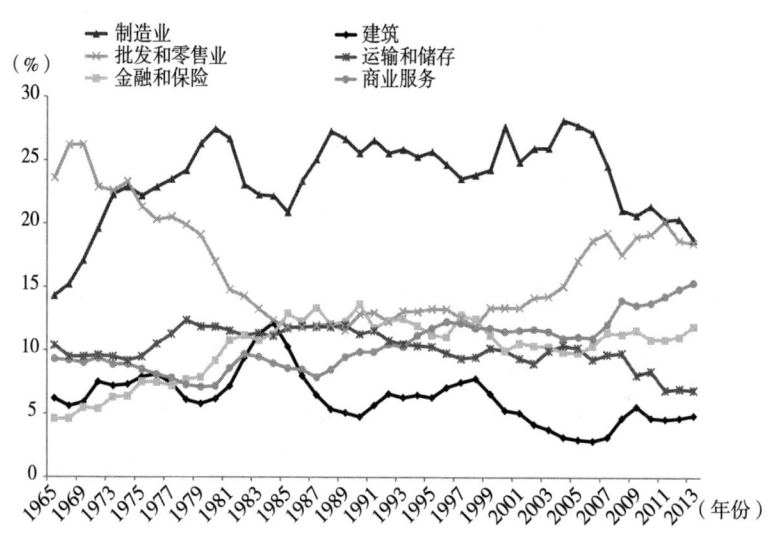

图 3.2 以2013年市场价格计算的新加坡各产业占本国GDP百分比
资料来源:新加坡统计局。

基础设施投资和住房开发是居民最迫切的社会需求。为了尽快解决这些问题,新加坡于1960年成立了住房和发展委员会，开始建造组屋。在委员会成立之初，只有9%的居民住在组屋中，如今这一比例已经超过了80%（Housing and Development Board，2014）。

新加坡市区重建局的成立旨在将城市区域改造建设为充满活力的现代商业中心。它在20世纪60年代早期的关键任务之一就是重新安置居住在贫民窟的居民，并将工业场所迁移到其他新地方。一旦完成了土地合并和分割，政府就开始出售土地，用于现代商业开发。

当局在1971年制订了第一个概念计划草案，并为物理景观的建设奠定了基础，包括城市以外的住房开发以及重要的交通基础设施，如第一条大众快速交通线路、高速公路以及樟宜国际机场。

此外，市区重建局还开始着手保护作为新加坡过往和社会记忆的历史建筑。到目前为止，已有将近7 200座建筑物保存下来。市区重建局作为新加坡的国家土地利用规划部门，还与国家公园局等政府机构合作，通过公园建设、公园连道，以及将植物植入建筑物垂直表面的"垂直绿化"等方式，改善新加坡的城市环境。

20世纪70年代：技能密集型

随着工业发展势头增强，政府看到了进行经济升级的机会。

破除魔咒

通过发展技术，积累商业方面的技能和专业知识，将经济发展从低成本的劳动密集型产业升级为高附加值的技能密集型产业，并开展相关商业活动。

新加坡将自己定位为企业全价值链活动的全球商业中心，并为此做出了巨大努力，以吸引来自欧洲、北亚和美国的外资投入。投资涌入新兴电子行业，特别是高科技产品，包括计算机配件、外围设备、软件包和硅片。新加坡鼓励跨国公司入驻本国或在本地开展研发活动，延伸其制造业务。许多企业都表示愿意进行这项长期投资。德州仪器公司就在新加坡开展了制造业务，生产半导体和集成电路，这是协调推动当地电子产业发展的一个主要投资亮点。随后，其他公司包括美国惠普公司、意大利 SGS 微电子公司（现为意法半导体有限公司，ST Microelectronics）和日本电气股份有限公司（NEC）也纷纷加入。20 世纪 70 年代后期，制造业首次超过了贸易部门，证明了新加坡制造业的持续成功。

此时，新加坡感受到提高本地劳动力技能以支持经济增长的迫切需要，因此做出了巨大努力，从本地人口中选拔、培养熟练的技术人员、工程师和管理人员。新加坡经济发展局也成立了新加坡管理学院和各种工业培训机构，包括法新研究所、德新研究所和日新研究所，这些研究所在 1993 年合并为新加坡第三所理工院校——南洋理工大学。

随着经济加速增长，为了应对由此产生的专业技术人员短缺的问题，新加坡从根本上采取措施，放宽移民和工作许可条件，让外国企业雇用外国专业人员，解决了跨国企业经营中可能出现的人力资本紧缩的问题（Mathews and cho，2007）。

20 世纪 80 年代：资本密集型

为了应对 20 世纪 80 年代迅速发展的全球化浪潮，新加坡提出了一项新的国家经济战略，即"第二次工业革命：八十年代经济发展计划"（Parliament of Singapore，1981）。正如 1980 年预算方案（《1981 年新加坡议会报告》第 24 段）中强调的那样，该计划在制造业方面的发展重点是向资本密集型过渡：

> 随着工业朝着资本密集型的方向发展，土地需求量将会越来越大，而且用于社交和娱乐目的的土地申请只会有增无减。国家发展部门必须优先考虑工业用地，并在住宅区内部或附近为清洁的高附加值产业预留更多土地。

1985 年，新加坡的增长因第一次经济衰退而中断。政府意识到推进经济活动多元化的需求，并将国家重新定位为"全商业中心"，通过将工业和专业技术知识与商业关系进行战略结合的方法，启动了出口服务增长的第二引擎。这样做的目的是吸引金融、教育、生活、医疗、信息技术和软件领域的国际服务公司

(EDB, 2014a)。新加坡从各个层面大力发展高附加值产业,其中推出的大规模举措就包括在新加坡国立大学旁边建立科学园,促进私人部门研究和开发。此外,还鼓励当地企业通过贷款和激励措施实现增长。

20世纪90年代和21世纪00年代:技术密集型和知识创新型经济

新加坡政府在20世纪90年代制订的战略经济计划(Singapore Ministry of Trade and Industry,1991)中,将新加坡的努力方向定为"在未来30～40年内,达到发达国家中的领先地位和水平"。

其中一项关键举措就是创建有利于研发的优质环境,打造以知识为基础、以创新为导向的新加坡。从事应用研究的新加坡国家科学技术委员会成立于1991年,并在2002年发展为新加坡科技研究局(A*STAR),通过本地和海外博士奖学金,专注研发和人力资本培训。此外,新加坡还建立了两个以研究为导向的委员会:一个是生物医学科学研究委员会,负责支持、监督和协调新加坡公共部门生物医学科学研究和发展活动;另一个是科学与工程研究委员会,在物理科学和工程学中发挥同生物医学科学研究委员会类似的作用。

第二部分 亚洲和拉丁美洲的多元化经验

今日新加坡

2013 年，新加坡的国内生产总值达到 3 730 亿新元，其中名义附加值的 70%来自服务业，近 25%来自商品生产相关产业（Singapore Department of Statistics，2014b）。制造业包括化工、电子、精密工程、运输工程和生物医学科学等主要工业部门，占国内生产总值的 19%（见图 3.3 及附表 3.1.1）。

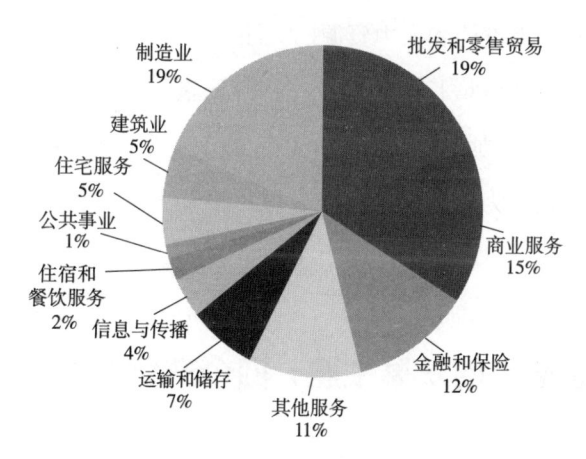

图 3.3 2013 年新加坡各产业占国内生产总值百分比
资料来源：新加坡统计局。

有一个需要注意的关键点是每个部门所实现的增加值。[1] 由于新加坡没有天然的原材料，其化工产业所需的原材料必须通过进口来获得，因此化工产业的增加值仅为 6.9%，相比之下，生

---

[1] 使用的增加值等式如下：增加值 = 雇员的劳动力成本 + 货币贷方利息 + 机器和设备再投资的折旧 + 组织保留的利润 + 其他分配成本（如税收）。

破除魔咒

物医学科学产业却通过高价值专利产品制造实现了 20.5% 的增加值。这主要得益于之前在研究和基础设施方面进行的大力投资，以及外国对生物医学科学产业发展的投资。

虽然新加坡自然资源匮乏，也没有庞大的国内市场，但其推行的长期高增长的发展道路使新加坡成为包括中国香港、中国台湾和韩国在内的亚洲"四小龙"之一。1992 年，世界银行经济发展研究所将新加坡的成功归因于合理有效的政策以及较早开始对基础设施和人力资源的关注。

伴随着经济增长，新加坡在基础设施和人口构成方面也发生了变化。新加坡人口从 1960 年的 160 万人增加到 2013 年的 540 万人，为应对这一变化，城市再开发工作也取得了飞速进展。①

新加坡道路的发展主题：四个产业案例

由于没有自然资源，也没有充足的国内市场，新加坡被迫将努力重点放在了特定产业上。自 20 世纪 70 年代起是电子产业，20 世纪 80 年代是精密工程产业，到了 20 世纪 90 年代则开始发展化学产业和生物医学科学产业。

新加坡通过投资促进的方式建立并巩固其"全商业中心"

---

① 公民人数从 1970 年的 190 万人增加到 2013 年的 330 万人，同期，永久居民从 14 万人增加到 53 万人（新加坡统计局，2014c）。

的地位。在发展变革的每个十年中，新加坡都会选取所要优先发展的产业。具体做法是：首先，对产业进行研究；其次，确定作为外国投资者和合作伙伴的国际公司；最后，与这些公司的主管人员建立关系。这种先发制人的策略能在建立国际商业关系网络的同时，帮助新加坡在世界各地寻找外国直接投资的机会。

如今，新加坡已经获得了37 400家国际企业的投资，其中有3 200家中国企业，4 400家印度企业，和来自东盟的7 900家企业（不包括新加坡国内的企业）。此外，已有约7 000家跨国企业（其中60%负有区域责任）将总部设在新加坡。

电子产业：创造增加值

电子制造业是新加坡经济的支柱产业，贡献了制造业总增加值的30%（见图3.3和附表3.1.2）。根据新加坡经济发展局的数据，新加坡的电子制造业在2013年吸引了众多投资项目，包括33亿新元的固定资产投资和6亿新元的业务支出。这些项目预计每年将为新加坡的国内生产总值贡献18亿新元的增加值，并在全面实施后创造1 310个熟练工作岗位。

电子产业在20世纪60年代率先实现工业化，其发展主要得益于当时充足的低成本劳动力。这一点到了今天仍然具有现实意义。新加坡在70年代技能密集型发展阶段又做了进一步投资，使电子制造业在产业价值链中继续发展。电子制造业的发展还需要由高成本熟练劳动力参与的工艺密集型半导体制造与装配和测试活动相辅相成，这一部分仍占新加坡电子行业的重要份额。通过这一阶段，我们可以继续探索创造增加值的下一个发展主题。

精密工程产业：围绕价值链建设

为了满足电子产业基础设施发展的需要，精密工程产业也得以发展。精密工程产业是资本密集型产业，新加坡已经在该产业相关的基础设施和技能发展方面进行了大量投资。

除了电子产业，如今的精密工程产业也已经发展成为囊括船舶、航空航天、石油和天然气及医疗设备等在内的相关产业的核心推动力，其技术和产品还能用于制造半导体芯片及用于石油勘探的大型钻头。2013年，精密工程产业贡献了制造业GDP的11.4%，约330亿新元，为新加坡国内生产总值贡献了2.2%（见图3.3和附表3.1.2）。

精密工程产业可以分为两类：第一类是精密模块和部件，第二类是机械和系统（设备）。这两类结合起来就可以在该部门内创造一个自我维持的循环系统。第一类的公司主要生产专门零部件，其中一些公司还向第二类的公司提供建造设备所需的材料。此外，第一类公司又可以在生产精密模块和部件中使用这些设备。这一产业的发展构成了新加坡经济的第二个发展主题——围绕价值链建设。

化工产业：发展集群

2013年，化工产业贡献了新加坡制造业产出的33%，价值为970亿新元。自2006年以来，化工产业一直是该国制造业产出中贡献最大的产业（见附表3.1.2；Singapore Department of Statistics，2014d）。

化工产业始于石油业。石油业是新加坡经济史上不可缺少的一部分。新加坡的石油交易始于1891年，包括三个主要活动：炼油、贸易和物流（EDB，2011）。新加坡虽然没有自己的石油储备，但如今已成为公认的世界三大炼油中心之一。新加坡一直围绕创造增加值和围绕价值链建设这两个经济发展主题进行投资，在发展化工产业的过程中，转向投资高附加值生产。

其中占地3 000公顷的裕廊岛是推动新加坡化工产业发展进程的重要因素。耗资70亿新元，改造7个小岛，裕廊岛成为新加坡化工产业的核心。裕廊岛除了将化工品供应商、生产商和服务商集中起来之外，还将污染较为严重的制造环节从主岛上分离出去。如今，裕廊岛在整个化工生产价值链上，从100多家企业中吸引了超过400亿新元的投资，每天约有40 000人通勤。

裕廊岛为化工产业集群中包括炼油、石油裂化、天然气合成、石油化工和特种化工品等产业在内的利益相关者提供了"即插即用"的便捷服务。通过发展基础设施，允许利益相关者使用这些设施，并通过协同定位的方式简化物流，从而降低了企业在岛上的生产经营成本。新加坡主动采取有效措施，承担了裕廊岛的基础设施发展费用。强调集群发展可以看作新加坡经济发展的第三个主题。

随着裕廊岛成功发展，新加坡通过裕廊岛倡议 2.0 版以及相关研究活动，转而进入了化工产业发展的下一个阶段。该倡议启动于 2010 年，旨在寻求投资，提升资源的优化程度、稳健性和选择空间。其中一个案例就是位于裕廊岛榕树盆地地下 130 米处的裕廊岩洞穴液态碳氢化合物储存设施。它是东南亚地区为存储原油、凝析油、石脑油和瓦斯油等液态烃而建成的第一个地下储存设施。它在第一发展阶段的存储容量约为 147 万立方米（Energy Market Authorit，2011）。其他重要的基础设施开发包括气化厂、液化石油气终端和多用户产品网格等。

裕廊岛倡议 2.0 版下的研究活动包括联合工业奖学金计划和 2002 年创建的公共研究机构——化学与工程科学研究所。从这些努力中，可以看到新加坡经济发展的第四个主题：专注研发。

生物医学科学产业：专注研发

2000 年 6 月，新加坡启动了生物医学科学倡议，旨在进一步推动这一产业集群的发展。作为知识密集型新经济支柱，生物医学科学产业在 2013 年 GDP 中的占比为 8.2%，更重要的是，该产业贡献了 20.5% 的增加值（仅次于占比 30.3% 的电子产业）。

新加坡的生物医学科学产业主要有两个关键领域：制药和医疗技术。在制药领域，新加坡通过在西部的填海工程建成了大士生物医药园，并借此实现了对药品制造业的投资。截至 2013 年，十大国际制药公司中已有七家落户于大士生物医药园，其中包括具有商业规模的 29 家制造工厂，从事包括活跃药物成分、生物制剂、细胞疗法和营养品在内的生产经营。在医疗技术方面，新加坡目前已有 30 家制造工厂、超过 10 000 名员工和 6 个研发中心。

除了吸引制药和医疗技术领域的制造业投资外，生物医学科学产业倡议还包括一项大胆的计划，吸引产业研究与种子初创企业，涵盖药品、医疗技术、医疗保健服务和交付以及生物技术和生物制剂四个生物医学产业，从而实现从工作台到病床边、从实验室研究到临床实践的同步发展。为了支持产业研究和商业化发展，新加坡还成立了公共资助研究机构，促进生物加工、基因组学和细胞生物学等领域的能力建设。

生物医学科学产业倡议的实施可分为三个阶段。第一阶段是 2000—2005 年。这一阶段重点投资公共研究机构，涉及生物加工、化学合成、基因组学和蛋白质组学、分子和细胞生物学、生物工程和纳米技术以及计算生物学等核心研究能力。第二阶段是 2006—2010 年。这一阶段侧重于加强转化和临床研究，将实验室的基础发现转化为临床应用，以改善医疗保健产业。第三阶段是 2011—2015 年。这一阶段的主要目标是实现商业化，建立产业研究伙伴关系，发展衍生品。第三阶段的一个基本目标是获得融资和支持，其中一种方法是与战略合作伙伴共同投资以实现资本和增值，或商业化拨款。目前，已有约 40 家科学、技术和生物医学研究领域的地方医疗技术初创企业（机构）参与进来。生物医学科学产业的发展遵循了四个发展主题：创造增加值、围绕价值链建设、发展集群以及专注研发（见图 3.4）。

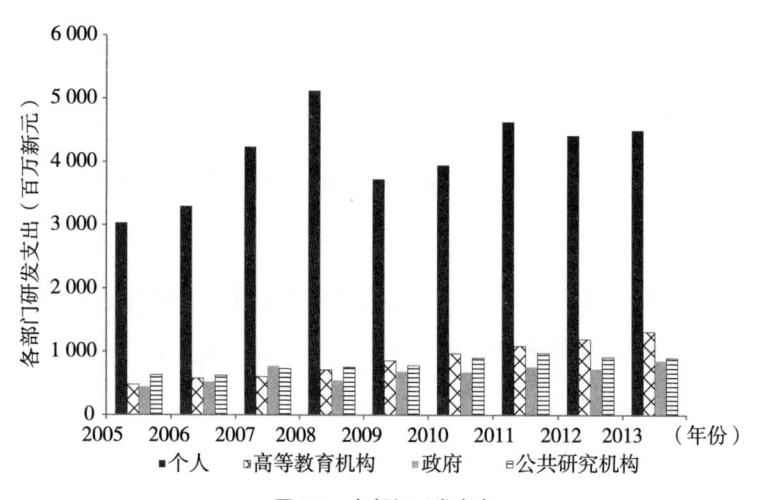

图 3.4 各部门研发支出

资料来源：新加坡统计局。

作为知识创新型经济体向前发展

通过大力投资知识、创新和人力资本，新加坡已经成功扭转其经济发展方式，从原来依赖制造业和服务业的经济发展方式转变为基于知识与创新的经济发展方式。21世纪以来，新加坡研究所的出版物、专利和许可收入都显示了这一成功转变（图3.5）。

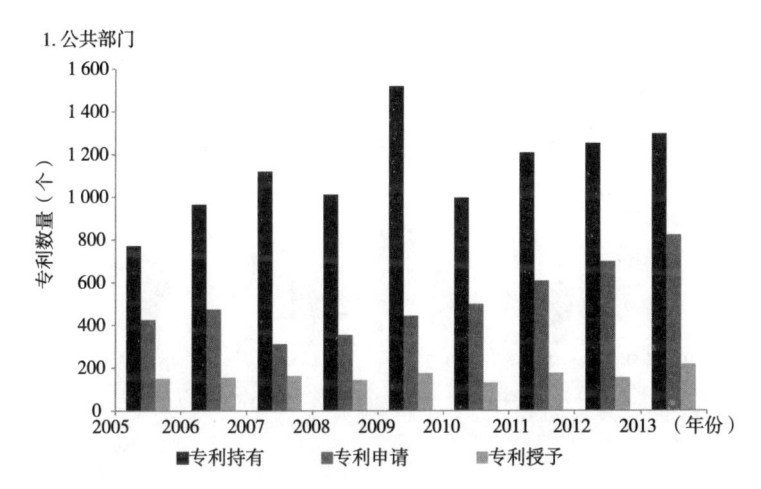

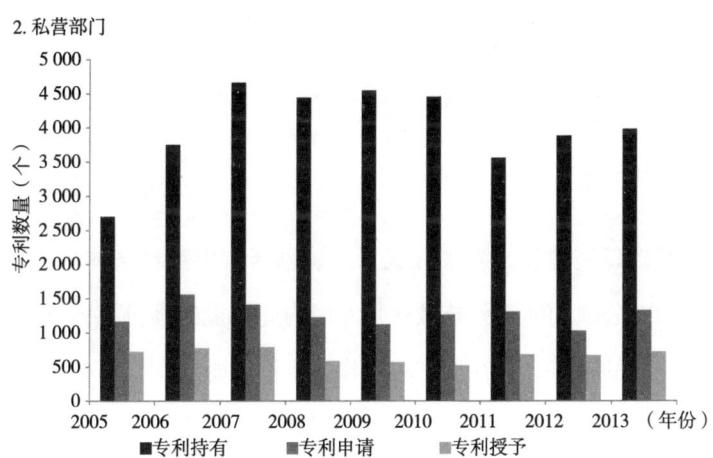

1. 公共部门

2. 私营部门

图 3.5　2005—2013 年私营和公共部门专利申请、授予和持有数量
资料来源：新加坡统计局。

破除魔咒

长期以来,人力资本开发始终是新加坡发展的优先事项,来自国际科学界的资深人士应邀访问新加坡,领导研究机构和团队,培养当地人才(见图3.6)。不仅如此,新加坡还设立了新的奖学金,鼓励新加坡人攻读博士学位。自2001年以来,新加坡政府已经颁发了1 200多份博士奖学金,培养研发人才。大约350名学者完成了博士研究,并继续为研究、创新和建立企业发展环境做贡献(见图3.7)。

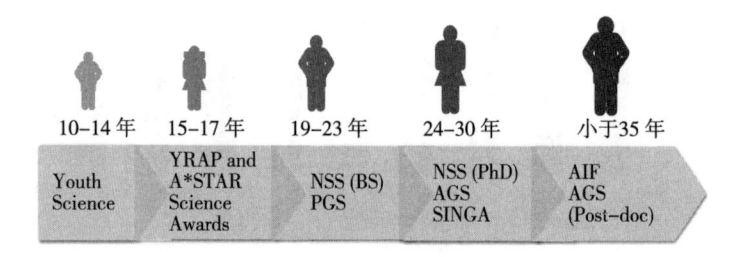

10–14 年	15–17 年	19–23 年	24–30 年	小于35 年
Youth Science	YRAP and A*STAR Science Awards	NSS (BS) PGS	NSS (PhD) AGS SINGA	AIF AGS (Post-doc)

图 3.6　长期人力资本投资管道

资料来源:新加坡科学、技术和研究机构。

注:AGS = A*STAR 研究生奖学金;AIF = A*STAR 国际奖学金;NSS = 国家科学奖学金;PGS = 研究生奖学金;SINGA = 新加坡国际毕业生奖;YRAP = 年轻研究人员资助计划。

基础设施建设是新加坡成为知识创新密集型经济体的基石,占地200公顷的纬壹科技城就是专门为此建设的高科技区域。纬壹科技城的独特之处在于它将工作、生活、游戏和学习融为一体的发展理念。其中,启奥生物医药园和启汇园枢纽都有公共、私营机构和组织。由枢纽提供的办公设施靠近公共设施和住宅区,这样可以创造一个整体环境,促进思想交流。从本质上讲,纬壹

第二部分 亚洲和拉丁美洲的多元化经验

科技城完全抓住了创造增加值、围绕价值链建设、发展集群和专注研发这四个经济发展主题。

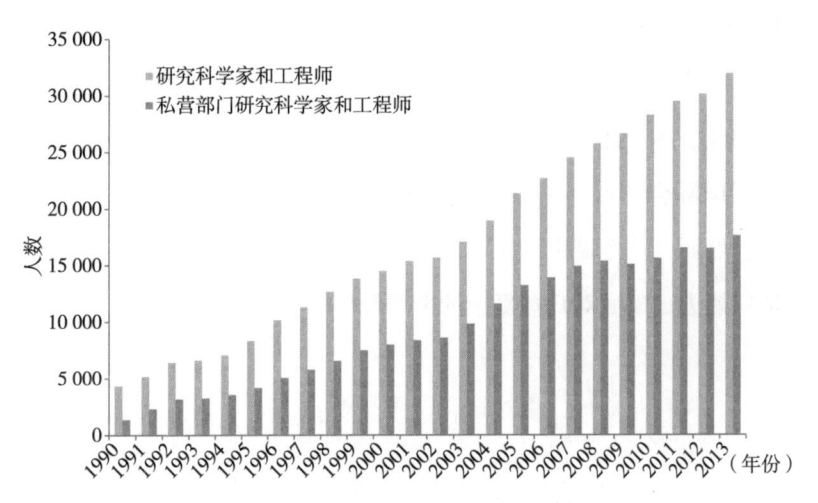

图3.7 1990—2013年研究科学家和工程师人数
资料来源：新加坡科学、技术和研究机构（A*STAR）（2014年）。

启奥生物医药园是新加坡生物医学研究和发展的标志。启奥生物医药园一期工程中的七座建筑物于2001年12月开始建造，并在18个月内完工。启奥生物医药园力求推进公共部门研究机构与企业实验室合作，促进协作发展，并同时提供最先进的设备、共享基础设施和专业服务。启奥生物医药园还处在新加坡国立大学和国立大学医学组织附近的战略位置，以促进成果转化和临床研究。启汇园则是一个综合性城市发展项目，致力于信息和通信技术、媒体、物理科学和工程工业的研究与开发。它的作用是将公共部门和私人部门聚集在一起，促进不同领域内科学知识

119

破除魔咒

的融合协同。

新加坡在 20 世纪 60 年代的发展起步阶段还只是一个贫穷的岛屿国家,而且在任何特定产业中都没有比较优势,但它在几十年内,从一个劳动密集型经济体转而成为一个以知识和创新为基础的经济体。此外,它与中国、印度、印度尼西亚和越南等国建立了国际合作伙伴关系和工业园区,在分享知识的同时探索机会。然而,这个城市国家不能止步于此,它必须继续学习,增强适应能力,以面对日益复杂的全球经济挑战。

附录

附件3.1. 新加坡制造业

附表3.1.1　2013年新加坡制造业增加值

	就业		薪酬		总产出		增加值		工人人均薪酬	工人人均增加值
	人数	占比(%)	新元（百万）	占比(%)	新元（百万）	占比(%)	新元（百万）	占比(%)	新元（千）	新元（千）
电子产品	76 402	18.4	4 271.0	21.1	80 860.0	27.8	17 469.0	30.3	55.9	228.6
半导体	40 659	9.8	2 468.0	12.2	46 260.0	15.9	10 861.0	18.8	60.7	267.1
电脑周边设备	10 170	2.4	494.0	2.4	8 195.0	2.8	2 188.0	3.8	48.6	215.2
数据存储	9 645	2.3	394.0	1.9	4 877.0	1.7	1 744.0	3.0	40.8	180.9
信息通信和消费电子产品	9 129	2.2	602.0	3.0	19 510.0	6.7	2 010.0	3.5	66.0	220.2

破除魔咒

续表

	就业		薪酬		总产出		增加值		工人人均薪酬	工人人均增加值
	人数	占比(%)	新元(百万)	占比(%)	新元(百万)	占比(%)	新元(百万)	占比(%)	新元(千)	新元(千)
其他电子模块和组件	6 799	1.6	312.0	1.5	2 018.0	0.7	665.0	1.2	45.9	97.9
化工制品	24 909	6.0	2 362.0	11.7	97 114.0	33.4	3 977.0	6.9	94.8	159.7
石油	4 087	1.0	740.0	3.7	51 316.0	17.7	72.0	0.1	181.0	17.6
石油化工产品	5 577	1.3	539.0	2.7	34 581.0	11.9	1 015.0	1.8	96.6	182.0
特种化工品	10 291	2.5	803.0	4.0	9 369.0	3.2	2 377.0	4.1	78.0	231.0
其他	4 954	1.2	281.0	1.4	1 848.0	0.6	513.0	0.9	56.7	103.6
生物医药制造	16 704	4.0	1 098.0	5.4	23 677.0	8.2	11 793.0	20.5	65.7	706.0
制药	6 272	1.5	608.0	3.0	18 593.0	6.4	9 795.0	17.0	96.9	1 561.7

第二部分 亚洲和拉丁美洲的多元化经验

续表

	就业		薪酬		总产出		增加值		工人人均薪酬 新元（千）	工人人均增加值 新元（千）
	人数	占比（%）	新元（百万）	占比（%）	新元（百万）	占比（%）	新元（百万）	占比（%）		
医疗技术	10 432	2.5	490.0	2.4	5 085.0	1.8	1 998.0	3.5	47.0	191.5
精密工程	89 682	21.6	4 227.0	20.9	33 143.0	11.4	7 508.0	13.0	47.1	83.7
机械和系统	42 173	10.1	2 336.0	11.5	22 367.0	7.7	4 192.0	7.3	55.4	99.4
精密模块和组件	47 509	11.4	1 891.0	9.3	10 777.0	3.7	3 316.0	5.8	39.8	69.8
运输工程	111 404	26.8	4 890.0	24.1	32 172.0	11.1	9 772.0	16.9	43.9	87.7
海洋和海上工程	85 378	20.5	3 089.0	15.2	21 080.0	7.3	5 939.0	10.3	36.2	69.6

123

破除魔咒

续表

	就业		薪酬		总产出		增加值		工人人均薪酬 新元(千)	工人人均增加值 新元(千)
	人数	占比(%)	新元(百万)	占比(%)	新元(百万)	占比(%)	新元(百万)	占比(%)		
航天	19 856	4.8	1 424.0	7.0	8 749.0	3.0	3 046.0	5.3	71.7	153.4
土地	6 170	1.5	376.0	1.9	2 343.0	0.8	787.0	1.4	61.0	127.5
一般制造业	96 740	23.3	3 415.0	16.9	23 509.0	8.1	7 144.0	12.4	35.3	73.8
食品、饮料和烟草	28 181	6.8	947.0	4.7	8 492.0	2.9	2 300.0	4.0	33.6	81.6
印刷	14 882	3.6	683.0	3.4	2 279.0	0.8	1 168.0	2.0	45.9	78.5
杂项行业	53 677	12.9	1 784.0	8.8	12 739.0	4.4	3 677.0	6.4	33.2	68.5
制造业总量	415 841	100.0	20 262.0	100.0	290 476.0	100.0	57 661.0	100.0	48.7	138.7

资料来源：新加坡统计局（2014f）。

注：指所有制造业工厂。根据2010年新加坡行业分类标准（Singapore Standard Industrial Classification, SSIC）进行分类。

附表3.1.2 2013年制造业各部门产出及占比

	总产出		
	新元（百万）	占比（%）	占制造业 GDP 比例（%）
电子产品	80 860.0	100.0	27.8
半导体	46 260.0	57.2	15.9
信息通信和消费电子产品	19 510.0	24.1	6.7
电脑周边设备	8 195.0	10.1	2.8
数据存储	4 877.0	6.1	1.7
其他电子模块和组件	2 018.0	2.5	0.7
精密工程	33 143.0	100.0	11.4
机械和系统	22 367.0	67.5	7.7
精密模块和组件	10 777.0	32.5	3.7
化工制品	97 114.0	100.0	33.4
石油	51 316.0	52.8	17.7
石油化工产品	34 581.0	35.6	11.9
特种化工品	9 369.0	9.6	3.2
其他	1 848.0	1.9	0.6
生物医药制造	23 677.0	100.0	8.2
制药	18 593.0	78.5	6.4
医疗技术	5 085.0	21.5	1.8

资料来源：新加坡统计局。

附件 3.2 新加坡各产业产出比

附表 3.2.1 按 2013 年市场价格计算的各行业占国内生产总值份额（%）

年份	制造业	建筑业	批发与零售业	运输和储存业	金融与保险业	商业服务业
1965	14.3	6.2	23.6	10.4	4.6	9.3
1967	15.2	5.6	26.2	9.5	4.6	9.2
1969	17.1	5.9	26.2	9.5	5.5	9.0
1971	19.6	7.5	22.9	9.6	5.4	9.4
1973	22.3	7.2	22.6	9.5	6.3	8.9
1974	22.9	7.3	23.3	9.2	6.4	8.9
1975	22.2	7.9	21.3	9.5	7.5	8.5
1976	22.9	8.1	20.3	10.5	7.5	8.1
1977	23.5	7.4	20.5	11.3	7.2	7.8
1978	24.2	6.1	19.9	12.4	7.7	7.3
1979	26.3	5.8	19.1	11.9	7.9	7.1
1980	27.5	6.2	17.0	11.9	9.2	7.2
1981	26.7	7.2	14.8	11.6	10.8	8.6
1982	23.1	9.4	14.3	11.2	11.2	9.7
1983	22.3	11.3	13.3	11.4	10.8	9.5
1984	22.2	12.2	12.4	11.1	11.3	9.0
1985	20.9	10.3	11.9	11.8	12.9	8.6
1986	23.4	8.0	11.8	11.9	12.3	8.5
1987	25.1	6.5	12.0	11.9	13.4	7.9

第二部分 亚洲和拉丁美洲的多元化经验

续表

年份	制造业	建筑业	批发与零售业	运输和储存业	金融与保险业	商业服务业
1988	27.3	5.4	12.1	11.9	12.1	8.5
1989	26.7	5.1	11.6	12.0	12.3	9.5
1990	25.6	4.8	12.9	11.3	13.7	9.9
1991	26.6	5.7	13.0	11.6	11.8	9.9
1992	25.6	6.6	12.3	10.8	12.4	10.5
1993	25.9	6.3	13.1	10.5	12.5	10.3
1994	25.3	6.5	13.1	10.4	12.0	11.2
1995	25.7	6.3	13.3	10.3	11.2	11.8
1996	24.7	7.1	13.3	9.8	11.1	12.3
1997	23.6	7.5	12.6	9.4	12.8	12.2
1998	23.9	7.8	11.9	9.5	12.5	11.8
1999	24.3	6.6	13.4	10.2	11.2	11.8
2000	27.7	5.3	13.4	10.0	10.0	11.5
2001	24.9	5.1	13.4	9.4	10.6	11.6
2002	26.0	4.2	14.2	9.0	10.4	11.7
2003	26.0	3.8	14.3	10.0	10.3	11.5
2004	28.2	3.2	15.1	10.4	9.9	11.0
2005	27.8	3.0	17.1	10.2	9.8	11.1
2006	27.2	2.9	18.7	9.3	10.4	11.0
2007	24.6	3.2	19.3	9.7	11.4	12.1
2008	21.1	4.7	17.6	9.8	11.3	14.0

破除魔咒

续表

年份	制造业	建筑业	批发与零售业	运输和储存业	金融与保险业	商业服务业
2009	20.7	5.6	19.0	8.1	11.6	13.6
2010	21.4	4.7	19.2	8.4	10.9	13.8
2011	20.3	4.6	20.2	6.9	10.9	14.3
2012	20.4	4.7	18.7	7.0	11.1	14.9
2013	18.8	4.9	18.5	6.9	11.9	15.4

资料来源：新加坡统计局。

第四章

迈向高收入经济：
以局内人的视角看马来西亚国家建设的五个十年[1]

艾哈迈德·塔尤丁·阿里
AHMAD TAJUDDIN ALI

马来西亚在很多方面有明显的优势。利用这些优势，马来西亚不仅实现了经济活动的多样性，而且保障了人民的高品质生活。地处东南亚的战略位置，地理位置优越，全年气候良好，这些条件可使其相对免受自然灾害的影响。耕地肥沃，适宜种植；热带雨林的生物多样性高，木材等资源丰富；矿物和金属氧化物广泛分布。马来西亚的产品已经出口到其他国家，为国家经济发展做出了重要贡献。

自1957年独立以来，马来西亚的发展过程可以说是亚洲发展

---

[1] 本章作者特别向马来西亚工业－政府高技术集团（Malaysian Industry-Government Group for High Technology，MIGHT）的鲁什迪·阿卜杜勒·拉希姆（Rushdi Abdul Rahim）表示感谢，感谢他为本章的编写所做的贡献。

的缩影——它实现了以低通货膨胀和低失业率为特征的持续的经济增长,这从马来西亚目前在全球各项指标和指数上的排名就能看出来。2014年,马来西亚在世界银行的营商便利指数中位居第17位,在全球创新指数中排名第33位,在世界经济论坛的全球竞争力指数中排名第20位,在基础设施质量方面排名第25位。2014年,马来西亚总人口达到3 000万人,其中中产阶级占54%,人均收入约1万美元。马来西亚的全球创新指数[①]排名从2014年的第24位提升至2015年的第20位(World Economic Forum,2012,2014)。竞争力的提升主要归功于马来西亚成功的横向和纵向多元化发展,以及对通货膨胀和工资水平的持续管控。

支持代际公平的一个重要手段就是建设、完善教育系统。马来西亚政府为了推动教育系统转型,将联邦预算的16%用于发展教育(Ministry of Education Malaysia,2013)。但目前尚未取得可观的成果。

马来西亚虽然资源丰富,但它对这方面的投入却超过从中所得的。世界上资源丰富的国家会这样做的并不多。图4.1显示,由于经济横向多元化的快速发展,马来西亚对第一产业的依赖明显减少,而制造业和服务业却增长强劲。同样重要的是,从上游活动向下游活动提升商品价值链,经济的纵向多元化也得到了发展(Bank Negara Malaysia,2013)。

---

① 全球创新指数由康奈尔大学、欧洲工商管理学院和世界知识产权组织(联合国机构)联合发布。

抑制通货膨胀和工资上涨也助力于经济多元化的发展。马来西亚2002年至2013年第一季度的通货膨胀率为2.3%，低于其他同等国家（根据年复合增长率）。同期生产率增长3.2%，高于工资成本上涨的2.7%。

吉隆坡经历的巨大发展反映了国家的成长变化，也使它成为亚洲最具代表性的城市之一。马来西亚有优质的基础设施，商业环境良好，对外很有吸引力，发展前景也一片光明。

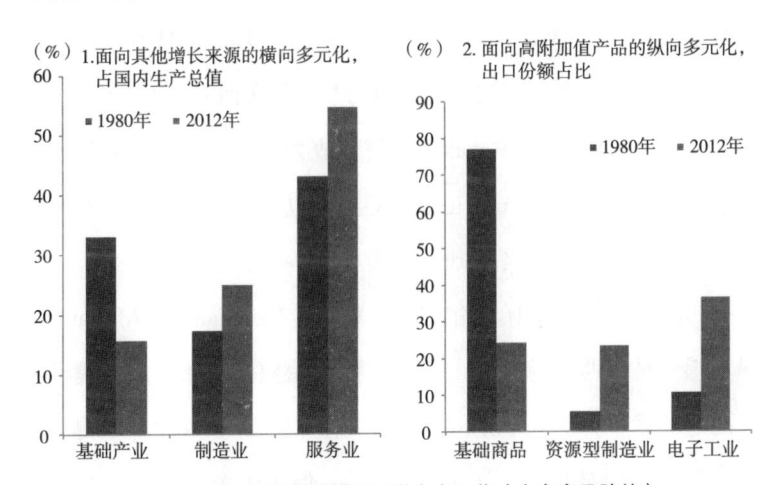

图4.1 马来西亚经济横向和纵向多元化（大宗商品除外）

资料来源：马来西亚统计局经济规划署。

发展的先决条件

马来西亚能取得目前的成功，主要原因在于它能够整合各项优势，利用富有远见的领导力、稳定的政治环境、健全的规划机制和丰富的自然资源，实现综合发展。广阔的领导视野和稳定的政治环境为发展和国家战略的实施奠定了坚实的基础，也由此形成了健全的规划机制。这也反过来有利于维持增长，扩大国内外直接投资。其中，对经济发展贡献越来越大的旅游业也得以进一步发展。

自1957年8月31日独立以来，马来西亚在多位总理的领导下，走上了国家发展之路。独立之初，时任马来西亚第一任总理的是被称为"国父"的东姑·阿都拉曼（Tunku Abdul Rahman Putra Al-Haj）。他从英国人手中接过了马来西亚。1970年，阿都·拉萨（Tun Abdul Razak）接替他成为第二任总理。在他不幸逝世后，胡先·翁（Tun Hussein Onn）成为第三任总理。在此期间，国家的社会和经济基础得以确立。

1981年，敦·马哈蒂尔·穆罕默德（Tun Mahathir Mohamad）博士担任马来西亚总理。上任后，他开始积极发展经济，提升马来西亚的竞争力。任职期间，他在工业和制造业方面都取得了重大进展，因而被称为"工业化之父"。但由于个人原因，马哈蒂尔在掌舵23年后于2003年离任。

马来西亚第五任总理敦·阿卜杜拉·艾哈迈德·巴达维（Tun Abdullah Ahmad Badawi）在经济发展范围内平衡社会各项需求，推动人力资本发展。之后达图·斯里·穆罕默德·纳吉布·宾·敦·阿卜杜勒·拉扎克（Dato' Sri Mohammad Najib bin Tun Abdul Razak）担任总理，他一直注重鼓励下游经济活动并扩大制造业，在国家的可持续发展方面做出了不懈努力。

稳定的政治环境与良好的上层领导相得益彰，有效推动了国家政策的实施。这也利于营造友好的商业环境，吸引大量外国投资。

此外，正如开篇所述，马来西亚所处的地理位置，其自然环境相对稳定，能在地震和火山爆发等自然灾害发生时保持相对安全，虽然偶尔会在季风季节经历洪水，但也能免于龙卷风的侵袭。马来西亚得益于终年的热带气候，植物生长茂盛，其中一些已经转化为主要收入来源。

丰富的自然资源是马来西亚成功的先决条件，橡胶和棕榈油是其生产的第一批商品。在独立后的早期发展阶段，锡矿、橡胶和棕榈油为国家的财富积累做出了重大贡献。这些商品生产活动从简单的原材料出口逐渐发展成为制造业等经济活动，进行消费品和工业产品的生产与出口。如今，这种下游经济活动仍在继续。

多年来，马来西亚虽然一直保持稳定，但也因为对大宗商品和自然资源的依赖经受了一些挑战，包括因资源减少和商品价格不稳定而引发的经济波动，以及日益严重的环境问题等。

多元化发展不仅会对一个国家的经济发展产生深远影响，还会影响国家的环境和社会结构。马来西亚在 20 世纪六七十年代开始发展橡胶和棕榈油产业，政府、研究人员和种植者共同努力改善生态系统，增强产业弹性。基础设施的发展和良好治理也为

破除魔咒

相关产业提供了有力支持。如今,随着我们对环境问题日益关注,有关可持续性的研究也在不断推进,以确保国家经济和环境的平衡发展。

橡胶

1877年,马来西亚从亚马孙盆地引入了第一批橡胶树幼苗并进行试验种植,然后又以商业规模进行橡胶生产。当时,英国为清除森林和种植橡胶树提供了资金与市场,来自印度的熟练劳动力被送往马来西亚橡胶园工作。橡胶逐渐成为马来西亚的主要商品。为此马来西亚还推出了多项举措支持橡胶产业发展,比如在1926年建立橡胶研究所等(Malaysian Rubber Board,2011)。2013年,马来西亚出口了131万吨天然橡胶,成为世界第三大天然橡胶出口国。前两位是泰国和印度尼西亚。泰国以280万吨位居榜首,印度尼西亚以245万吨居于第二位(Malaysian Rubber Board,2013)。

棕榈油

2014年,棕榈种植覆盖了马来西亚约540万公顷的土地,共生产了1 970万吨棕榈油和2.3吨棕榈仁油。马来西亚是世界上最大的棕榈油生产国和出口国之一,占全球油脂生产的12%

和油脂出口贸易的27%。马来西亚的棕榈油产业为超过50万人提供了就业机会,并为大约100万人提供生计,占马来西亚国内生产总值的5%~6%(Malaysian Palm Oil Council,2014)。

在20世纪60年代早期,政府推出了农业多元化发展计划,旨在减少对橡胶和锡的经济依赖。在该计划下,棕榈种植迅速扩大。后来,政府又推出了棕榈种植的土地安置计划,以消除无地农民和小农的贫困问题。马来西亚棕榈种植园的发展主要基于物业管理系统和小农计划。联邦土地开发局是这项工作的关键驱动因素。该机构成立于1956年,旨在促进社会经济责任,为农村贫困人口和无地人口开发种植园土地(Malaysian Palm Oil Council,2012)。

棕榈油产业对于消除贫困、缩小城乡居民收入差距一直有积极贡献。在创建的农村小镇中,工人享有良好的生活以及充足的住房、医疗卫生和宗教文化等基础设施。这不仅有助于保障社会安全和谐,还能减少农村劳动力向城市地区的迁移。

社会和政治挑战

在英国殖民统治时期,中国劳工被送到锡矿工作,印度劳工则去从事行政文职或在种植园工作。在这个过程中,英国殖民体系建立了以经济活动为基础的族裔社区。但这一体系却造成了当地人口工作结构的不平衡。中国人和印度人被带入经济生产部门，这就使本地人处于不利地位（Yusof，1998）。然而自独立以来，平权运动已将这种差距降到最低。

从人口方面来看，马来西亚是一个年轻的国家。自20世纪70年代以来，适龄劳动人口比例也随着国家的迅速发展而上升（Mahari，2011）。然而，不同年龄层的群体在国家发展中扮演着不同的角色，需求也不尽相同，因此需要量身定制的发展方案。

平均而言，一个马来西亚人在加入劳动力大军之前至少要在学校接受10年的教育。教育推动了国家社会结构的发展。相互理解和尊重是马来西亚发展与和谐的关键。

马来西亚的主要政党是以民族为基础的，但政党间通常在选举期间组成联合同盟。有几个政党在执政联盟"国民阵线"中都有它们的代表。

经济挑战

尽管马来西亚偶尔也会出现社会变动和经济波动，但它依然设法通过一系列实践发展计划、持续的公共基础设施建设和经济活动中的科技创新成功地攀登了经济阶梯。

总的来说，在独立后的最初几年，马来西亚的经济活动高度依赖橡胶和锡等初级商品，这一部分占出口总收入的70%，占政府收入的28%以及就业的36%（Economic Planning Unit，

2013）。虽然这种表现可圈可点，但推进经济多元化发展对于减少国家对大宗商品的依赖同样至关重要。

马来西亚的发展源于一系列五年国家发展计划。第一个马来亚计划在1956—1960年推行，第二个马来亚计划是1961—1965年。到1963年马来西亚建国后，这一计划被称为"马来西亚计划"，1966—1970年为一个新的周期。目前正在进行的是2015—2020年的五年计划。

由于在英国殖民时期保留了不同族裔区分进行不同经济活动的传统，到20世纪60年代末，马来人主导的农村地区和华人主导的城市地区已经在经济发展方面出现了差距。在充满不确定性的政治前景的推动下，不同民族之间的差异和不平等最终导致了1969年选举后的民族骚乱。为避免此类事件再次发生，政府会同各个政党、组织和政治人士一同制定战略，以求解决好民族和地区之间的贫困与不平等的敏感问题，马来西亚也由此对发展政策进行评估并做出了重大转变，反歧视的新经济政策应运而生。这项新经济政策的特点在于它的两个主要目标：不分族裔地消除贫穷和社会重组。新经济政策突出了国家增长和团结的基本理念。

在20世纪80年代，马来西亚开始实施多元化战略，从以农业为基础的经济发展向以资源为基础的经济发展转变。当时的首相马哈蒂尔于1983年提出了将"马来西亚有限公司化"的概念，这代表了一种新的国家发展方式，也就是说国家好比一个企业或商业实体，由公共和私营这两个部门共同持有、经营，并努力实现共同的使命。同年,政府还制定、推行了一项私有化政策,以强调私营部门在经济发展中起到更大的作用。20世纪80年代,制造业增长最快,占国内生产总值的比重从最开始的10.4%上升到22.6%,超过了农业部门的贡献(Economic Planning Unit,2013)。出口也进一步多样化,主要包括电子设备、石油和液化天然气、木材和木制品、纺织品和化学品等。

20世纪80年代中期,在国家产业政策和产业总体规划下,马来西亚的经济结构发生转型,经济发展道路迅速变化。随后推行的强化发展的计划就包括20世纪90年代大力促进制造业和服务业发展的相关举措。

然而,看待一个国家的发展不应仅仅从经济角度出发。社会转型的一个关键组成部分就是人民生活的各项"福祉"得以实现,经济、政治、社会、精神、心理和文化等各个方面都得到发展和增长。马来西亚于1990年启动了"2020愿景",为国家发展制定了一个路线图,希望在2020年成为一个兼具民主发展和道德伦理价值建设的统一国家。

国家转型和支持增长

2010年,马来西亚启动了作为国家发展主要议程的国家转型计划,该计划包括政府转型计划和经济转型计划。

政府转型计划涵盖了结构性问题,旨在提高行政部门的办事效率。该计划确定了六个国家重点成果领域。

- 减少犯罪；
- 打击腐败；
- 提高学生成绩；
- 提高低收入家庭生活水平；
- 改善农村基础设施；
- 改善城市公共交通。

这些领域需要政府重点参与。

经济转型计划的目标是在 2020 年将国家的人均国民总收入从 6 700 美元提高到 15 000 美元，这一增长将使马来西亚进入高收入国家的行列。该计划确定了 12 个有可能实现可量化增长的国家重点经济领域（PEMANDU，2013）。

- 石油、天然气和能源；
- 棕榈油；
- 金融服务；
- 旅游；
- 卫生保健；
- 通信和基础设施等；
- 商业服务；
- 电子和电气；
- 批发和零售；
- 教育；

·农业；

·大吉隆坡计划。

国家重点成果领域的实施落实工作由牵头部委主要负责，而国家重点经济领域的实施工作由私人部门和政府合作开展。

为支持经济转型，除了战略增长计划外，马来西亚还在基础设施发展方面进行了重大投资。有形基础设施和设备齐全的交通枢纽，比如世界一流的机场、海港以及维护良好的高速公路网络等，都是马来西亚为实现人员和货物的有效流动所做出的努力。马来西亚建有7个国际海港、5个国际机场、500个工业区和自由工业区，包括专门从事多媒体技术的多媒体超级走廊等技术园区。马来西亚还拥有高质量的电信网络和服务（Malaysian Industrial Development Authority，2015）。

为支持和促进经济增长，政府还成立了专项机构，授权完成各项具体任务，比如国际贸易和工业部的下属机构，包括马来西亚工业发展局、马来西亚对外贸易发展公司、马来西亚生产力机构和马来西亚中小企业等，在支持业务增长方面发挥了重要作用。

此外，在落实各项举措的过程中也有其他商业政策和一揽子税收政策进行补充和协调，以保持马来西亚经济和商业环境的吸引力。主要激励措施包括新兴工业地位、投资税收和再投资补贴，以及对高技术产业、战略项目和建立国际和区域服务基础业务的支持。

人力资本的发展也很重要。政府早就意识到，参与国际竞争，必须具备相应的知识和技能，因而一直注重人才发展方面的投资。马来西亚的每个五年发展计划都高度重视教育和技能发展，以确保马来西亚劳动力在该地区的高质量水平。

2020年及未来发展：聚焦科学、技术和创新

毫无疑问，马来西亚利用其天然优势取得了不错的发展成果。然而，想要持续增长并继续保持领先地位的话，还是要戒骄戒躁。俗话说，我们不是从祖先那里继承了这个世界，而是从我们的孩子那里借来的。我们今天制订的任何计划都应该充分考虑年轻人的发展。教育不仅为国家发展培养高素质的领导人，也能帮助年轻人建立积极的价值观。

技术进步和专项技能对于工业发展同样至关重要。向工业生产持续输送技术熟练且知识丰富的劳动力是维持经济增长的关键，而教育更是发展人力资本的关键。

马来西亚渴望建立一个不断进步的社会，能够以科学和现代技术为基础推动社会和经济向前发展。

为了应对国际和国内的科技挑战，马来西亚正在科学、技术、工程和数学方面不断努力。建立支助型教育制度，优先发展这些领域，对培养各个层面的高质量人力资本至关重要。1967年，高等教育计划委员会提出，文科生与理科生40∶60的学生

比例就能满足未来的发展需求。然而到目前为止，高等教育文科生与理科生的入学比例实际为70∶30。

聚焦科学、技术和创新始终贯穿于马来西亚的发展计划，在马来西亚计划、工业总体规划，以及国家科学、技术和创新政策和公共研究资产等都能够体现出这一重点。

2013年启动的国家科学、技术和创新政策，其主要目的在于加强这些领域的基础建设，包括增强知识生成和运用能力、加强人力资本、提高地方工业的创新潜力、加强治理以及建设接受度较高的社会环境，鼓励并欢迎科学、技术和创新成果。这项政策的制定和实施有望为科学研究注入新的活力，从而推动国家经济向更高的水平发展。

在推动科技领域进步、开展国家研究和发展活动的过程中，马来西亚科学、技术和创新部是这项工作的牵头实施部门。该部门的下属机构马来西亚科学院也在追求、鼓励和提高科学、工程、技术和创新方面发挥至关重要的作用。

全球科学创新咨询委员会成立于2010年，通过国际网络提高和优化国家能力。来自世界各地的行业领导者和知名院士、纽约科学院的主席理事会成员以及马来西亚重要部委和当地企业的领导者都是咨询委员会的成员。

"科学行动计划"（S2A）是马来西亚为确保在2020年以后的可持续增长而推出的最新倡议，旨在通过"科学转型"倡议加强科学、技术和创新生态系统的基础建设，帮助马来西亚实现从技术消费者到技术生产者的转变。为实现这一目标，根据马来西亚研究所的说法，该倡议在促进可持续增长方面的目标可以简化为以下三点。①

- 科学推动工业发展：通过发现新的增长领域、增强私人部门参与科学技术发展等方式，加强现有产业，创造新产业，培养新企业家。
- 科学增进民生福祉：通过科学技术，提高人民生活质量；普及科学知识，加强科学、技术、工程和数学探索中心的运用。
- 科学提升治理水平：加强公共服务和治理，建设有利于科学技术发展和吸收运用的生态系统。

结论

和许多国家一样，马来西亚意识到，由于资源限制、实施问题和不同外部因素等原因，并非所有目标都能按计划逐个实现。此外，马来西亚也无法避免工资水平波动、通货膨胀和全球经济不确定性带来的影响。然而，马来西亚一直在努力克服这些障碍，并且在实现到2020年成为高收入国家的愿景方面更近一步。

---

① 与坦·斯里·扎克里·阿卜杜勒·哈密德（Tan Sri Zakri Abdul Hamid）教授关于"科学行动计划"（Science to Action Programme）的采访。马来西亚研究所（Malaysian Foresight Institute）。详情请浏览：http：//www.myforesight.my/index.php/architects/insights-leaders/612-science-to-action-s2a-programme.html。

第五章

韩国的工业多元化：经验探索史

禹贞恩
MEREDITH WOO

韩国所面临的发展困境可以用"匮乏"这个词来概括。其中最令韩国感到遗憾的是，它本身没有太多可出口的自然资源，这一点使韩国在以制造业发展和持续攀登工业阶梯为核心的工业化道路上止步不前。对于那些起步较晚的国家，想要在不太乐观的世界环境中幸存下来，能否走上这条发展道路十分关键。至于韩国能给海合会成员国提供怎样的借鉴经验，这个问题的确很有挑战，也很值得思考。韩国与海合会成员国的起点不同，在过去一个世纪的时间里走的也是不同的发展道路。我们可以总结出韩国是如何快速启动经济发展的，以及如何实现经济多元化发展和升级的，但根据这些经验也不见得能给海合会成员国开出经济发展的良方。

西方悠久的社会科学传统认为，虽然各国的发展起点或者历程不同，但这不会影响各国经济发展逐渐趋同的势头。现代化理论做出了这样的假设，尽管各国的步伐不一致，但或早或晚、或多或少都会沿着一条线性道路前进，并且越来越相似。比如说，虽然德国较晚才实现统一，进行现代工业化建设也比较晚，但它可以从英国的发展历程中看到自己今后要走的路。

关于资本主义在每个阶段的发展都或多或少地趋向同质化的观点一直饱受争议。然而，如果各国已经在要素禀赋、历史沿革、发展前景、制度建设等方面具备了相似的属性，那么地理位置接近可能也是其中一个因素。从罗斯托（Rostow，1962）的增长阶段论出发，如果各国能够形成一个国家群体，寻求共同发展，肯定会更加容易一些。在这样的国家群体中，各国在制度和文化背景上彼此熟悉，相互认可，可以通过实例研究、沟通对话、会议活动和互访等形式有效地进行相互学习。

从这个意义上讲，英国确实为德国举起了一面镜子，让德国提早看到自己未来的发展道路，正如日本为韩国所做的一样。新加坡为中国许多沿海城市提供了可借鉴的经验。也像韩国为马来西亚所做的一样，它也为中国提供了工业化政策方面的经验。

尽管中东和东亚各国在地理位置上相距甚远，文化方面也有诸多差异，但仍可以相互学习。一些国家或地区有类似的发展轨迹，像迪拜和新加坡就与中国香港有许多共同之处：长期致力于建设开放城市，注重贸易发展，环境也比周边地区更加自由。它们也都是各自所在地区的教育、交通和金融中心，也有大批外籍

破除魔咒

人口，面对这些挑战和机遇，都做出了最大的努力。

阿尔及利亚在20世纪70年代末以前的发展轨迹与韩国类似。这两个国家都经历过殖民统治，而分别对其进行殖民统治的法国和日本都是较为成熟的工业化国家，具备完善的工业政策和规划。这些发展规划在阿尔及利亚和韩国独立后也得以继续实行。从两国的历史上来看，阿尔及利亚前总统胡阿里·布迈丁和韩国前总统朴正熙都进行过较长时间的领导，他们雄心勃勃地开展了不少成果显著的社会和工业转型项目。在某种程度上，这两个国家可以说是"工业主权国家"。但与韩国不同的是，阿尔及利亚在布迈丁统治时期取得的相对成功的经济成果和稳定的社会发展没能在未来延续下去。

本章将根据历史沿革和制度建设历程产生的影响，大致对东亚进行区分，并尝试对各国的经验，尤其是对韩国和海合会成员国的经验进行更有意义的比较，希望从中得出有价值的经验教训。根据里达·谢里夫和福阿德·哈桑诺夫在第一章中使用的分析方法，本章将重点探索韩国是如何克服障碍实现增长的。对海合会成员国的政策制定者来说，无论是背景条件还是发展历史，韩国的经验都可能会引起他们的共鸣。

可以认为东亚地区在过去很长一段时间内，曾形成了三种区域。

第一种就是历史上受日本影响比较大的区域。这种区域和日本一样也受民族主义、孤岛主义、军国主义和以国家为导向的政策方针的影响。和日本类似，这些地方也最终转向制造业发展，采用以人口密集动员为基础的多年计划和产业政策。这些国家和地区在民族构成和文化上也大致相同，但在相当长的一段时间里，它们作为一个"整体"共同发展，为整体动员促进经济增长免去了一些麻烦。

第二种区域是受西方殖民主义影响而出现过的，特别是在东南亚地区，包括印度尼西亚、马来西亚、菲律宾、新加坡以及中国香港和中国沿海的一些因为条约而开放的港口等共同组成的。和第一种区域大不相同的是，这个区域以海运贸易城市和转口港为主，面向世界，尤其是向西方国家开放，市场环境更加友好、自由。这些国家和地区由多民族组成，文化多元，因此在制度建设和经济转型方面少不了各族群之间相互让步，在不断增长的经济发展下合理规划，并逐渐形成了一种平衡的局面。

第三种区域以中国为核心。随着时间的推移，多种发展趋势持续存在：民族主义倾向，还有和许多东北亚国家类似的多年规划、产业政策和制造业发展。但在整个中国沿海地区却又存在与东南亚国家类似的发展模式：贸易导向、开放、慷慨、多民族、随和包容。还有一点就是中国的腹地，特别是西部地区，仍然需要在政府的帮助下建立起切实可行的消费基础，通过财政和金融等激励手段，从沿海到内陆，进行资源再分配。只有这样，中国才能建立起一个真正统一的国家市场。美国也正是通过国家干预的方式实现了这一点。

破除魔咒

第一章为我们提供了一个实用的"脚手架",能够跨越时间和空间,进行国家间的比较,这也是可持续发展中不可缺少的一点。在谢里夫和哈桑诺夫对海合会成员国的分析中,那些熟悉东亚国家近代工业发展史的人很快就能弄清楚阻碍可持续增长的原因。他们的观点是以经过实践检验的经济理论为依据,这些理论已被东亚各国过去几十年的成功所证实。他们提出了关于发展经济学的一个不可动摇的事实,那就是工业发展的重点在过去70年循环往复,这是由真正的工业经验得出来的结论。

谢里夫和哈桑诺夫认为,开放经济、避免政府失灵、宏观经济稳定、基础设施投资等促进增长的标准方案很重要。从各项量化结果来看,海合会成员国在生活质量、卫生健康、预期寿命和教育等方面,的确取得了不错的进展。但想要提高生产力、实现可持续增长,就必须促进贸易产业的发展、深化和不断升级。以迪拜为例,虽然长期致力于扩大开放,也比较成功地摆脱对自然资源的依赖,转而进行多元化发展,但它在扩大出口方面还是以黄金和珠宝为主。

谢里夫和哈桑诺夫还认为,从长远意义来看,贸易部门的深化必须与其他经济部门建立联系,以求从外部效应中获益。对海合会成员国来讲,经济多元化已经不是一个新议题了,有关的探索可以追溯到20世纪70年代,甚至更早,但它们的多元化仍然主要集中在石油化工和金属工业上,与其他经济部门缺乏必要的联系。

第二部分 亚洲和拉丁美洲的多元化经验

贸易部门想要实现产业深化并与其他经济部门建立联系，仅靠市场运行是不够的，还需要一个积极的"代理人"从中协调。这就是谢里夫和哈桑诺夫提出的第三个论点：即使政府不能再作为全能的总体规划师，也应该担任起协调者、中间代理商、风险资本家以及民间部门合作伙伴的角色。（充满活力的民间社会和部门也需要共同参与。）

本章中，我将以这三个促进增长的论点为基础，分析韩国在过去相对较长的时间里是如何实现发展的。历史起源很重要。社会科学家用一个不太恰当的词语来强调历史起源的重要性——"路径依赖"，直接用这个词可是比找到这个词的"源头"更简单一些。

从上文对东亚资本主义三种区域的简要描述中，我提到过这样一点，想要理解韩国的工业化道路，就必须了解韩国在整个20世纪的发展历程。换句话说，韩国在20世纪60年代的经济增长可不像雅典娜从宙斯脑袋里突然跳出来那样简单。

韩国曾经是日本殖民帝国的一部分，但日本的殖民帝国与欧洲人建立的帝国完全不同，和美国的更不一样。日本殖民帝国的地域范围不算广阔，主要是向邻国辐射，日本自身就是这个帝国的核心，从中国台湾、朝鲜，然后是中国东北，在战争年代延伸到中国的沿海地区，并由此形成了一个半边缘地带。

在东南亚地区的西方殖民者主要对资源开采感兴趣。因此，作为权宜之计，他们在经济上主要采取了双重经济或者飞地经济

破除魔咒

的模式，在政治上按照民族或部落划分，进行"分而治之"。在对朝鲜进行殖民统治的前期，日本也采取了西方这种管理模式。朝鲜当时的经济结构主要是向日本出口其所需的农产品，就好比日本的粮仓。第一次世界大战之前，阿尔伯特·赫希曼曾为德国对其贸易伙伴的发展模式进行判断和分析。从某种程度上讲，日本与德国的做法有相似之处，都是企图阻止其他农业伙伴的工业化发展，从而为殖民者创造商品出口市场，并摧毁已经建立的其他竞争产业。从德国和日本的案例中可以看出，两者在政策的规划和执行上具有明显的一致性。

日本通过两种方式阻碍朝鲜的工业发展：地籍调查和农业重组。先将朝鲜转变为大米出口国，后来又制定了《公司法》，赋予殖民政府在必要时控制和解散朝鲜新建和已建企业的权利。一方面，实行长达十年的地籍调查制度，在朝鲜农村建立起的资本主义所有制，不仅剥夺了农民在封建时期所享受的各种福利，而且低价没收或抢夺大量无人认领的土地，以使日本殖民者获益，大部分的日本殖民者来自日本九州。另一方面，《公司法》限制朝鲜人的所有权以及对非农业部门的投资，旨在保证日本制成品的垄断地位。朝鲜人得不到许可就不能开办工厂，而且几乎所有申请都会被拒绝。此外，殖民政府并不鼓励日本的私人资本直接流入朝鲜，以免造成殖民地产业与国内产业竞争。因此，直到1919年，在殖民时期蓬勃发展的朝鲜工业大多是不需要进行公司注册的家庭式经营。到了1920年，工业生产仅是农业生产的

13%，主要是染色、造纸、陶瓷、皮革加工、稻米碾磨、酱油加工、酿造、橡胶制鞋、烛台制造等家庭手工业。

但到了20世纪30年代，一切都发生了改变。讽刺的是，全球经济大萧条反倒缓解了朝鲜单一农产品出口经济停滞不前的状态，并使其完全融入日本工业园区，成为园区不可分割的一部分。而此时，日本农村经济恶化，为了扭转本国的恶化趋势，日本不得不停止扩大朝鲜的稻米生产，这一点倒是成为朝鲜经济发展的催化剂。更重要的是，为了应对国内危机和频繁波动的国际环境，日本采取了一系列复杂的政策调整：由于其他国家通过关税和限额的方式共同抵制日本产品，日本决定追求自主发展，在势力范围内创建一个自给自足的经济体系。

1931—1936年，宇垣一成（Ugaki Kazushige）担任朝鲜总督，他深信日本需要实现经济和工业的自给自足。因此，在20世纪30年代，朝鲜的制造业生产和附加值的实际增长率超过原先的10%，采矿业则是以19%的年复合增长率增长，是1927年以前增长率的4倍。换句话说，这是朝鲜"两位数增长"的第一年，但是被无情剥削的朝鲜人发现这根本算不上什么"奇迹"。

从某种意义上说，殖民时期的朝鲜就是"资本主义的天堂"。为了吸引财阀和企业集团，这里对企业征收极低的赋税，也没有实行日本用于管理主要产业时所用的类似法律以及保护工人利益的相关立法，朝鲜工人的工资水平只有日本的一半。朝鲜在资本、材料和设备采购方面给予了日本财阀最大的财政优先权与优惠待遇，矿业公司获得探矿和低品位铁矿石加工方面的补贴，那些合成石油、云母、铝和钨的生产商可以获得超过90%的补贴。

殖民政府保障了殖民地的政治稳定，并提供了工业化所需的基础设施，满足了大企业投资最基本的两个前提条件。殖民政府依靠为朝鲜的五年工业计划预留的特别预算，以及其他补贴资金和日本债券的销售收入，在铁路、港口、道路和通信方面投入了大笔资金。

殖民政府在当地工业化方面的"突飞猛进"中起到了主导作用。它在朝鲜资本组成上的比例一直很高，在20世纪30年代达到一半以上，后来随着日本财阀进入朝鲜半岛后下降。当日本私人部门考虑在朝鲜进行投资时，日本殖民政府的财政激励政策起到了关键作用，并且政府也愿意在投资无利可图的情况下分担一部分风险。

在一段相对较短的时间内，日本财阀集团一度收紧、集中对朝鲜经济的控制，到了20世纪30年代，它们取代了国家政策公司，成为驱动朝鲜产业扩张的先锋。据估计，朝鲜3/4的资本投资基本都是由日本领先的财阀集团在1940年做出的，比如三菱、三井、日本窒素肥料株式会社、日产、朝野、森精、理研、住友和安田等（Woo，1991）。

从政治上看，这种大规模的经济转型和重组要求殖民政府大力加强其职能，进行以重建社会关系为目标的镇压、立法和干预。这种现象并不仅限于朝鲜，在日本本土和中国台湾也是这

第二部分 亚洲和拉丁美洲的多元化经验

样,然而在朝鲜更加突出,一部分原因可能在于民众特别顽固,还可能因为一些突发的或者严重的变化。

殖民统治给朝鲜人带来了深重的苦痛,很多人都希望把这段经历从记忆中抹去。到了20世纪70年代,这种经历又一次出现。70年代的韩国与大约40年前的早期国家相似,就好比20世纪30年代,随着卡斯特罗·布兰科(Castello Branco)宣誓就职,社团主义在1964年重返巴西的方式大致相同。从理论上讲,是什么使这种回归成为可能,目前仍是个未解之谜。

独立后的韩国发现自己无法从20世纪30年代的战时工业化中找到什么可用的经验。这种想法是十分恐怖的。有时历史就像一个平铺直叙的简单文本,而在某些时刻,一股重要的力量会在无意间出现,就像文本中忽然出现一条附加说明一样。20世纪30年代留下的发展模式和模型,这些都会默默伴随着韩国的发展,而且人民能在并非自己所选的环境中创造历史。

20世纪70年代,韩国开始经历谢里夫和哈桑诺夫所描述的那种工业化深化的过程,并与其他经济领域建立整体联系。对此,人们或许并不感到意外,因为这一时期也正是全球政治和经济方向发生转变的时期,就像30年代的经济大萧条时期一样。

韩国经济在20世纪60年代末一度繁荣,其中很大一部分原因在于美国的资助,但对于这样一段难得争取来的时间,韩国人还是把它挥霍了。到了60年代末,随着美国在越南的处境越来越糟,韩国也迎来了一段艰难时期,还有一系列新挑战。在韩国

破除魔咒

也参与越南战争的情况下,如何跟美国讨价还价,以免美国终止对韩国的经济和军事援助;面对美国减少驻韩军队数量的各种可能性,韩国又该如何应对……但让韩国政府没想到的是,也是让美国所有的盟友都没想到的是,美国在甩掉它在全球各地的"负担"时是多么有序而专横。

按理查德·尼克松的话来讲,我们所在的新世界既不友好,还很无情,在这里,上帝只会帮助那些自助的人。于是,尼克松离开了中南半岛,并通过保护主义,一把推开了韩国这种经济暴发户,韩国因此再也无法凭借《共同安全法案》和十年的繁荣发展寻求庇护了。

当时的情况是,美式和平逐渐退去,布雷顿森林体系宣布终结,石油价格翻了两番,这些对一个完全没有石油资源的国家而言的确是一场灾难,但生存法则的第一条就是从政治和工业两方面入手,消除选举的不确定性,并在市场中用监管取代自我调节的发展方式,清除所有不确定因素。随着转向机制变得可预测,韩国转而采用"大推进"的发展模式,大力投资钢铁、汽车、航运、机器制造、金属和化学品等。韩国的目标是在十年内从商品出口最后环节的加工者变成世界上主要的钢铁、船舶和其他生产资料出口国。随着基础工业的发展,国防事业也得以建设起来,因此就能够打破在武器装备方面对美国的依赖,消除随之而来的各种政治不便。

1973年,韩国将钢铁、化工、金属、机械制造、造船和电子产品六个产业正式确立为实现快速增长的目标产业，并由政府进行严格监管。后来，韩国提出了《重化工业计划》，旨在为每个目标产业建立大型工业综合体，并配以最先进的生产设施。企业一旦安顿下来，就能率先获得外国资本支持，而且资金偿还的时间期限很宽松，利率也很低。它们能够优先获得政府资助，用于购买原材料和机械设备，获得行政指导，还享受运费、港口使用费以及水、电和煤气等费用的折扣，因此重化工业领域的企业迅速在综合园区中落脚。该计划预计产生的规模经济令人惊叹。

韩国《重化工业计划》的不寻常之处在于，其商品生产必须替代进口，或者尽可能地缩小滞后，与此同时，还能够进行出口。

新出口产业有三种融资方式。第一种是银行系统，即韩国银行的再贴现率。第二种是从国家预算中提取的财政贷款。第三种是国家投资基金和其他政策性贷款。通过以上方式获取的贷款占20世纪70年代后半期国内信贷总额的40%以上。

在"大推进"过程中，出口信贷和国家投资基金是所有政策性贷款中竞争最激烈的。当出口贷款实际利息处于$-19\% \sim -10\%$时，就能够获得最多的贷款，而出口商只要从外国买家那里开具生产信用证明就能打通申请渠道。

拉丁美洲在推行工业进口替代政策时遵循了较为严密的产业序列，这一点在韩国被压缩得更加精简，而且由于重化工业的大规模生产带来了巨大的经济效益，巨大的风险也会随之而来。如

破除魔咒

果新的产业找不到出口市场,就会产生巨大的浪费,能力闲置、失业和严重的金融问题都会接踵而至。

为了避免这种情况,政府扮演起了"纪律委员"的角色。企业想要获得出口信贷这份大礼就必须满足一定条件,否则许可证可能会被立即吊销。政府每年都会通过严格的业绩标准对大型出口商在资本、出口量、出口项目、目的地和海外分支机构的最低数量等方面进行评估,只有达到相关要求的公司才能以有利的汇率和利率获得信用证上一定的金额。

《重化工业计划》基本按照1973年的规划得以推进,并在十年的计划期限中提前完成。但正如世界银行和其他反对者所担忧的那样,韩国虽然实现了目标,但实现目标的方式却是让重工业获得了不成比例的资源。这并不是偶然发生的,而是故意为之。《重化工业计划》的指导原则一直是通过出口和少数几家精心挑选的垄断集团的参与来实现规模经济。

想要理解韩国在20世纪70年代进行的"产业深化",就必须考虑当时那些外部实际存在并且已经被察觉到的安全威胁因素。此时美国实力的相对下降,这也将韩国置于长期的困境中。注意到这一点,韩国进行的独特的"产业深化"改革从时机上看就说得通了。这也是为什么韩国不能像其他拉丁美洲的国家那样,在没有安全威胁的情况下,精心布局,进行"产业深化"。

如果说生存威胁是促成韩国经济多元化发展的环境因素的话,人们可能会说,海合会成员国也具备这样的有利因素:整个地区的政治不稳定还有国内经济问题都对国家地位构成了威胁。海合会成员国国有部门的过度增长虽然为大多数劳动人口提供了就业机会,但也给国家预算带来了不小的压力,再加上年轻人口数量较大,还有困扰他们的失业问题,这些应该能够促使政府优先发展多元的工业,以创造就业和提升劳动力技能。

或许韩国的工业化道路过于艰难,很难再去复制这样一段经历。无论如何,当今的世界贸易环境与20世纪70年代的大不相同,韩国政府当年向私人企业提供的出口补贴以及"胡萝卜加大棒"的激励政策如今已经不适用了。而且即便一个国家的经济发展形态有什么可取之处,除非是在殖民背景下或者在经济联盟中通过自愿联合的方式,否则其他国家也不太可能去模仿。

实际上,各国之间还可以通过其他方式互相学习。本书中提到了很多这样的案例,比如发展教育和进行技能培训,这些都是可以效仿的。在巴西过去80年的发展中,巴西国家开发银行成功帮助这个资源依赖型国家实现了工业基础多样化。政府通过培养科学人才,吸纳国内外优秀学生在世界上最好的大学接受教育,从而影响技术进步的步伐。新加坡在这方面就做得很好,沙特阿拉伯也是如此。本书的第十章重点介绍了韩国的新村运动,也可以被称为韩国的大前进运动。从结果来看,新村运动的确行之有效。作为一个自助计划,该运动不仅增加了农村收入,促进了家庭手工业的发展,而且有效地阻止了农村人口向城市的流动。这种对农村地区的大规模动员具有为政治发展服务的目的,

破除魔咒

但它也以自己的方式实现了目标，为那些一直处于重工业化强光暗影下的农村居民建立了服务机构，明确了发展目标。新村运动帮助韩国实现了均衡增长。

在东亚地区可以找到许多国家间互相学习的成功案例。随着东亚资本主义的"三种区域"在经济实践中变得更加紧密，"太平洋沿岸地区"这一概念又为全球化的发展增添了独特之处。尽管东亚各国的经济起源和发展路径各不相同，但它们除了是东亚资本主义"三种区域"的组成部分以外，还是"太平洋沿岸地区"的一部分。这些国家通过频繁互动、交换意见、竞争和简单的互访，还有会议和书籍出版物等互相学习。换句话说，各国的政策制定者在不同的时间和地点上为彼此的发展提供了许多镜子，这些镜子能让各国从不同的发展经验中找出适合自己本国发展的路径，其中的关键在于拥有一定的想象力和主观意愿，在众多的发展经验中，找到适合本国的实践经验。

第六章

拉美国家的经济多元化：
面对艰难时期的举措[1]

何塞·米格尔·贝内文特
JOSÉ MIGUEL BENAVENTE

拉美国家在过去的 10 多年间度过了一段经济发展的最佳时期。各国在经济上的不错表现主要可以归功于有利的国际价格，尤其是自然资源相关产品和服务的价格。投资前景明朗，拉美地区大多数国家的通胀率都是个位数，虽然就业方面存在结构性失业的情况[2]，但其他宏观指标和过去相比，基本都呈现出比较健康的状态，更重要的是，贫困程度明显减轻了。

然而，这股良好势头似乎正在失去力量。近几年来，商品价格大幅下跌，而且一向蓬勃发展的外商直接投资也呈现出长期下

---

[1] 笔者感谢里达·谢里夫和福阿德·哈桑诺夫所做的评论，以及乔斯林·奥利瓦里（Jocelyn Olivari）在本章编写过程中给予的帮助。
[2] 主要原因在于工人和企业之间的技能不匹配。

降的趋势。如今，一些国家正面临财政问题，尤其是加勒比地区，政府顶着增加或维持社会支出的巨大压力，希望国家能够平稳度过这段风暴期。大多数拉美国家在一些福利指标上的确有所改善，但最近的一些事件可能会影响现有的经济表现，并且已经引起了当地和国际政策制定者的关注。

拉美国家经济发展的一个主要特征就是过于依赖某类产品，其中一大部分就是自然资源类相关产品。这种依赖解释了拉美各国近年来成功的原因，但也暴露了它们的脆弱性。自然资源在带来财富激增的同时削弱了其发展更多高附加值部门的意愿。这些高附加值部门往往可以在经济不景气时起到一定的缓冲作用。然而从该地区长期的增长数据来看，其中最引人注意的就是几乎每个国家的全要素生产率都表现出明显的停滞不前。事实上，不光是近几年，拉美地区各国的全要素生产率一直呈现下降趋势。

本章认为，拉美国家需要更加重视与进出口单一及生产力停滞不前等密切相关的问题，尤其是考虑未来可能出现的困难时期。在这种情况下，国家采取的政策一般都不足以维持该地区人均收入的持续增长。

背景：我们了解什么

想象一下，我们以各个国家和地区的人均收入为依据进行一场"排位赛"。其中，澳大利亚、美国和几个欧洲经济体，以及中国香

第二部分 亚洲和拉丁美洲的多元化经验

港在前面领跑（见图6.1）；美国和加拿大长期保持领先，澳大利亚等国家和地区在最近几十年间陆续加入了领跑阵营。另外一批国家和地区包括韩国、新加坡以及中国台湾这几只"亚洲小龙"，还有新西兰和斯洛文尼亚等，虽然它们现阶段落在后面，但正在迅速追赶。这些国家和地区目前的增长水平其实比前几名都要快得多。

第三组国家的富裕程度大概是前一组的一半，主要由几个拉美国家组成。阿根廷和智利正与一些东欧国家一起领跑这组欠发达经济体，它们大多数都得益于2000—2011年较高的自然资源价格。

在提出帮助各国取得领先地位的指导方针之前，我们先选出了几个与拉美国家情况类似、符合自然资源丰富、国内市场小且远离国际市场这几个条件的主要经济体。在接受新的发展战略之前，我们认为各国不应该把关注重点放在研究这些领跑国家目前正在做什么上面，而是应该弄明白当这些领跑国家处在与第三组国家类似的发展水平时，它们采取了怎样的发展战略才改变了当时的状况，进而迈进了下一个发展阶段。

这种比较分析得出的第一个教训就是这些主要经济体依靠"脑力"来提高增长率，也就是全要素生产率。相比之下，拉美经济体则是靠"汗水"来达到目标。其储蓄和投资在过去10年均有所增加，低失业率也为此做出了贡献。自1960年起，拉美地区的人均收入翻了一番，大部分收益都兑现了。1960—2010年，拉美国家虽然累积了一定的人力和物质资本（相较于美国分

破除魔咒

别增加了 12% 和 16%），但与美国在人均国内生产总值上的差距并没有缩小。和美国相比，拉美国家在这方面反而下降了 8%，全要素生产率也下降了 29%。

美国 (43 236)
加拿大 (35 779)
中国香港 (35 396)
35 000

新加坡 (29 743)
中国台湾 (29 244)
西班牙 (27 542)
新西兰 (25 655)
28 000

芬兰 (32 822)
澳大利亚 (32 127)
英国 (31 585)
瑞典 (31 264)
法国 (30 150)

爱沙尼亚 (17 802)
立陶宛 (15 443)
阿根廷 (14 838)
拉脱维亚 (13 875)
15 000

斯洛文尼亚 (23 159)
韩国 (21 887)

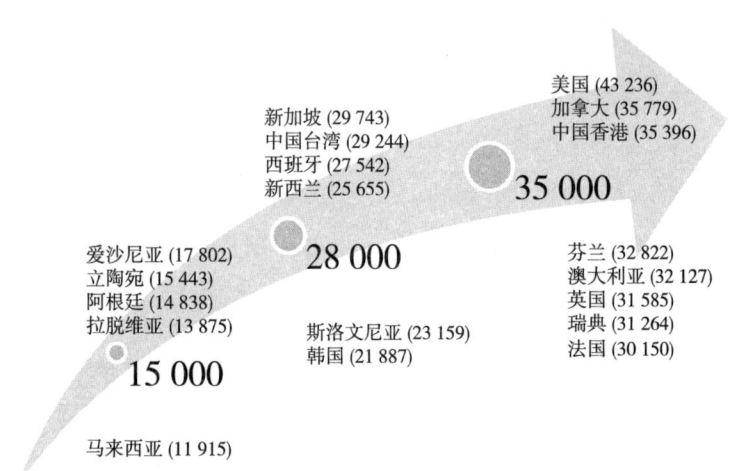

马来西亚 (11 915)

图 6.1　2011 年人均国内生产总值国家及地区排名（购买力平价美元）
资料来源：国际货币基金组织"世界经济展望"数据库。

此外，那些制度健全的国家虽然在 20 世纪八九十年代进行了重大的结构性改革，特别是在对外开放经济和放宽对金融市场管制方面下了功夫，但是其全要素生产率的相关数据却表明，之前的努力并未达到预期效果，而且实际上还发生了倒退。[①] 富恩特斯、格雷迪格和拉腊因的研究表明，1986—1996 年，智利的全要素生产率一直保持着稳定增长的强劲势头，投资和就业率也很稳

---

① 如帕福克尼克（Pavcnick, 2002）和克雷西（Cresi, 2006）对智利以及罗伯茨和泰伯特（Roberts and Tybout, 1996, pp.227-258）对哥伦比亚的研究所示。

定（Fuentes, Gredig and Larraín, 2007）。但到了2000年，全要素生产率却一直停滞不前，平均增长几乎为零。这段时间全要素生产率的低迷状态并不是由当时某个时间点的特定冲击造成的。智利的产出增长率从20世纪80年代的6%下降到20世纪90年代的4.5%，智利全要素生产率的增长放缓可以解释其产出增长率的下降。阿根廷、哥伦比亚和秘鲁也表现出类似的模式。

如图6.2所示，拉美国家在1960—2010年的全要素生产率对其国内生产总值增长的贡献明显低于工业化国家和东亚国家，这就清楚地说明了"汗水"战略存在的问题。公共政策应该侧重于提高全要素生产率，采取激励措施，以实现人均收入的长期增长。

近年来，各国开始把提高全要素生产率的关注点集中在调整出口结构上，特别是那些出口高度集中的、以出口为近年来主要发展动力的国家。到2010年，韩国的出口矩阵在过去的27年里变得越来越复杂，这与任何一个拉美国家的情况都不一样。如今，化学品、健康相关产品和电子产品占据了韩国出口的很大一部分，而服装、纺织品和面料织物的份额却有所下降，因为相较于前一类，这类产品的附加值较低，在知识方面远不如前者复杂（Pavitt, 1984; Hidalgo and Hausmann, 2011）。挑出一个典型的拉美国家进行分析就能发现两个基本特征：大多数情况下，出口模式严重偏向大宗商品、农产品和服装等复杂度较低的产品；这种模式在直到2010年的近30年间都没有发生过变化。

破除魔咒

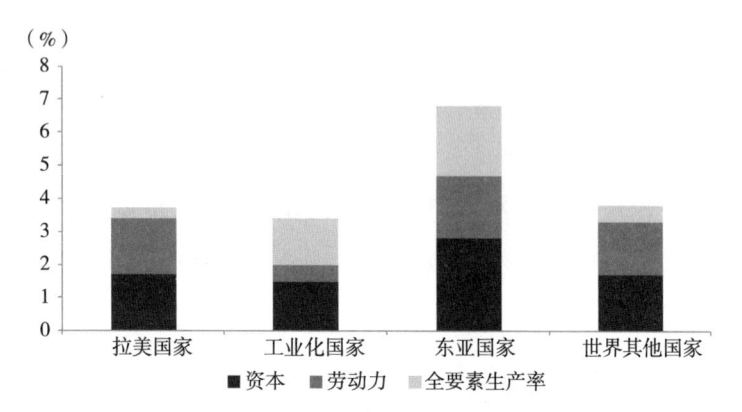

(%)
8
7
6
5
4
3
2
1
0
拉美国家　　工业化国家　　东亚国家　　世界其他国家
■ 资本　■ 劳动力　■ 全要素生产率

图 6.2　1960—2010 年 GDP 实际增长来源

资料来源：博斯沃思和柯林斯（Bosworth and Collins，2003）以及作者的计算。

一个国家如果能将经济发展重点从自然资源开发过渡到更为复杂多样的出口上，就能在促进增长方面，尤其是提高全要素生产率上有更好的表现。由此来看，拉美经济体当前面临的主要挑战是增加生产和出口结构的复杂性，这也意味着必须降低对自然资源密集型产品的依赖。像哥伦比亚的生产结构就主要集中在少数石油相关产品上，而智利则是集中在铜矿开采上。同样的模式也存在于秘鲁。综合先前的论证，再加上霍斯曼等人提出的生产复杂性指数（Hausmann and others，2011），目前在发展竞赛中领先的是"亚洲四小龙"以及经合组织成员国等，拉美国家并不在其中。

其实，产品和出口结构多元化程度较低与全要素生产率增长缓慢有关。举个例子，根据世界经济论坛 2013 年的数据可知，智利在与发展相关的大多数因素上都有不错的排名，包括机构建设、基础设施和宏观经济环境等，但它在创新和商业复杂性的相关方面表现欠佳，而这些方面才是创新驱动型经济增长的关键。就全要素生产率的增长而言，智利和拉美地区国家在总体上明显落后于其他国家。

事实上，仅仅是放大一个国家的生产结构就能发现其经济部门间迅速表现出来的异质性。从智利的生产力统计数据中不难看出，高效的出口导向型部门和非生产性部门是并存的。单单放大某一个经济部门，也能观察到企业之间不同的生产力水平。有证据显示，这种生产力异质性呈现出驼峰状的分布状态。

企业和部门的异质性具有重要的政策含义。当同一地区的不同经济部门和公司面临不同的挑战时，一刀切的做法肯定行不通。某个产业内的部分企业，尤其是那些发展时间短、规模较小的公司，可能面临各种财务限制，而其他公司又可能在人力资本方面存在问题，无法招聘到符合要求的工人。这就意味着，在设计以提高企业生产力为基础的新发展战略时，还需要考虑到异质性的问题。由于市场失灵，政府应该始终努力打造健全的基本制度环境，惠及基础设施等所有部门，还要持续输出受教育劳动力，并进行有效的市场监管。

生产多元化与创新助力

想要在发展竞赛中取得领先，拉美地区面临的主要挑战之一就是重塑生产结构，同时还得考虑到国内各部门和企业之间明显的异质性表现（Crespi，Stein and Fernandez-Aria，2014）。在发展起步阶段，很多国家在人均收入和自然资源等方面情况都差不多，而且国内市场有限，并没有过多参与国际竞争。但即便有很多相似之处，也不意味着它们将来能走上相同的发展路线。那种靠"脑力"来实现增长的方案或许能给出一部分解释。比如澳大利亚、芬兰和新西兰这样的国家，没有哪个国家推行的发展战略仅仅是集中精力、大力发展自然资源相关产品的。相反，它们大都明确地进行经济多元化发展，提高本国产品和服务的附加值，并努力消除当地企业的生产异质性。

各国在制定新的发展战略时需要具体考虑以下四个方面。

第一，国内市场规模。人们不能把秘鲁这样的国家和巴西放在一起比较，因为两国潜在的客户数量不同，公司和部门的发展也会有巨大差异。这是规模上的问题。

第二，自然资源储量。各地区应该了解自身的资源储备情况并学习如何明智地利用这些资源。有些拉美国家在20世纪五六十年代采取的进口替代战略并未取得成功，而且还有明确的迹象表明，它们现行的工业化发展战略可能也会如此。原因就在于它们没能充分发挥自身自然资源的比较优势。如今，大多数拉美经济体正在尝试围绕自然资源制定发展战略。

第三，与国际市场的距离。这意味着双重挑战。随着距离增加，运输和物流成本也会增加，为了确保竞争力，就需要在某些领域进一步提高效率。而且所有部门都会面临这些挑战，这点对于生鲜出口相关部门来说特别关键。

第四，有利的体制环境。这为生产部门和社会的繁荣提供了环境条件。

此时，政府必须意识到，没有什么干预手段能够直接完全地解决所有问题。但为了应对这些挑战，作为政策制定者，政府必须首先构建全方位发展战略。

构建这样的战略需要设计出有力的概念框架来指导政府的干预方向，而且要始终确立中长期发展愿景。概念框架还应考虑到市场失灵的可能性，以确保政府对私人部门采取的激励措施与国家的整体发展战略一致。最后，还应保持针对特定部门的垂直干预与面向所有经济部门的横向干预之间的平衡，避免政府失灵带来的风险。当国家试图解决市场失灵的问题时，政府失灵可能会对市场造成损害。

引入新产品和新工序是优化生产结构的关键手段。这不仅意味着通常与发明创造相关的技术可行性，也是能够创造价值的解决方案。从定义上讲，如果需要扩大生产矩阵，而新产品要么已经存在于国外市场，或者在激进式创新的情况下，它们对于世界市场还很新颖的话，这种新产品就应该投入生产。

创新发展离不开知识，可能还需要国家干预。好的想法、原型、试验性工厂、定标过程、测试版、包装、专利、技术转让等都是知识密集型活动，所涉及的科学、技术、生产和市场营销等知识都可以通过正规教育和实践来获得。此外，知识具有一定的经济属性、非竞争性和非排斥性，可将其归为一种准公共产品。因而在运用知识创造新产品的过程中，拨款问题、信息不对称、协调问题和其他市场失灵等都可能成为绊脚石。单靠市场力量或许还不足以推动创新的蓬勃发展，但是公众参与也许能为创新发展创造更好的条件。还有人认为，国家干预非常重要，如果没有国家干预就不会有如今的创新成果，或者至少需要相当长的一段时间才能实现创新（Mazzucato，2013）。

但是，国家干预也有局限性。为了更好地总结出国家干预措施促进创新和生产多元化发展的特征，克雷斯比等学者（Crespi and others，2014）以复式矩阵的形式提出了一套政策干预分类方法（见表6.1）。这种分类法的纵向表示政策类型，横向表示政策范围。其中，政策类型包括旨在解决特定市场失灵的公共投入，比如制定游戏规则等。此外，还能通过政策对市场进行直接干预，设计特定的激励措施，从而影响代理人的行为。政策范围是与经济体中政策适用的普遍性有关，即某项政策是对所有经济部门（横向）还是对特定部门（纵向）产生影响。

表6.1 政策干预分类法

		政策范围	
		横向	纵向
政策类型	公共投入	产权保护	植物检疫控制
	市场干预	研发税收抵免	免旅游税

第二部分 亚洲和拉丁美洲的多元化经验

其实，不同的政策手段与政策干预分类法四个象限中的每一个象限都有关联。比如作用于产权保护方面的公共投入就与研发和创新活动紧密相关，而且涉及所有经济部门，因此公共投入是一种横向的干预手段。但具体的法律则会影响特定经济部门，比如植物检疫控制与农业有关，而不会与采矿有关。这些政策都是针对特定部门量身定制的，并且构成了解决部门异质性问题的政策手段。表6.1显示了市场中的直接干预政策，其目的是改变对代理人的激励方式，从而影响代理人的行为。这种方式既可以是横向的，也可以是纵向的。如果是横向的，比如研发税收抵免政策能够改变企业的研发成本，自然就会影响它们对研发项目预期回报的评估。还有针对旅游等特定部门采取的其他干预措施。

利用纵向干预手段可能会引起政府失灵，所以必须谨慎行事。有时候，在某种市场失灵的情况下，考虑到进行干预的成本可能会大于收益，所以与其进行干预，不如暂且放任不管。

考虑到纵向政策存在的相关风险，各国更倾向于采取横向政策手段，集中力量建立有利于所有经济部门发展的制度环境，也就是制定游戏规则。一旦横向政策制定完成，就需要进一步处理每个经济部门的特殊性，按需采取纵向的方法。

在此过程中，政策制定者至少需要避免以下三种"政府失灵"的情况。

第一种，连贯性和持续性问题。政策制定者往往更倾向于推

169

破除魔咒

行能在短时间内让民众看到明显成果和变化的政策，比如建一座桥。成果摆在民众眼前，就能为连任增加可能性。但与一座建好的桥相比，为了促进生产结构多样化而采取的科学、技术和创新政策，实在不容易立马看到成果，而且这些政策很可能在中长期之后才能产生效益。考虑到连任的问题，政策制定者们的确不太愿意推行这样的政策。这可能与政府环境的短期性质相关。为了避免这种情况，应该由具有特定职能的国家机关专门负责科学、技术、创新和其他生产促进政策的实施，以确保各项政策在时间上的连贯和延续。

第二种，代理问题。这种情况发生在委托人（比如总统或首相）与代理人（比如工业部长）的利益不一致时。通常情况下，代理人更加了解政策推行的实际情况，因此能为现行政策和措施的相关受益方提供更加准确实用的信息。但问题在于委托人和代理人的目标可能不同，因而会造成整体规划和实施之间的分歧。代理问题衍生出来的另一种情况是政策实施过程中没有明确的责任相关方，尤其是在政策和任务涉及多个学科、需要不同部委共同参与的时候。在政策实施过程中，如果各部门没有明确的任务划分，可能会进一步加剧动态不一致的问题。

第三种，公众占领。这种情况发生在受益人能够影响某些政策的进程和方向的时候。一个常见的情况就是最初因市场失灵而进行的政策干预。这种干预也许会针对特定群体进行补贴。然而当失灵问题得到解决时，受益人可能会游说政府继续实行这种补贴措施并以此来换取选票。

考虑到政府失灵的各种潜在威胁，因而需要在政策实施过程中设立合适的公共机构，以将政府失灵的影响最小化。在过去的10多年里，拉美国家一直在这方面下功夫。现行的做法是将战略制定、政策设计和任务实施等分别划分给公共机构的不同部门。相关机构构成，比较理想的话，第一，应该包括一个咨询部门，参与其中的可能是创新部门的首席执行官或者是与政治周期适当隔离的国家战略机构，负责设定政策的中长期目标；第二，设置一个或多个部门，根据咨询部门提供的指导意见进行政策设计；第三，由公共部门直接负责科技、创新和生产多元化等方面相关政策的具体实施。

科学、技术和创新应该如何助力经济发展

关于创新，拉美国家需要学习三点经验。

第一点经验是，不是只有富裕的国家才对科学技术感兴趣。大量理论（Romer，1990；Aghion and Howitt，1992）和实证研究（Grilliches，1995；Hall and Jones，1999；Rouvinen，2002）表明，那些在研发和相关活动上进行投资的国家，它们在全要素生产率和人均收入方面的增长率也会更高。

第二点经验是，研发工作对于提高全要素生产率存在一段时间的自然延迟。也就是说，全要素生产率在短期内可能会下降，

破除魔咒

但从中长期来看,就会呈现上升状态(Goto and Suzuki, 1989; Benavente, de Gregorio and Nuñez, 2006)。正如熊彼特[①]在"创造性破坏"理论中强调的那样,在正常状态下,这种延迟是与创新过程共同发展的学习过程有关,好比将新机器引入生产流程中,就会产生一段自然的适应过程,对于熟悉这种过程的工程师来讲可能更容易理解这一点。但经济学家反而不容易做到。事实上,数据显示制造业可能需要两年左右的时间才能实现全要素生产率的增长,在生物技术领域则需要八年。不同经济部门的异质性在这里也有体现。

第三点经验是,在小市场环境中更容易产生竞争。竞争是促进创新的必要条件,较小的经济体需要应对这种内在的限制。对目前处在技术前沿的小型国家来说,它们通常的做法是直接参与全球市场竞争,而不仅仅是盯着国内市场。想要在国际市场中保持竞争力,唯一的方法就是投资研发和创新,这样最终会在总体水平上促进生产率的增长(Bravo-Ortega, Benavente and Gonzalez, 2014)。但对不同规模的经济体来说,创新和全要素生产率的因果关系是有差异的。像巴西或美国这样的大规模经济体往往是先提高全要素生产率,然后在当地市场竞争中取得领先,之后再开始发展出口贸易,这个过程与那些小规模经济体截然相反。

[①] 约瑟夫·熊彼特,20世纪早期奥裔美国经济学家,主要强调了创新、创业以及"创造性破坏"的过程对可持续经济增长的重要性。详细内容请见第七章。

这里还要重点提到创新过程的一些副作用。我们通常认为创新会减少一部分就业机会，但也有证据表明事实并非如此（Harrison and others, 2014; Mohnen and Hall, 2013; Benavente and Lauterbach, 2008）。在创新过程中，引入新机械可能会取代一部分人力资本，从而对就业产生影响。然而更加高效的公司可能会面临更高的产品需求，这反而增加了它们对劳动力，或者对合格劳动力的需求。我们已经观察到了这种创新过程中所产生的劳动力需求的净增长，特别是欠发达经济体的需求增长。

最后，创新过程对于拉美经济体中普遍存在的收入分配问题有重要影响。创新过程与学习过程紧密相关，在这当中，知识起到了至关重要的作用。知识具有良好的公共特征，其租金与来自土地或其他物质资本的租金不同，倾向于更广泛地分散。因此，当政府为解决收入不平等问题而制定相关战略时，知识也具有重要意义。

结论

近年来，一些事件表明大多数拉美国家仍然会受到全球经济起伏的影响，尤其是商品价格波动的影响。其他地区的一些国家已经成功跨越了"中等收入陷阱"，转而推行"激发式"政策。它们把不同形式的知识纳入公共政策的核心，专注于提高生产力，并开展以任务为导向的科学研究、创新实践和企业发展，

破除魔咒

也取得了不错的成果。这些国家还围绕新产品和更高效的生产工序,有针对性地引入相关机制,促进生产矩阵多元化。

产品多元化本身并不是目标,但它是帮助国家在发展竞赛中进入前沿阵营的一种手段。拉丁美洲的经验告诉我们,没有哪个单一政策能帮助国家实现发展。相反,采用灵活的政策制定方法,系统考虑各方面因素,才能帮助国家在中长期内实现目标。

需要特别注意的是,在实施新发展战略的过程中,制度环境也至关重要。考虑到政府失灵可能会威胁到发展战略的成功实施,各国需要克服一切困难,努力设计并建立适当的制度环境。

科学、技术和产品多样化政策可能在中长期之内才看得到效果,无论是政策制定者还是一般民众都要记住这一点。为此,各国需要制定相关的显性和隐性制度,努力避免、消除这种焦虑。这一特征其实也解释了发达经济体与落后经济体之间的一些差异。

第三部分

助力多元化发展的关键政策

第七章

中等收入国家的增长政策设计

菲利普·阿格因
PHILIPPE AGHION

中等收入国家应该如何促进生产率增长,才能避免落入"中等收入陷阱"呢?本章将围绕决定企业生产率和生产率增长的潜在因素展开讨论,分析企业扩大规模的潜在障碍,重新审视纵向目标政策(或部门政策)的作用,并在讨论的基础上,提出中等收入国家新增长战略的必备要素。

促进生产率增长

发达国家和新兴市场经济体是如何促进生产率增长的?观察各国的技术浪潮及其扩散模式,我们可以从中学到什么?本章基于以上问题对生产率增长的决定因素展开研究。首先提出一个简单的框架,分析生产率的增长来源,接着看发达国家和新兴市场

破除魔咒

经济体如何实现增长,最后分析、比较各国的技术浪潮及扩散模式差异,并从中吸取可用的经验教训。

思考生产率增长来源的框架

索洛在1956年开发出的模型表明,在没有进行技术升级的情况下,人均GDP无法实现长期增长。此外也有其他证据表明,生产率增长在经济增长中的作用越来越重要(Helpman,2004)。但哪些因素能够促进生产率增长呢?熊彼特范式为这类问题提供了一个可用的思考框架,围绕以下四个主要思想展开。

第一,生产率增长离不开以效益为导向的创新。这里所说的创新可以是流程创新,进一步提高劳动力和资本等生产要素的生产率;也可以是产品创新,推出新产品等;或者是组织创新,使生产要素更加有效地组合起来。政策规划和机构建设能够增加预期效益,不仅如此,还能促进知识产权保护、研发税收抵免,加强竞争和优质的教育体系建设。因此应该积极发挥作用,进一步激励创新,加快生产率增长。

第二,创造性破坏。有了新的创新成果就要淘汰已经过时的旧技术和旧技能。同时,这也反过来表明了在增长过程中进行再分配的重要性。

第三,创新既可以是推动特定领域前沿技术继续向前发展的"前沿"创新,也可以是"模仿"或"适应性"创新,使企业或经济部门赶上目前的先进技术水平。这两种类型的创新需要不同的政策和制度予以支持。

第四,熊彼特波动。这就是大技术浪潮塑造技术发展史的地方。大技术浪潮指的是新通用技术(如蒸汽机、电力、信息通信技术等)传播到不同的经济部门的过程。

促进发达国家的生产率增长

前沿创新是发达国家促进生产率增长的着力点。加大对大学教育的资金投入,最大限度地提高产品和劳动力市场灵活性,并发展依赖股权融资的金融体系,这些做法都能促进发达国家的生产率增长。

阿格因和布伦德尔等人(Aghion, Blundell and others, 2009)向大家展示了竞争水平(以滞后的外国进入率来衡量)对国内现有企业的生产率增长的影响。大致来说,在各行业中,那些技术水平越接近全球领先水平的企业(与中位数相比),越能在激烈的竞争中实现生产率的快速增长。这就是我们所说的"竞争回避效应",这类企业提早进行创新,帮助它们避免了更激烈的竞争。相比之下,世界范围内的那些技术水平相对落后的企业,在面临激烈竞争时,其生产率却表现出增长乏力的状态。这也反映出一种"抑制效应"。总之,一个国家的生产率越是接近世界领先水平,其中等水平以上的企业就越多,产品市场竞争就越能促进其生产率的提高。同样，人们也能看到，越是灵活的劳动力市场就越能加快创造性破坏的过程，促进发达经济体生产率的加速增长。

硕士教育是促进发达经济体生产率增长的另一个杠杆。前沿创新离不开优秀的研发人员。阿格因和布斯坦等人（Aghion, Boustan and others, 2009）的研究表明，美国发展水平越高的州，也就是人均国内生产总值越高的州，其研究教育对于提高生产率方面的作用就越大，加利福尼亚州和马萨诸塞州就属于这类情况。与此同时，对于亚拉巴马州和密西西比州等发展水平欠佳的州，两年制学院教育也能有效提高生产率。以上结论对于其他国家同样适用：在人均国内生产总值较高的国家，高等教育尤其是硕士教育对于提高生产率的帮助更大。

金融部门对于提高生产率也很重要。正如科赫（Koch, 2014）所表明的那样，选择以银行为基础的金融体系能够更有效地帮助欠发达国家提高生产率，而对于发展水平较高的国家来说，基于市场的金融体系更有助于提高生产率。

阿格因和阿斯肯纳齐等人（Aghion, Askenazy, and others 2009）针对信息通信技术在总增加值中所占的份额进行了一组生产率增长的跨国面板数据回归分析，发现信息通信技术对生产率增长有显著的积极影响。但有趣的是，研究人员发现一旦对产品市场监管因素进行控制，信息通信技术的影响作用就不那么明显了。这就反过来表明了产品市场自由化对发达国家生产率增长的重要作用，可以说是关键作用，这也是信息通信技术浪潮能够在各经济部门间加速传播的原因。塞特和洛佩兹（Cette and Lopez，2012）证实了这一点，还表明与美国相比，欧元区和日本在信息通信技术的传播普及方面做得还不够，并因此受到了负面影响。[1]学者们通过计量经济学进行分析，发现欧元区和日本劳动年龄人口的平均受教育水平偏低，但国家对劳动力和产品市场的监管却比较多，故而认为制度因素是造成这一问题的主要原因。这就意味着这些国家只有通过结构改革，才能进一步赶上美国信息通信技术的普及程度，尝到生产率加速增长的甜头。

塞特、洛佩兹和梅雷塞（Cette，Lopez，and Mairesse，2013）利用上游部门的投入数据，分析了上游服务业部门的反竞争法规对下游产业生产率增长的影响。通过分析经合组织15个成员国在1987—2007年的一组不平衡的国家-产业面板数据，发现上游反竞争法规会对下游产业的生产率增长造成显著的不利影响，而且这种不利影响会在某种程度上通过对下游产业的研发和信息通信技术的投资发挥作用。

新兴市场经济体的生产率增长

适应性创新和要素积累是新兴市场经济体实现增长的主要

---

[1] 这里所说的欧元区包括奥地利、芬兰、法国、德国、意大利、荷兰和西班牙7个国家。这些国家在2012年的国内生产总值一共占欧元区当年整体国内生产总值的88.5%。参见塞特和洛佩兹（Cette and Lopez，2012）研究中的图4。

破除魔咒

方式，谢和克勒诺（Hsieh and Klenow, 2009）对此进行了研究，并强调了投入再分配效应的重要性，这一点尤其在比较印度和美国的企业生产率分配时就能发现。生产率较低的企业在美国的发展空间也很有限，而生产率较高的企业发展势头更足。或者说，生产率较高的企业很难在印度发展壮大，但生产率较低的企业反而更容易在印度存活下来，这与美国的情况恰恰相反。因此，创造性破坏的过程只有在美国这样的国家中才能更有效地运作起来。这种差距可以归因于各种潜在因素，和美国相比，印度的资本、劳动力和产品市场僵化，技能发展水平低，基础设施质量较差，产权保护和合同执行的质量也不高，这些都是阻碍印度企业生产率增长的潜在因素。但这些因素也反过来提供了一些实现生产率增长的途径。其中，管理实践这一增长途径特别有意思。最近的研究成果（Bloom and Van Reenen, 2010）表明，印度的管理实践水平跟美国相去甚远，而且各国在管理上的平均得分与人均国内生产总值的水平密切相关。

企业实现增长的阻碍

有关企业动力及其对总体生产率增长的影响有大量的研究文献。其中关于增长、再分配和企业动力之间相互作用的著作中，比较突出的有克莱特和科顿（Klette and Kortum, 2004）、阿西莫格鲁等人（Acemoglu and others, 2013），以及阿克希吉特、阿尔普和彼得斯（Akcigit，Alp and Peters，2014）的论文。这些论文以熊彼特增长范式（Aghion and Howitt，1992；Aghion、Akcigit and Howitt，2013）为基础，将企业建模为多线生产者和创新者。创新能够提高企业在生产特定中间产品时的生产率，扩大现有企业规模，即企业经营的产品线数量。外部因素对现有企业产品线的成功创新消除了该企业产品范围内的这条产品线，减少了企业覆盖的产品线数量。这种框架产生了一种均衡稳态的企业规模分布，这不仅依赖于创新技术、政府对现有企业和潜在新进企业的政策以及监管或信贷市场特征，也会影响企业进入市场的能力以及进入市场后的发展能力。

特别的是，有关企业动力和企业规模分布的各种典型事实可以用熊彼特框架来解释，这些事实包括以下五个方面。

第一，企业规模分布存在严重偏差。

第二，企业规模与企业寿命高度相关。在熊彼特框架中，新企业都是单线企业，要想发展壮大并拥有更多的生产线，就需要对现有的所有生产线进行创新，而且企业以往经营的大量生产线还要在创造性破坏的过程中幸存下来。

第三，小企业会更加频繁地退出市场，但那些幸存下来的企业往往会在后面的发展中超过平均水平，实现更快增长。一次外部创新就能淘汰一部分单线企业，而几次成功的外部创新就能把最初的多线企业淘汰出局，因此小企业的退出会更加频繁，但幸存下来的企业更有可能成为有效的创新者，并且能在多条产品线中进一步挖掘研发的协同效应。

第四，美国整体研发中的很大一部分是由在职者完成的。

第五，新加入的企业和市场内现有企业之间的投入再分配是生产率增长的重要来源。

熊彼特框架还能解释为什么那些抑制发展中经济体企业规模增长的因素也会抑制总体生产率增长。阿克希吉特、阿尔普和彼得斯（Akcigit, Alp and Peters, 2014）认为，在发展中经济体中，在企业发展壮大的同时，合同纠纷也会更加激烈。随着公司掌握的产品线数量逐渐增加，企业管理者很难回避那些阻碍企业发展的因素。但这反而抑制了那些最高效的企业，也就是具有较高创新能力的企业的增长。这些企业的增长动力不足，在于企业所有者希望同管理者一道解决阻碍企业发展的问题。但创新能力较低的企业为了避免被创新能力更强的企业所取代，反而会在更长的时间里保持积极态度。

虽然契约的不完全性和信任不足是阻碍企业增长的明显障碍，但之前的研究也强调了现有企业因研发、广告、创建新企业以及劳动力市场法规变化等原因引起的成本调整给企业发展带来的影响。

阿格因、法利和斯卡佩塔（Aghion, Fally and Scarpetta, 2007）以实证研究为依据，证明了金融发展对于不同规模的新企业以及对于企业成功进入市场后的增长的影响。巴特尔曼、霍尔蒂万格、斯卡佩塔（Bartelsman, Haltiwanger and Scarpetta, 2004）

等学者通过产业和规模等级等统一的企业数据,并以处在工业化过渡过程中的拉美国家为样本进行研究。他们考虑了金融发展的两个主要指标——私人信贷比率与股票市值,并使用了一套详细的监测指标,将银行和证券市场当作控制这些金融发展变量的工具。继拉詹和津伽勒斯(Rajan and Zingales, 1998)之后,他们为了尽量减少变量偏差和其他错误,让不同的金融发展指标与美国相对依赖外部融资的对应部门进行相互作用。

阿格因、法利和斯卡佩塔(Aghion, Fally and Scarpetta, 2007)的主要研究成果如下:首先,较高的金融发展水平能够帮助企业进入那些更加依赖外部融资的部门;其次,更高的金融发展水平更能够帮助小企业进入市场,然而对较大的企业来说,金融发展既不会有正面影响,也没有负面影响;最后,当企业进入更加依赖外部融资的部门后,金融发展也会增强企业进入该部门后的增长,这种情况即使在控制劳动力市场法规时也成立。[1]

直到目前,关于规章制度对企业发展动力和企业规模的影响这一话题还没有太多研究,但这一课题本身就很有意思。2013年,加里卡诺、勒拉尔热和范·雷南共同撰写了一篇论文,分析

---

[1] 关于这一课题还有贝克等人(Beck and others, 2008)的研究成果,他们发现对于那些更加依赖小企业(以美国各产业中小企业所占的市场份额来衡量)的产业而言,金融发展在促进这些产业的增长方面能够起更强的作用。同样,贝克、德米尔古-昆特和马克西莫维奇(Beck, Demirgüç-Kunt and Maksimovic, 2005)通过一项调查评估了企业对财务约束的看法。他们发现与大企业相比,小企业更容易受金融、法律和腐败问题的影响。

破除魔咒

了法国 50 个员工监管阈值的静态福利效应,并指出了分配效率低下的一个重要原因,即企业规模的低效集中度恰好低于阈值(Garicano, Lelarge and Van Reenen, 2013)。

我们还需要制定纵向目标政策吗?

争论

不论是从产业层面到企业层面竞争重点的变化,还是有关企业层面的竞争力与生产率之间关系的证据,或者是有关促进生产率增长的决定因素和政策的相关讨论都指明应该优先进行横向发展,也就是优先制定能够促进所有部门生产率增长的政策,作为纵向目标政策的替代政策。这种优先横向发展的政策可以涉及竞争、劳动力市场自由化以及专利和研发等方面。但纵向目标政策是为了增强特定产业与其他国家类似产业在全球中的竞争力而采取的政策。

第二次世界大战后,各国普遍采取了这种纵向目标的发展方式。世界银行和其他国际金融机构也赞同拉美国家推行进口替代政策,用国内需求拉动产业发展。这些机构也同样支持日本、韩国等东亚国家通过关税和非关税壁垒,以及保持低估本币汇率等方法促进出口发展的方式。在"二战"后的二三十年,这两类国家都实现了迅速增长,而且关于它们所采取的这些产业政策也没有太多争议。

然而自20世纪80年代初以来,纵向目标政策就受到了越来越多来自国际金融机构的学者和政策顾问的批评,尤其是这种政策允许政府以自由裁量的方式选出"优胜者"和"失败者",并因此增加了当地既得利益集团利用政府获利的范围。弗兰克尔和罗默（Frankel and Romer, 1999）还有瓦茨阿格（Wacziarg, 2001）的实证研究不仅指出了贸易自由化对增长的积极影响,还特别强调了反对纵向目标政策的案例,后来有关竞争和增长的研究（Aghion and others, 2005; Aghion and Howitt, 2006）也是如此。

但是21世纪以来出现的三种现象又使我们不得不重新思考这个问题。首先,因为气候条件发生变化,越来越多的人意识到如果政府不进行干预,鼓励清洁生产和创新的话,全球变暖将进一步加剧,并在全世界引发多种不利的外部环境因素,比如干旱、森林砍伐、移民和冲突等。其次,全球金融危机也揭示出自由放任政策导致一些国家,特别是南欧国家,以牺牲有助于长期融合和创新的贸易部门为代价,放任非贸易部门,尤其是房地产业的肆意发展。最后,中国在世界经济舞台上的突出表现,在很大程度上得益于中国对产业政策的不断追求。有越来越多的学者,尤其是美国学者开始谴责自由放任政策带来的危险,这些政策导致发达经济体将注意力集中在上游研发和服务业,却将制造业任务外包给那些劳动力技能水平不高但成本很低的发展中经济体。但也有些学者指出,德国和日本通过寻求更加积极的产业政策，有效地维持了价值链的中间制造环节，这一点又反过来帮助它们从其他外包部门获得更多效益。

如上所述，学者对于工业干预主义的辩驳主要围绕在它对"优胜者"的选择上。诚然，产业政策总会侧重发展某些领域，有计划地选出优先发展的部门，但正如英国商业、创新和技能部前大臣文森特·凯布尔（Vincent Cable）所指出的，这种意义上的"优先发展的部门"是政府经过判断认为将来所需要的技能（Cable, 2010）。然而本章却认为挑选"优胜者"的论点站不住脚，尤其在政府选择特定部门而非特定企业时，以及政府通过部门干预措施保持甚至增强相应部门内的竞争和熊彼特范式选择时。

对传统产业政策的另一个批评在于其捕捉和寻租行为的风险。但是在对产业进行选择和治理（竞争力和退出机制等）时，制定明确的规则应该有助于解决这个问题。

从根本上看，知识溢出是支持增长型部门政策的重要理论依据。举个例子，选择在非清洁技术方面进行创新的企业并没有内化一个事实，就是这些技术当前的发展也能使未来的创新更加有利可图。一般来说，当企业选择进行生产和创新时，并不会将那些可能对其他企业和部门有利或者不利的外部因素内部化。信贷约束也能起到强化的作用，进一步限制或者减缓企业向新的、更有利于推动增长的部门进行再分配。人们可以争辩说，市场失灵的存在不足以证明部门干预的合理性。但即便如此，也有一些活动，尤其是高科技部门中的活动，会对其他资产高度无形的经济部门产生知识溢出效应，从而增加了企业从私人资本市场中融资以促进增长的难度。因此，政府确实有理由对这些部门的进入和创新进行补贴，确保这些部门内部的公平竞争。这时候，我们通常能够想到能源、生物技术、信息通信技术及运输这几个部门。

关于产业政策设计与治理的再思考

纳恩和特拉夫勒（Nunn and Trefler, 2010）进行了一项有说服力的实证研究，支持推行经过适当设计的产业政策。学者注意到关税保护措施更加侧重于技能密集型，也就是说更偏向于那些使用熟练劳动力的活动和部门。因此，他们通过一组国家的微观数据来分析一个国家的生产率增长是否如幼稚产业保护理论的观点那样，受到侧重于技能密集型关税保护措施的积极影响。他们发现，生产率增长的确与关税保护所导致的"技能偏差"之间存在显著的正相关关系。当然，这种相关性并不意味着绝对的因果关系，这两个变量可能都是国家机构质量等其他因素造成的结果。然而纳恩和特拉夫勒（Nunn and Trefler, 2010）表明，这两者之间的相关性至少有25%的因果关系。分析表明：对于产业政策进行适当的定向设计（这里指的是技能密集型活动和部门），不仅可以促进被补贴部门的增长，还能带动整个国家的增长。

阿格因等人（Aghion and others, 2012）认为部门政策不应与促进竞争的政策相悖。他们开发了一个简单的模型，表明可以通过定向补贴的方式促使多家企业在同一部门中运营，而且该部门的竞争越激烈，企业就越需要进行创新来避免竞争。这不仅在很大程度上取决于产业政策的设计，而且产业政策应该侧重于特定的经济部门，而不是特定的企业（或者说国家冠军企业）。这又反过来提出了新的实证分析，即某些部门的干预措施可能会导致某些有关生产率增长、专利申请，以及其他促进创新、创业的措施发生倒退。这些措施将与各部门的竞争程度相互作用，并且对每个部门的干预并不仅仅集中在某一个企业，而是涉及一部分企业。

为了研究国家对经济部门的补贴与该部门产品市场竞争程度之间的相互作用，阿格因等人（Aghion and others，2012）使用了《中国商业调查》（针对中国所有销售额超过500万元的企业进行的年度调查）中各个产业的企业面板数据。[①] 样本选取的时间范围从1988年到2007年，调查包括投入和产出、国家对企业的补贴等信息。产品市场竞争程度用1减去勒纳指数来计算，而勒纳指数则是经营利润减去资本成本再与销售额的比率来计算的。研究表明，全要素生产率、全要素生产率增长和产品创新（新产品产值与总产值之比）均与国家对某一部门的补贴以及该部门市场竞争之间的相互作用呈正相关关系。因此受补贴部门的竞争越激烈，国家定向补贴对该部门全要素生产率、全要素生产

---

① 作者并未掌握欧盟国家各部门获得国家补助的相关数据。

率增长和产品创新的积极作用就越大。事实上，如果该部门的竞争程度较低，那么这种影响就是负面的，而在竞争程度足够高的部门就会产生更加积极的影响。此外，当国家发放的补助相对分散时，某一部门的国家补助与其产品市场竞争之间也会产生更加积极的相互作用。事实上，如果将注意力限制在国家补贴集中程度的第二个四分位数（指国家援助不是非常集中的部门）上，就能发现国家补贴会对所有部门的全要素生产率和产品创新产生积极影响，产品市场竞争程度超过中等水平。

清洁创新

在自由放任的经济环境中，企业可能会朝错误的方向创新，比如进行污染型能源方面的活动等。这些企业虽然获得了进行这类活动的专业知识，但并没有考虑到这一选择所带来的环境和知识外部效应。阿格因等人（Aghion and others，2013）对一组汽车产业专利的跨国面板数据进行了研究。他们先是对作用于内燃机的非清洁创新和电动汽车等清洁创新进行了区分，发现企业在过去进行的非清洁创新比例越大，该企业在目前所进行的创新的污染性就越重。这种路径依赖现象以及到目前为止进行的大多数非清洁创新都说明，如果没有政府干预，经济活动中往往会产生更多的非清洁创新。因此，政府干预能够使技术朝着清洁创新的方向转变。

正如阿西莫格鲁等人（Acemoglu and others，2012）所说的，不

破除魔咒

尽早进行直接干预不仅会导致环境的进一步恶化，还会阻碍清洁创新活动的尽早开展。这样下去，非清洁创新会继续加强其领先优势，提升非清洁技术的生产率，并进一步拉大与清洁技术之间的生产率差距。因此，清洁技术想要赶上这种逐渐扩大的差距并取而代之就需要更长的时间。缓慢增长是这一追赶期的主要特征，越是往后拖延，进行干预的成本就越高，这其中的代价是昂贵的。

其实不难理解，越早进行干预，贴现率就越高，现值越低，成本也就越低。这是因为暂缓干预后所获得的收益在一开始就是以更高的消费形式来实现的，但长远的损失则会表现为环境的进一步恶化和消费水平的降低，因为这里有两个需要解决的基本问题，即环境问题和创新问题。双管齐下比仅在单个方面施力更容易解决问题。因此最佳的政策方案是一方面通过碳价来解决环境的外部效应问题，另一方面对清洁性研发活动进行直接补贴（或对非清洁技术征收利润税），以此来处理知识外部效应问题。这种政策方案再次表明了纵向目标政策的必要性。

可能会有争论说，碳价本身就同时涉及环境和知识外部效应的问题（不鼓励使用非清洁技术以及对这类技术的创新）。但是单单依靠碳价来解决外部性问题可能会导致短期内的消费骤减。但从两方面同时发力可以降低之前短期消费的成本，这也强化了立即推行这一政策的必要性。即便从贴现率的价值来看，标准模型也建议推迟，但实际上也应该尽早采取行动。

这一部分的总体讨论表明，对特定部门进行适当的干预，比如对技能密集型或者更有竞争力的部门进行干预，可以促进该部门的增长。此外，我们不赞同集中对企业进行补贴的做法。但以上讨论只是相关课题的研究起点，如何设计、管理产业政策以促进更有效的良性竞争和创新等，都还有更广泛的课题需要研究思考。特别是如何设计产业政策才能确保不良项目无法进行再融资？政府如何才能更新其竞争政策的理论和实践，并将这些新思路有效地纳入产业政策设计和实践的最新思考中？有关气候变化、全球金融危机和中国新近占据世界市场主导地位的讨论也在不断地强化我们的观念，虽然市场竞争是促进增长的主要动力，但不能把专业化完全留给自由放任主义而不加干涉。人们越来越意识到，即便是世界上最发达的经济体也会将精力集中在上游研发和服务上，并将其他一切资源外包给新兴市场经济体，但从长远来看，这种专门化的模式可能不是一种可持续的发展方式。

对中等收入国家制定新增长方案的启示

虽然改善对现有企业的管理方式可以缩小生产率差距，或者实现基于再分配的增长，但从长期来看，并不能实现从农村到城市的劳动力自由流动、金融部门发展以及资本流动自由化的可持续发展。其中一些特别的原因是：再分配一旦完成，就会耗尽从农业到工业的资源再分配而来的，以及从吸收进口技术而获得的效率收益；此外，工资上涨还会削弱新兴市场经济体目前向世界

破除魔咒

其他地区出口的相对优势。

因此，以下两个问题就会自然而然地出现。第一，新兴市场经济体如何才能避免"中等收入陷阱"，并实现从追赶式增长到创新主导型增长的成功转型？第二，这类国家如何在这样的转型过程中实现更高质量的增长？企业生产率增长是企业竞争力的最终来源，关于这一点和生产率增长的驱动因素，我们已经进行了很多讨论，并由此提出了创新型经济的四大支柱。

- 竞争和创造性破坏。竞争和自由进入更容易促进前沿创新，因为目前处在技术前沿的公司可以通过创新来避免竞争和进入市场所带来的威胁，而且大多数突破性创新都是由新的进入者完成的。因此，为了保证自由进入和充分竞争，就有必要进行制衡，以尽量减少地方政治家和大型企业之间的勾结。

- 顶级研究型学府。近期关于这一课题的研究表明，各大学想要获得更高的排名，还需要进一步加大对大学系统的投资，而且大学自身还要在预算管理、工资政策、雇佣解聘决策以及学术课程设计等方面掌握自主权。而且这种自主权必须与大学之间和研究人员之间更有效的竞争相互配合。而其他经济部门则需要通过向下问责制和竞争压力来取代向上问责的方式（Aghion and others, 2010）。

- 充满活力的劳动力市场体系。这一点需要和以下几方面结合起来：第一，企业招聘和解雇的灵活性；第二，良好的培训系统，帮助员工应对不同岗位的工作；第三，社会安全保障体系，包括完善的社会保障和养老福利制度以及慷慨的失业救助政策（反过来以进行失业员工培训并接受新工作为条件）。以上这种兼具灵活性和安全性的体系能够推动创造性破坏，即创新型增长的全速运转。

- 更加依赖风险资本、私人股本和股票市场的金融体系。创新投资的风险更高，因此投资者既需要获得上行回报份额，也需要获得控制权。

因此，新兴市场经济体需要在组织和制度上进行哪些变革，才能实现以创新为主导的全速增长？我们对于当前制度体系的组织方式及其在实践中的运作方式还没有足够的了解，所以目前还无法回答这个问题。

此外，还有一些实证研究和其他偶然发现的证据表明，国家为了刺激以创新为主导的机制建设，可以采取后面这种非常"聪明"的做法，建立能够实现以下三重目标的财政体系：第一，增加收入，并对教育发展、大学建设和基础设施等方面进行投资，促进创新；第二，进行再分配，避免过度的不平等和贫困陷阱；第三，以不损害创新者利益的方式鼓励创新。此外，"聪明"的国家还会建立适当的体制机制，加强各级政府的相互制衡，以确保充分的竞争，有针对性地使用国家为促进创新而进行的投资，并进行适当的监督。

为了促进新兴市场经济体从模仿型增长向创新型增长的转

变，如果建议其模仿现有的创新导向型经济体的制度安排，这从某种程度上看有点自相矛盾。

每个国家都必须找到适合本国的发展方式，通过国家机构改革，让四大支柱充分发挥作用，为以下问题找到自己的答案：如何从现有的制度背景出发，形成有效的竞争政策手段和机制？为了能让国家在推进可持续性和包容性创新型经济增长时获得充分的动力，应该引入哪些契约、组织或体制改革，尤其是区域和地方一级的改革？在对区域或地方领导人进行评估并在他们之间组织标尺竞争时，除 GDP 增长外，如何将环境和社会（即包容性）维度考虑进去。如何改进税收和福利制度，以便在创新型国家之间达到最佳的标准和实践，尤其是通过创新激励措施，协调好重新分配，以及为良好的公共基础设施和服务进行融资的需要。

结论

在本章，我们使用了现代贸易经济学的观点，特别是一国的竞争力取决于该国各个企业的竞争力这一观点。我们在最近的实证研究报告中表明，企业竞争力与其生产率和发展能力有关。此外，我们还研究了企业生产率的决定因素以及阻碍企业规模增长的潜在障碍。我们认为提高企业生产率首先需要横向政策的支持，比如产品和劳动力市场自由化、贸易自由化、高等教育投资等，但也需要设计合理、管理得当的纵向政策助力企业发展。

最后，我们讨论了关于宏观经济政策的一些微妙的问题。近期针对跨国和跨产业层面的研究（Aghion，Hemous and Kharroubi，2009；Aghion，Farhi and Kharroubi，2012）表明，推行更多反周期财政和货币政策可以促进经济增长。财政政策的反周期性是指国家在经济衰退期间增加公共赤字和债务，在经济好转时减少公共赤字和债务。货币政策的反周期性则是指中央银行在经济下滑期间下调实际短期利率，并在经济回升时提高利率。尽管这些政策在经济不景气时会造成信贷紧缩，却可以帮助那些信贷受限或流动性受限的企业在整个经济衰退周期内进行研发、技能发展和培训等创新投资，而且如前所述，这些政策还有助于维持总体消费水平，从而保持企业在整个周期中的市场规模。这反过来又表明了创新型经济能从更多的反周期宏观经济政策中受益，通过在经济衰退期间提高赤字、降低利率，而在经济回升时降低赤字、提高利率的方式，帮助信贷受限的创新型公司在整个商业周期中维持它们的研发和其他类型的投资增长。

第八章

多元化和多元化经济:
政府在加强产业基地建设中的作用

比尔・弗朗西斯　伊夫特哈尔・哈桑　朱云
BILL FRANCIS, IFTEKHAR HASAN, AND YUN ZHU

每一个经济体的发展路径各有不同。这些发展路径如何推动经济朝着繁荣稳定的方向发展一直是经济学家和政策制定者所关注的问题。本章中,我们将重点研究产业层面的部门多元化对经济增长和其他经济成果的影响,探讨政策制定者在深化产业多元化过程中的作用。

实际上,纯粹的经济发展规模和增长数据会弱化、掩盖一些其他经济发展成果,具体包括减贫、技术创新、外国资本流动、女性赋权和创业等几个方面,但这些正是本章关注的重点。总的来说,我们发现产业多元化对于这些衡量经济发展水平的非常规指标也有巨大的推动作用。

相关实证研究表明,产业多元化能够带动经济稳定健康地增长。

因此，本章将讨论一些国家通过资金供应、税收激励、股权担保等方式支持小企业发展的案例。其中，我们强调了政府举措在加强经济部门多元化方面的战略重要性。没有这些举措，这些国家可能需要更长的时间、耗费更多的社会资源才能取得类似的发展成果。

本章的内容向政策制定者传递了一个强有力的信号，那就是各国在支持和加强产业部门上所做的努力必将推动经济朝着更加稳定均衡的方向实现长期增长。

多元化、风险、增长

GDP 不仅可以追踪经济的年度增长，还是比较各国经济规模的一把标尺，因此有关经济发展的任何问题或争论都是从比较 GDP 开始的。然而增长的风险和未来的发展道路才是政策制定者与经济学家更关心的。正如卢卡斯（Lucas, 1998）所指出的，对发达国家而言"增长率可能会在较长时间内保持非常稳定的状态"，然而对于发展中国家来说"很多实例表明，其增长率会出现比较突然的、较大的上下波动"。雷米等（Ramey and Ramey, 1995）基于以往经验，发现经合组织成员国的增长率变化与平均增长之间存在负相关关系。柯成兴（Quah, 1993）发现，收入较高的国家不太可能降至低收入国家。这与一般的观察结果一致，高度发达的经济体波动性较低，而欠发达经济体反而更容易出现波动。

产业多元化不仅能减少来自不同产业部门的特殊冲击，而

破除魔咒

且能加强资本积累、资本配置和技术改进，是实现发展的必要途径。产业集中的发展模式或许能在发展初期支持 GDP 增长，但并不能保证未来长期的稳定增长，而且容易受到长期宏观经济冲击的影响（Koren and Tenreyro，2013）。产业集中不仅会造成 GDP 波动，还会造成福利损失，其损失程度甚至会超过收益（Kalemli-Ozcan，Sørensen and Yosha，2003）。微观层面的冲击也会造成宏观经济波动，比如金融业的增长就导致了过去几十年间宏观经济波动的激增（Carvalho and Gabaix，2013）。

通过多元化来减少经济波动主要是以技术改进和资金供应的方式来实现的。在发展的早期阶段，技术进步可能会在很大程度上受到教育水平和必要资源短缺的限制。只有当经济发展到了某个阶段，才能将资本重新分配到教育、研发以及政府资助的技术驱动项目中，从而加速增长并将传统产业部门扩展到新的领域。这一步至关重要。如果把问题都留给私人部门去解决，经济体就更有可能落入由特殊的风险冲击所造成的陷阱中。

资金供应是第二驱动力。在发展的早期阶段，各国由于资金不足，不得不利用自然资源禀赋投资生产力较低但相对安全的项目。当时并没有太多机会推进多元化发展，因此经济发展的随机性较高，而且增长率容易受到突然冲击的影响。典型的发展模式包括一段漫长的"原始积累"时期，这一阶段的产出类型多变。随后是增长和金融深化阶段，最后迎来稳定增长。有些"幸运儿"能在更短的时间内进行原始积累并且实现更快的发展

（Acemoglu and Zilibotti，1997）。

多元化是发展的关键一步，不仅有助于减少经济波动，而且能推动单一产业经济体向多元的综合经济体转变，使其实现未来的长期增长。技术和资金供应（包括金融部门发展）是决定单一经济能否以及需要多久才能成为成熟经济体的两个主要因素。

产业发展与经济

为了直观地展示产业发展的过程，我们先简单地观察一下多元化模式，并针对促进经济各方面发展的重要措施进行讨论。

世界上的多元化模式

图 8.1 是按照时间序列展示的美国、经合组织、海合会及中东和北非地区[①]的多元化模式图。我们用反映部门产出的赫芬达

---

① 经合组织包括澳大利亚、奥地利、比利时、加拿大、智利、捷克、丹麦、爱沙尼亚、芬兰、法国、德国、希腊、匈牙利、冰岛、爱尔兰、以色列、意大利、日本、韩国、卢森堡、墨西哥、荷兰、新西兰、挪威、波兰、葡萄牙、斯洛伐克、斯洛文尼亚、西班牙、瑞典、瑞士、土耳其、英国和美国。（截至本书英文版出版时，经合组织成员国已经增加到 36 个，新增了拉脱维亚和立陶宛。）海合会包括巴林、科威特、阿曼、卡塔尔、沙特阿拉伯和阿联酋。中东和北非地区包括阿尔及利亚、巴林、埃及、伊朗、伊拉克、以色列、约旦、科威特、黎巴嫩、也门、阿联酋、利比亚、摩洛哥、阿曼、巴勒斯坦、卡塔尔、沙特阿拉伯、叙利亚和突尼斯。由于各国的加入时间不同，名单也会发生变化。

破除魔咒

尔-赫希曼指数（HHI）作为衡量多元化水平的手段[①]，还使用了联合国工业发展组织所掌握的产业和部门产出的相关数据，这些数据全面覆盖了1963年以来166个经济体中23个两位数产业部门（127个四位数部门）的产出。

图8.1显示，在过去的50年间，美国和经合组织的产业多元化水平最高而且最稳定。美国是所有研究样本中产业集中程度最低的，其赫芬达尔-赫希曼指数低于0.1。经合组织的赫芬达

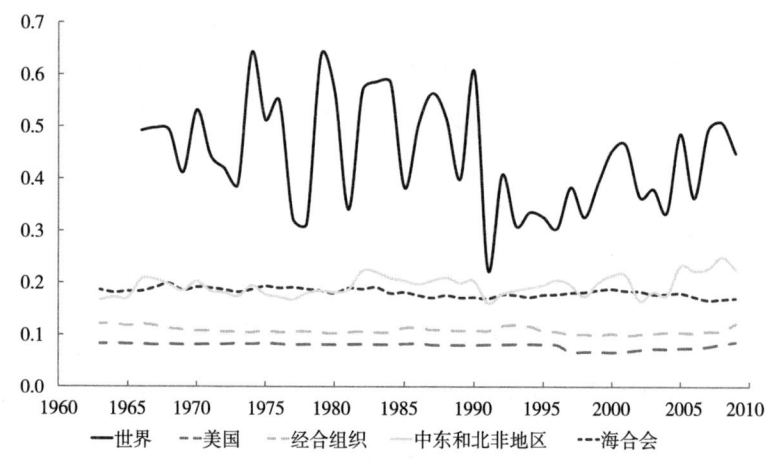

图8.1 全球多元化模式

资料来源：联合国工业发展组织。

注：赫芬达尔-赫希曼指数（HHI）的范围为0~1，数值越大表明产业集中度越高、多元化程度越低。

---

① 具体而言，在每个国家（或地区）和每年，我们先用部门产出除以经济总产出来计算每个产业部门所占的份额，然后每个产业部门所占份额的平方再相加计算出总和就是赫芬达尔-赫希曼指数。该指数介于0和1，数字越大表示产业集中程度越高、多元化程度越低。

尔－赫希曼指数在 1963 年略高于 0.1，随后下降，直到全球金融危机发生。

中东和北非地区的产业集中度曾有一些波动，其中部分原因在于海合会成员国。中东和北非地区整体的赫芬达尔－赫希曼指数约为 0.2，表明了发展中国家或者说自然资源依赖型经济体比较合理的多元化发展水平。我们还观察到自 21 世纪初以来，这些国家的赫芬达尔－赫希曼指数略有增加，其中一部分原因是由政治因素引起的经济环境变化，还有一部分原因是全球金融危机。

海合会的多元化程度很低，但不稳定性却很高。在过去 50 年里，各国的平均赫芬达尔－赫希曼指数从 0.4~0.5 不等。由于其产业部门数量有限，再加上油价波动的原因，海合会在产出方面呈现出更大的波动。在研究涉及的所有样本国家中，海合会成员国的多元化程度最低。

为了进一步了解海合会成员国的产业部门，我们绘制了 2010 年海合会成员国排名前五的产业产出份额比例图。如图 8.2 所示，焦炭、精炼石油产品和核工业是三大主导产业，占海合会产业产出的 73%。但图 8.3 表明，海合会成员国没有任何一个产业在全球产业产出中占主导地位，其中焦炭、精炼石油产品和核工业部门仅占 8% 的份额。这就表明由单一产业主导的经济会不可避免地面临更大的风险和外部冲击。

破除魔咒

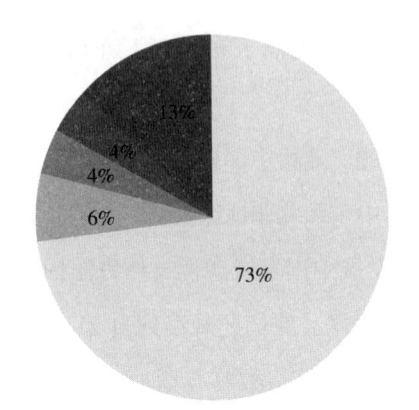

■ 焦炭、精炼石油产品和核工业　■ 化学和化学产品　■ 食品和饮料
■ 非金属矿物制品　■ 其他

图 8.2　海合会国家 2010 年主要产业占总产出份额

资料来源：联合国工业发展组织。

注：产业产出的百分比与经济总产出有关。

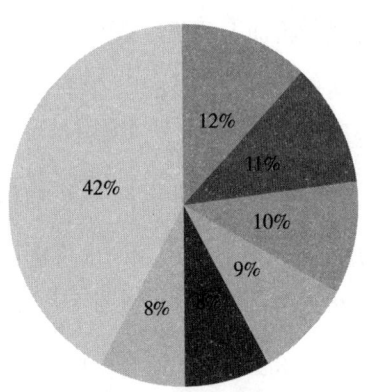

■ 食品和饮料　■ 化工学产品　■ 基本金属　■ 汽车、拖车、半挂车
■ 机械和设备　■ 焦炭、精炼石油产品和核工业　■ 其他

图 8.3　2010 年全球主要产业占全球总产出份额

资料来源：联合国工业发展组织。

注：各产业产出的百分比与经济总产出有关。本图还包括了焦炭、精炼石油产品和核工业的部分。

第三部分　助力多元化发展的关键政策

多元化的影响

这一部分将重点研究多元化对 GDP 以外的其他经济成果的影响，特别是收入差距、技术创新、外国资本净流动、女性赋权和创业这几方面。我们认为，这些方面都是经济健康稳定发展的关键成果。

数据

我们使用联合国工业发展组织的产业和部门产出数据来衡量多元化水平[①]，并从世界银行的世界发展指标中收集了国家层面的相关数据，从欧洲专利商标局（EPO）全球专利统计数据库（PATSTAT）中收集了创新（专利）方面的信息。与上述经济成果相对应的主要利益变量包括：

- 基尼系数和收入最低的 10% 的人口所占的收入份额，代表一国的收入分配差距；
- 专利数量（对数），代表国家层面的创新产出；
- 外国直接投资（净额，占国内生产总值百分比），代表一国与世界其他国家之间的资本流动；
- 就业男女比例，代表女性赋权在经济上的表现；
- 新发生的商业登记数量（对数），代表一国的创业环境。

[①] 由于很多国家并未掌握四位数产业部门的综合信息，因此我们主要使用两位数产业的产出数据。

破除魔咒

图 8.4 显示了这些变量在时间序列上的分布。由图 8.4 可知，经合组织成员国的收入差距较小，创新产出较多，国际资本流动环境较好，性别平等程度较高，创业环境也比较好。我们还观察到非经合组织国家几乎在以上所有方面有所改善。

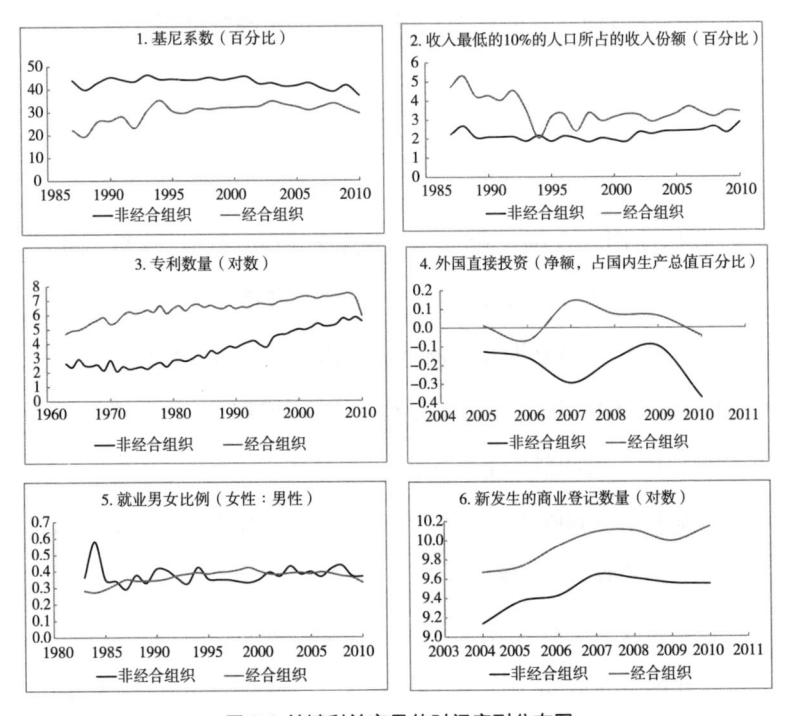

图 8.4 关键利益变量的时间序列分布图

资料来源：欧洲专利商标局全球专利统计数据库；世界银行世界发展指标。

衡量产业多元化水平

为了全面衡量一个国家的产业多元化水平，我们采用了一系列方法来评估产业部门的产出集中程度，包括：第一，一年内部

门产出的赫芬达尔 – 赫希曼指数，即每个产业部门所占份额的平方和；第二，最大 – 最小值差，即产业部门所占最大和最小份额之间的差值；第三，均值 – 中值差，即各产业部门所占份额的均值和中值之间的差值；第四，产业份额的对数 – 方差，即所有产业部门所占份额的方差对数。

实证研究结论

表 8.1 列出了多元化对 GDP 以外的各项经济成果的主要影响结果。我们使用了一般最小二乘回归模型，限制了人均 GDP、通货膨胀率、利率和人口（对数）以及年份和国家的固定效应等国家特征。主要的自变量就是产业多元化的四项衡量指标，即部门产出的赫芬达尔 – 赫希曼指数、产业份额的最大 – 最小值差、均值 – 中值差和对数 – 方差。简单起见，我们限制了表中的控制变量。

总的来说，研究结果与我们关于多元化能够提高社会福利的主要论点一致。不同的测量方式所呈现的统计显著性不同。具体而言，产业多元化有助于缩小收入差距，还能帮助收入最低的 10% 的人口增加收入，从而减轻国家的贫困程度。[1]

---

[1] 以上研究结果可能受到了发达国家和发展中国家之间自然差距的推动，因为经济体越发达，它在整个抽样期间的收入分散程度就越低。然而，其中包含的固定效应可以缓解这个问题。

破除魔咒

表 8.1 实证研究结果：多元化对于特定经济成果的影响

变量	基尼系数（百分比）	收入最低的 10% 的人口所占的收入份额（百分比）	专利数量（对数）
赫芬达			
尔-赫希曼指数	59.960*** (16.428)	-6.072*** (1.556)	-4.200 (2.646)
产业份额			
最大-最小值差	45.113*** (9.317)	-5.239*** (0.962)	-3.488** (1.556)
均值-中值差	301.383*** (79.153)	-21.048*** (7.783)	-42.400*** (10.570)
对数-方差	234.323*** (37.658)	-19.964*** (5.065)	-19.182*** (6.027)
控制变量	是	是	是
国家固定效应	是	是	是
常数/常量	-22.551 (19.037)	9.179*** (2.091)	-20.655*** (2.107)	-19.163*** (2.209)	-20.223*** (1.742)	-18.466*** (2.088)
	-34.156* (18.504)	11.339*** (2.029)				
	1.732 (17.795)	5.598*** (1.967)				
	-41.802** (18.334)	9.943*** (2.261)				

208

续表

变量	基尼系数（百分比）				收入最低的10%的人口所占的收入份额（百分比）				专利数量（对数）			
观测数量	496	496	496	496	525	525	525	525	2 254	2 249	2 249	2 249
校正决定系数	0.120	0.173	0.082	0.200	0.135	0.210	0.060	0.169	0.703	0.707	0.717	0.714

变量	外国直接投资（净额，占国内生产总值百分比）	就业男女比例（女性：男性）	新发生的商业登记数量（对数）
赫芬达尔-赫希曼指数	3.877 (2.440)	−0.187* (0.109)	−1.595** (0.655)
产业份额最大−最小值差	2.369 (1.675)	−0.103 (0.075)	−1.073** (0.484)
均值−中值差	19.407**	−0.664*	1.515

209

破除魔咒

续表

变量	外国直接投资 (净额,占国内生产总值百分比)				就业男女比例(女性:男性)				新发生的商业登记 数量(对数)			
对数－方差				14.030* (7.179)				−0.486* (0.264)				−2.522 (2.439)
控制变量	是	是	是	是	是	是	是	是	是	是	是	是
国家固定效应	是	是	是	是	是	是	是	是	是	是	是	是
常数/常量	10.832 (12.354)	13.022 (13.854)	1.853 (8.505)	10.756 (11.596)	−1.912 (1.169)	−1.855 (1.185)	−1.902 (1.155)	−1.869 (1.159)	−30.836** (11.994)	−31.241** (11.903)	−27.027** (12.421)	−29.036** (12.297)
观测数量	443	443	443	443	1,145	1,145	1,145	1,145	425	425	425	425
校正决定系数	0.371	0.368	0.395	0.384	0.546	0.545	0.545	0.546	0.982	0.982	0.982	0.982

注:括号内为标准差。*p<.05,**p<.01,***p<.001。

我们还发现多元化可以提升国家层面的创新水平（年度专利申请），对于跨境资本流动也有一些积极但普遍微弱的影响。外国直接投资可能会受到产业多元化以外的因素的影响，但研究结果表明，随着产业逐渐丰富，产业模式分布更加均匀，经济体能够吸引更多的资本流入。

尽管世界银行的世界发展指标数据库中并没有收录所有国家的女性就业率的相关数据，但我们仍然可以观察到即使是在女性社会地位相对较高的发达经济体中，产业多元化也会在女性赋权方面产生积极的影响。除此之外，新发生的商业登记数量也会进一步增加。多元化在促进服务业发展的同时，也为更多小企业创造了机会。

产业多元化从多个方面增强了经济实力和社会福利。我们将在下一节讨论政府应如何促进多元化发展。

政府在促进多元化方面的作用

政府支持的优势

我们暂且不去讨论到底是小政府还是大政府更能有效地促进经济发展，但政府能在补贴教育和研发方面发挥自己独特的作用，并为风险资本提供财政和监管框架。经合组织成员国在调动风险资本以支持小型企业和技术型企业，并通过创新和就业机会

破除魔咒

创造公共利益方面积累了几十年的经验。政府参与的目的就在于弥补私人资本市场的不足，利用私人部门融资，通过促进经济多元化发展来降低总体风险。

有充分的证据表明，比起私人部门，政府参与能提供更高的社会回报率。有些小企业在创造就业方面有不错的潜力，还有些能够推动技术发展，助力长期增长。政府可以针对这些企业开展各类项目和计划以获得公共利益。

许多有能力自行生产经营的小企业往往会面临资金问题，而政府的作用就在于填补这些资金缺口。很多小企业无法从传统的风险资本家那里获得资金支持，即便在美国和其他经合组织成员国这些金融体系高度发达的国家也存在这种情况，就更不用想那些资本流动性本来就比较差以及对投资者保护不足的国家了。

通过提供少量的融资支持，政府可以对企业进行认证，减少信息不对称的情况，而且政府本就不必彻底补全资金缺口。通过认证可以引入风险资本家、私募股权公司和银行等金融机构。许多经合组织成员国的政府通常只提供少量种子资金，就可以大大提高受助企业实现长期增长的机会。

赞助新兴产业和新技术有助于加强产业部门多样化，减少总体冲击，政府还能更有效地推动新产业发展，支持新技术的研发和推广。

由此来看，政府可以并且应该在加强产业多元化方面发挥关键作用。下一部分我们将介绍经合组织成员国是如何实现这一目标的。

经合组织成员国对产业多元化的融资支持

如表 8.2 所示,这里主要有两种类型的融资支持:一是直接资本供应;二是财政刺激,如税收刺激、贷款担保和股权保证等。

许多政府都采取了税收激励措施,尤其是投资者税收抵免,以刺激特定类型的投资。这些激励措施既可以直接投资于符合资质的小企业,也可以投资于专门机构。在项目设计过程中需要做出的一个重要决定就是应该在前端还是末端进行税收激励,这与在退出时实现的任何资本收益都有关系。在前端进行是奖励所有投资者,在末端则是奖励赢家。

表 8.2 经合组织成员国的融资支持类型

类型	目的	案例
直接资本供应		
研究经费	为小型企业提供研发资金	美国:小企业创新研究
政府股权投资	向风险投资公司或小公司直接投资	比利时:法兰德斯的投资公司
政府贷款	向风险投资公司或小企业提供低息、长期和(或)无返贷款	丹麦:成长型基金 (Vækst Fonden,商业发展融资) 贷款计划

破除魔咒

类型	目的	案例
财政刺激		
税收刺激	捐税鼓励，为小企业或风险投资基金提供税收优惠，特别是税收抵免	英国：企业投资计划和风险投资信托基金
贷款担保	为符合条件的小企业保证一定比例的银行贷款	法国：法国中小企业融资担保协会
股权保证	保证一定比例的高风险投资损失	芬兰：芬兰担保委员会

资料来源：经济合作与发展组织。

这两种方法的另一个区别在于，作用于前端的税收激励措施可能会导致一些出于避税的原因而产生的行为，比如加拿大向公私混合基金提供的捐税优惠，也就是我们所说的劳工发展基金。劳工发展基金在20世纪90年代经历了迅猛的资产增长，到1995年底，占加拿大60亿美元风险投资资产中的49%。那一年，混合基金共筹集了1.2万亿美元，而私人基金只筹集了0.3万亿美元。劳工发展基金投资加拿大的中小型企业，其中对早期交易的投资占其1995年投资的34%。劳工发展基金的吸引力就在于，投资者若有持五年以上的投资，就可以获得15%、上限为3 500美元的联邦税收抵免。除了联邦信贷以外，安大略省和魁北克省（占劳工发展基金的大部分）的投资者还可获得15%的投资税收抵免。

大多数经合组织成员国都会为小企业贷款提供某种形式的政

府担保。通常情况下，政府会保证一定比例的金融机构合格贷款。在违约时，贷款人应承担的损失仅限于未担保的贷款数额。这些计划的目的就是鼓励金融机构，特别是商业银行，为那些有可行项目但无法满足抵押品要求的小企业提供资金支持。

美国一直大力支持研发活动，尤其是基础研发方面（见图8.5）。研发资金的主要来源之一就是对小企业提供的融资支持。

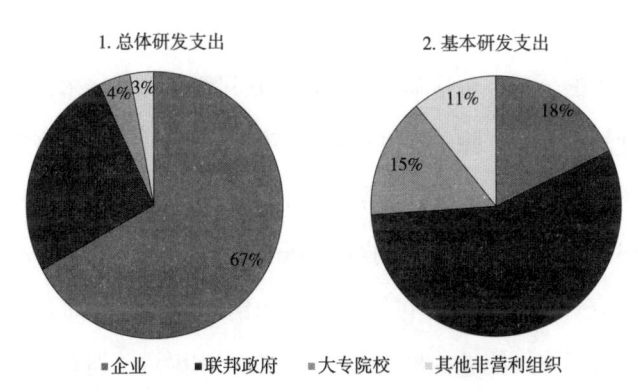

图 8.5 美国 2008 年的研发融资来源

来源：美国国家科学基金会。

美国小企业管理局自 1953 年起就开展了"7（a）商业贷款计划"，该计划向初创企业和高潜力企业提供长期贷款担保。美国小企业管理局最高担保商业贷款方提供金额的 75%。利率由借款人和贷款银行共同协商。美国小企业管理局目前担保的最高金额为 50 万美元。1980—1991 年，美国小企业管理局通过"7（a）"计划共担保了 310 亿美元的贷款。1995—1996 年，其担保贷款的违约率为 17%。这一数据在不同时期有所不同；1983—

破除魔咒

1984年，违约率达到25%，但在1992—1993年又下降到9.5%。

美国小企业创新研究计划的目的在于促进美国小型企业的技术创新。该计划为早期技术公司提供了20%~25%的资金。2010年提供的研究经费超过了10亿美元，其中超过一半的经费发给了人数在25人以下的企业，1/3给了人数不足10人的小企业。这些企业中有1/5是少数族裔或女性拥有的企业，有1/4是在2009—2010年中首次获得该计划的资金支持的企业。美国一些最有活力的公司，包括苹果、惠普、联邦快递和英特尔，都获得了该计划的支持。除了提供资金支持以外，该计划还为许多独立运营风险组织的个人提供了早期经验。

根据实证研究经验，勒纳（Lerner，1999）表示美国小企业创新研究计划的受益方在解决就业和销售增长方面都有显著增长，并且很有可能进一步获得私人风险资本融资。但只有那些在风险资本活动比较活跃的地区进行发展的企业才有这样的卓越表现，并且这些表现在高技术行业中十分明显。

其他经合组织成员国也启动了类似的方案。例如德国政府的股权投资计划将所资助企业的失败率降低到了17%。荷兰的技术发展信贷计划为企业开发新产品、新服务或新工艺提供了10年期的次级贷款，并基于企业收入进行偿还，如果技术或商业失败，贷款就会被免除。英国贷款担保计划的偿还期限为2~10年。成立两年以下的企业有资格获得70%、上限为10万英镑的担保；成立时间更久的企业可以获得85%、上限为25万英镑的担保。

结论

经济发展不仅是实际 GDP 增长的问题，而且已经逐渐渗透到社会的其他重要方面，比如平等、创新和女性赋权。在本章中，我们表明产业多元化是最重要的经济变量之一。

通过实证研究的相关证据，我们发现产业多元化与消除贫困、创新、女性赋权、资金供给和创业相关。所有这些都是我们现在用来评估经济繁荣和社会健康的因素。

结合实证研究的结果，我们回顾了经合组织成员国的政府通过直接和间接的资金供应、税收激励、股权担保等方式参与小企业发展的一些做法。我们认为，政府的战略性融资支持对于促进小企业发展和产业部门的多样化至关重要。如果政府没能给予足够支持的话，国家想要取得类似的社会经济发展成果就可能需要更长时间以及更多的社会资源，而且很有可能陷入一种缓慢而不稳定的增长模式当中。

第九章

巴西工业化的实践与巴西国家开发银行的作用

胡利奥·拉蒙多
JULIO RAMUNDO

正如经济学家所说,发展过程具有路径依赖的特点,也就是说,各国的自身情况及诸多历史因素早就决定了各国的发展道路。为了研究这一问题,本章采取了非常务实的研究方法,从实际从业者的角度对巴西的工业化进程进行整体观察,之后重点研究巴西国家开发银行自 20 世纪 50 年代起在巴西经济增长中发挥的作用。

我们将在本章回顾巴西以往成功和失败的工业政策,以及在 21 世纪推行的以促进创新和增强竞争力为核心的新工业政策。随后探讨巴西国家开发银行作为发展导向型风险投资机构所推行的政策,以及为促进增长所采取的各项措施。

巴西工业化和新工业政策

1950—2000 年的工业化

巴西国家开发银行在巴西的经济结构转型和多元化发展方面发挥了重要作用。该银行成立于 20 世纪 50 年代初,是美国政府和巴西政府为实现巴西工业化和国家转型共同努力的结果,它将结构性变革的理念植根于自身的经营中。发展也是一个结构变革的过程,这种过程正是巴西亲眼看见、亲身经历过的。随着其生产活动从低生产率向高生产率逐渐转变,并在产品价值链内外建立联系,现在的巴西比以往更有活力。

更重要的是,结构变革提升了国家能力。巴西正在完善国家机构建设,企业也在创新方面下了大力气。与此同时,巴西近年来的发展重点已经开始向包容和环境可持续的发展道路上转变。

过去,巴西的政策制定者没有对创新给予足够的重视,他们如果在推行工业政策的早期阶段就阅读了熊彼特的著作,巴西也许能更早地为实现创新推动型增长打好基础。

虽然巴西在 20 世纪 50 年代经历过一段军事政权统治时期,但一以贯之的政权倒是为其推行工业政策提供了十分有利的环境。支持性的宏观经济政策、高水平的相互协调、关税保护等传统手段的密集使用,还有通过巴西国家开发银行提供的融资支持,以及财政激励等都有助于巴西的转型。其间,为了克服推行发展战

破除魔咒

略过程中普遍存在的协调问题，巴西还对国有企业进行了部署。

工业政策的实施将巴西从一个巨大的种植园变成了一个工业化国家。如果没有20世纪50年代到20世纪70年代的改变，巴西很可能还是一个农业国家。但相反的是，巴西当时正处在高速增长阶段，高生产率增长推动了工业发展，也为国家科技体系的建立播撒了种子，巴西目前的大部分经济架构和制度也都是那时建立起来的。

制造业稳步增长，从20世纪50年代初的10%左右上升至80年代末的20%以上（恒定价格，见图9.1）。新产业如石油化工、纸浆和纸张以及资本产品也都发展起来。此外，致力于农业研究的政府机构——巴西农业研究公司，也在技术方面取得了巨大进步，大豆等农产品出口也由此发展起来。此外，矿物产品也得到了发展。另一家成立于20世纪40年代的国有企业在工业化时期得到了很多支持，也因此推动了矿物产品的发展。国家大力支持能力建设，推动了纸浆和造纸业的发展，在飞机制造等高科技领域中，巴西航空工业公司更是全力开拓全球市场。

然而，巴西在促进创新和技术发展方面的表现却不尽如人意。计算机等20世纪六七十年代一度活跃的产业没能保持之前的发展势头，在对纺织品和汽车业等现有部门的监管也力量不足，而且针对这些领域进行的一刀切的贸易保护持续了很长一段时间。与亚洲国家不同的是，巴西并没有大力推动出口，也没太重视教育方面的政策规划。

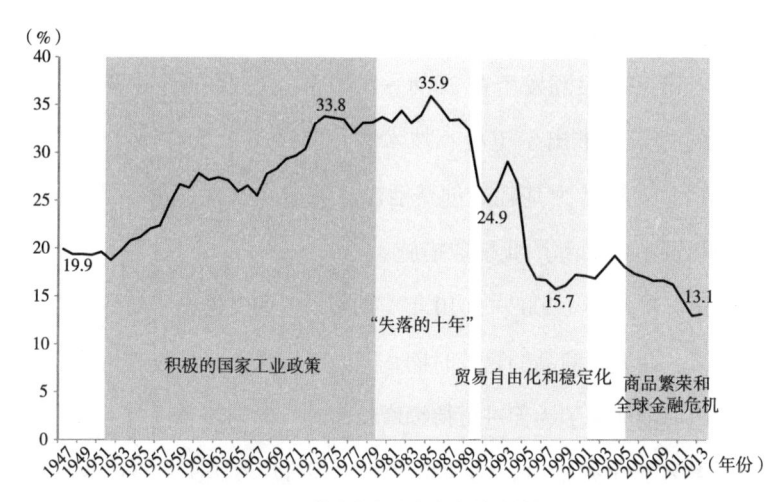

第三部分　助力多元化发展的关键政策

图9.1　制造业占国内生产总值份额

资料来源：巴西地理统计研究所。

自20世纪80年代后期开始直到近期，宏观经济政策和国家改革一直是辩论的核心内容，重点基本都放在了通过私有化、财政责任法、取消管制等方式进行政府改革上，并没有过多涉及工业政策的讨论。20世纪90年代到21世纪初，巴西又提出了以稳定经济为主要目标的"雷亚尔计划"[1]。

但从21世纪初开始，巴西在三次不同的浪潮中都提出了新的工业政策，这些政策均以创新和竞争力为基本要素，尤其是创新这一点。因为私人部门过去在研发方面的投入非常有限，而且从内部角度来看，以往的发展战略已经为创新做好准备了。

---

[1] "雷亚尔计划"以对抗通货膨胀、稳定经济为目标，其中一个基本特征就是发行了新货币"雷亚尔"，实行浮动汇率制度。

破除魔咒

这三次浪潮都是在特定的时间背景下，针对特定部门设计实施的。第一次浪潮发生在2004—2007年，巴西在贸易平衡发展受制的背景下推出了工业、技术和贸易政策，旨在减少贸易赤字，刺激以技术为基础的创新活动，并重点针对软件、半导体、制药和资本产品等产业采取措施。

第二次浪潮（2008—2010年）期间，巴西又推出了新的生产发展政策。在大宗商品的繁荣时期，国内市场强大，且收入再分配政策又进一步加强了为促进可持续增长而进行的创新和投资。这一政策侧重于战略领域，旨在加强竞争力，促进培养国家重点产业。

在全球金融危机之后，巴西又在2011—2014年实行了"大巴西计划"，希望在增长缓慢的环境中和宽松的货币政策下，进一步促进创新、增强竞争力，实现增值。此时，巴西开始重点关注创新扩散、农商业、服务业以及规模化和劳动力密集型产业。

转变经济格局，关注创新

21世纪初，巴西在收入分配上发生了重大变化。超过3 000万人摆脱了贫困，进入中低收入阶层，极大地改变了国内市场。但随着经济逐步发展，基础设施的短板越来越明显，巴西在这方面所做的最后一次重大投资还是在20世纪70年代。虽然大量投资都是针对基础设施和工业发展的，但在这方面的创新和竞争也不能忽视。

第三部分 助力多元化发展的关键政策

巴西在大宗商品和矿物产品方面做得不错，这些作为贸易发展的一部分，为夯实经济基础做出了贡献。虽然飞机制造等在出口方面具有重要意义，但其出口篮子和创新产业的活力却大大落后于其他新兴市场。即使是在传统的劳动密集型产业，巴西也在不断丧失其竞争力。与此同时，相较于1994—2014年的韩国、墨西哥等国，巴西的货币升值也限制了它在解决这些问题时的可选方案。

如上所述，创新是巴西发展战略中至关重要的一部分，但它在这方面一直表现不佳，和其他拉美国家的水平差不多。而且更严重的是，很多公司所谓的创新其实就是收购机械，但这种形式的"创新"实际上是以机械进口为主，和那种开展研发活动的创新大不相同。而且，巴西私人部门的研发水平也落后于其他国家。机械进口和私人部门研发都是国内生产总值份额和支出增长率的组成部分（见图9.2、图9.3以及表9.1）。

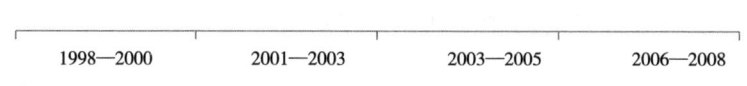

图9.2 创新率（占企业百分比）

资料来源：巴西地理统计研究所，2008年技术创新调查。

破除魔咒

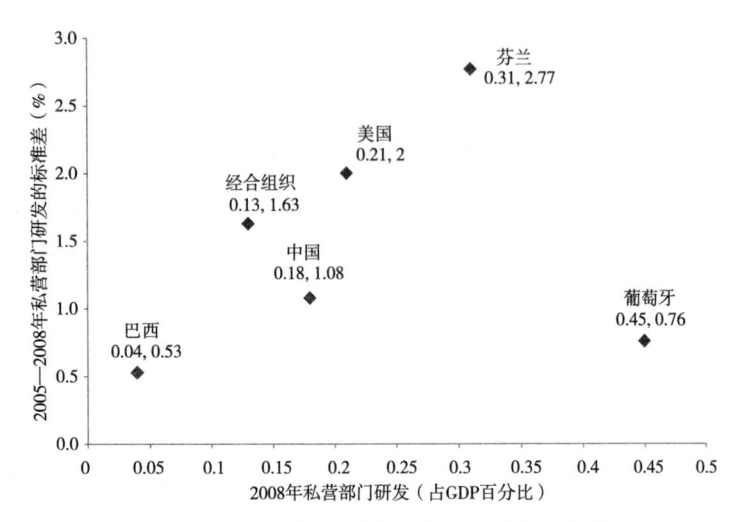

图9.3 巴西在创新方面相较于其他国家或组织的落后程度

资料来源：卡瓦坎特和德·内格里（Cavalcante and De Negri，2011）。

表9.1 制造业创新支出占比

类别	支出（%）
机械设备	49.2
内部研发	24.5
工业项目	9.1
引入市场创新	5.7
外部研发	4.0
其他外部技术	2.7
软件	2.6
培训	2.1
总计	100

资料来源：巴西地理统计研究所，2008年技术创新调查。

巴西国家开发银行和创新——关于新工业政策的三段讲述

随着巴西经济格局的变化以及对可持续增长的需求，巴西国家开发银行将其大部分活动和议程重点都放在了创新上。以创新为目的向企业进行的股权投资、贷款和赠款的金额也不断上涨，从 2007 年的 3.32 亿雷亚尔增加到 2013 年的 52 亿雷亚尔，研发支出明显增长。下面我们将从制药业、甘蔗产业和软件产业三个方面出发，阐述巴西创新的新动力。

制药业

21 世纪初以来，巴西的医药市场一直都在大幅增长。像许多国家一样，巴西社会也进入了老龄化，预计到 2030 年，巴西 60 岁及以上人口占总人口的比重将超过 15 岁以下的群体。此外，医疗保健市场也随着流行疾病的变化而变化。癌症和心脏病等非传染性疾病越来越常见，占疾病负担种类的 2/3 左右，已经取代了传染性疾病，成为占据医疗资源最多的疾病种类。

不断壮大的中产阶级进一步改变了医疗保健市场。根据艾美仕市场研究公司的健康报告（按照恒定美元的销售额来计算），巴西在全球制药市场规模中的排名持续上升，从 2005 年的第 10 名上升至 2015 年的第 6 名。

发展制药业是巴西在 21 世纪初产业政策回归后采取的举措之一，重点放在了制造业最佳实践和渐进式创新上。近年来，巴西正试图进行跨越式发展，努力追赶前沿技术，希望进行生物技术产业中生物仿制药[①]的生产。制药业是巴西研发密集程度最

[①] 生物仿制药指几乎与原产品相同但在原产品专利到期后由另一家公司生产的药品。

破除魔咒

高的产业,其研发占销售收入的比例大约为2.5%,而整个产业的比例在2011年仅仅略高于0.5%。更重要的是,本地企业在巴西制药市场的份额不断增长,从2003年的大约35%上升至2013年的60%。其中,从巴西国家开发银行获得资金支持的企业在增长、收入和研发方面的表现都优于产业平均水平。

甘蔗产业

自被殖民统治以来,甘蔗一直是巴西一种重要的农作物,为传统农工业提供了资产基础。近年来,巴西的土地供应量高,原料成本低,极大地支持了以农作物为基础的弹性燃料的开发。现在有超过60%的巴西机动车都在使用乙醇和汽油,而甘蔗生物质不仅满足了该产业所有的能源需求,还增加了电网的能源盈余。甘蔗产业为巴西建立绿色经济,发展从生物燃料到生物化学领域的经济创造了可能性。

因此,巴西国家开发银行开始关注这一产业的发展,并推出了支持糖和乙醇工业技术创新的项目,而且在初期就取得了不错的成果。这一计划旨在开发这一领域的新技术,促进巴西企业和外国企业合作,支持技术转让。目前,该产业已经初步实现了切实的发展,第二代乙醇的生产率预计将从21世纪初的每公顷7 000升增加到2020年的每公顷10 000多升。2010年,巴西国家开发银行为该产业的新技术研发投入了一笔5 700万美元的组合投资，此后又在 2014 年初将生产燃料和可再生化学品的投资组合增加到 15 亿美元以上。

软件产业

巴西国家开发银行在 1994 年以前主要关注实体产业发展，而很少参与软件产业的活动。但后来，巴西国家开发银行将其议程重点转向了创新方面，并实施了一项计划，在软件产业投资超过 25 亿美元（见图 9.4）。在巴西股票市场上市的三家软件公司都曾在上市前得到过巴西国家开发银行的资金支持，其中一家现在已经成为国际知名的企业资源规划公司。

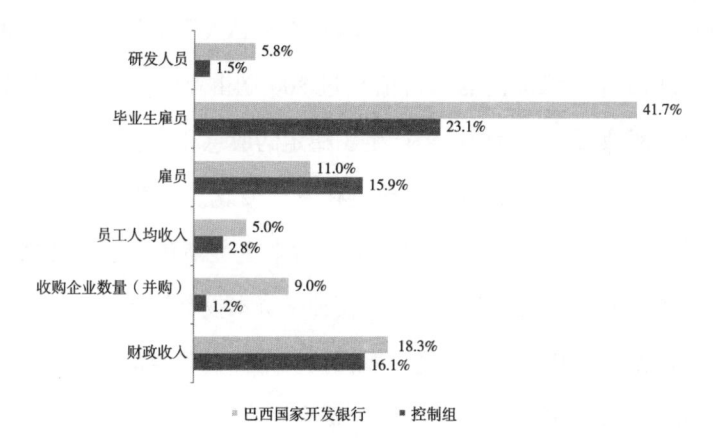

指标	巴西国家开发银行	控制组
研发人员	5.8%	1.5%
毕业生雇员	41.7%	23.1%
雇员	11.0%	15.9%
员工人均收入	5.0%	2.8%
收购企业数量（并购）	9.0%	1.2%
财政收入	18.3%	16.1%

图 9.4　2006 年和 2010 年巴西国家开发银行对软件公司的支持（年增长率）
资料来源：巴西国家开发银行。

破除魔咒

风险投资家：巴西国家开发银行

巴西国家开发银行作为一家以发展为导向的股权投资机构，一直扮演着典型的风险投资家的角色。它在20世纪70年代成立了一个专门进行股权投资的部门，提供股权融资，促进国内资本市场发展，这一动作与巴西《公司法》的施行同时进行。该部门通过独立的委员会、与国家开发银行相同的执行董事会，按照投资时所遵循的具体政策和程序来进行决策。这些都符合巴西证券交易委员会的要求。

20世纪70年代起，这一股权部门的总投资组合大幅增长，投资超过300家公司，21世纪00年代中期以来，得到过该部门投资的大多数公司都通过种子风险资本和私人股本基金获得了资金。2013年，该部门的总市值超过800亿雷亚尔，并且每年都会进行股票买卖，目前已经产生了稳定的股息和利润。

这一部门参与的经营活动也在发生变化。20世纪70年代，该部门最初只参与直接股权投资，后来也逐渐包括了可转换债券、私募股权、风险投资基金以及种子资本投资等活动。

巴西国家开发银行的这一股权投资部门是巴西最大的风险资本和种子投资者，它通过风险投资和私募股权基金进行的股权投资组合涉及34个基金、162家公司、15个不同部门，共投资了25亿雷亚尔，而且私人部门每获得1雷亚尔投资的杠杆率为3∶1。这一部门还以建设机构能力为目标，为了发展巴西资本市场，不断推出新的基金，成立了巴西第一种子资本基金，而且除了公私伙伴关系基金，它还正在成立中小型企业准入基金和企业风险基金。

它的发展战略是长期关注公司基本和整体投资组合的表现。主要进行跨越式和高风险的风险投资，从投资组合方式中获益，而不是死死盯着特定风险的损失。

但考虑到该部门在20世纪80年代进行的许多失败交易，如今它并不会收购全部或大部分股份，也不再进行债转股资产负债表重组，在投资时主要考虑公司及市场活力，而不是股票市场趋势，此外还会针对公司的业绩和其他活动进行全面、彻底的审查。

巴西国家开发银行先前是对公司进行控制，但如今已不再遵循这种微观管理的方式，也不去任命任何管理者，而是鼓励最佳的公司治理实践。事实上，巴西国家开发银行代表着一种认可，在其投资过的大多数公司中，巴西国家开发银行都是一个很有影响力的关键股东。

结论

想要更全面地审视巴西的发展，就需要回顾其过去的发展历程以及消除限制的政策执行情况。其中，建立专业的国家机构至关重要，巴西国家开发银行就属于这类机构。虽然也有一些失败

破除魔咒

的案例，但从整体上看，它在促进巴西发展，在巴西近几十年的工业化和如今的创新方面都取得了不错的成绩。

　　为了促进后续的创新和增长，对战略产业中的企业给予支持，参与风险和跨越式投资，关注长期发展，整合最佳的治理实践和绩效衡量都是非常重要的。巴西经验清晰地表明了政府可以在实施发展战略和实现可持续增长方面发挥重要作用。

第十章

从结构性视角看韩国新村运动对发展政策的影响[①]

权赫周
HUCK-JU KWON

虽然人们现在的生活水平比以往任何时候都要高,但目前仍有 10 亿人处在绝对贫困之中,而且他们大部分都生活在发展中经济体。为了改变当下的贫困状况,发展中经济体必须努力实现经济和社会的共同发展。但显而易见的是,发展中经济体无法独力解决贫困问题。因此,发达经济体的政府、民间社会组织和公民必须共同参与这场"斗争"。提供财政援助是帮助这些发展中经济体消除贫困的方法之一。另一种就是分享发展经验。很多发达经济体也经历过贫穷阶段,但后来成功实现了向工业化经济的过渡,它们可以在发展政策方面为发展中经济体提供更多政策思路。

正是在这种背景下,本章从结构性视角出发重新审视韩国的

[①] 本章最初发表在 2010 年的《韩国政策研究杂志》上,后来又基于新的研究成果做了大量修改。

新村运动，分析该运动取得成功的社会经济条件，以及它在韩国从农村经济向现代工业化经济转型中的作用，并探讨新村运动可能对国际发展问题辩论产生哪些政策方面的启发。

1971年，韩国政府提出了农村社区建设运动——新村运动，由政府提供小型启动补助金，用于开展各类支持当地社区经济发展的项目，并为建设对社区经济发展至关重要的村庄道路、桥梁、电气化基础设施和贮藏棚分配材料。而村民则作为免费劳动力参与这些项目。政府提供的补助金占社区建设支出的20%~30%，当地居民的劳动和其他捐赠占另外30%~60%，其余部分则是私人捐赠和银行贷款（Kim，1991）。

韩国政府平均每年将国民生产总值的2.5%投入新村运动，考虑到韩国在20世纪70年代早期只有这一个严格根据收入调查结果发放补助的公共资助项目，这的确是一笔不小的社会支出。这些政策与动员当地的人力资源、改变普通人对社会经济发展态度的全国性运动相结合。新村运动融合了社会基金计划和社区运动的各个方面，是整个社会共同努力的结果。

落实发展政策的途径

21世纪初，国际发展政策一直将有效治理视为一种发展战略，认为许多发展中经济体之所以会在经济发展和减贫方面表现不佳，原因就在于治理不到位（Grindle，2004）。过去，以国家和市场为中心的发展政策范式有过不少失败案例,而有效治理就是针对这些情况提出的应对方案。戈夫和伍德(Gough and Wood,2004,p.15)指出,缺乏有力、高效的政府和市场机构是阻碍许多发展中经济体进一步发展的主要原因。这些国家的市场机构不能在商品生产方面积极运作,而政府机构又被其他特殊利益群体捆绑,无法作为中立的参与者来管理不同的社会利益。作者认为,要想克服各种困难、实现发展,必须对市场机构进行有效管理。

有效的治理必须建立在人与人相互信任的基础上。各个机构虽然得以设立,但这并不意味着它们能有效地开展工作。公共部门和私人部门应该通力合作,进行理性的讨论、劝导和协调。基于治理理论的发展战略努力将以国家和市场为中心的发展范式综合起来,但这两者往往被视为有竞争关系。

在2000年9月召开的联合国发展大会上,189名国家元首和政府领导人承诺支持《联合国千年宣言》,该宣言旨在通过有效的治理手段将全球贫困水平降低一半。世界银行和联合国千年项目[由杰弗里·萨克斯(Jeffrey Sachs)牵头]共同强调了有效治理作为一种手段,在实现千年发展目标,特别是减贫目标上的重要性(UNDP,2005)。全球机构和政策评论员也在这一点上达成了共识,认为有效的治理有助于减少贫困。但也有评论家认为这不一定与减贫和经济发展挂钩(Coelho and Favareto,2008;Kwon and Kwak,2008)。

破除魔咒

然而 15 年过去了，千年发展目标的完成情况喜忧参半。到 2015 年，将全世界的贫困人口数量减少一半的目标已经按计划实现了（World Bank，2005）。这的确是个好消息，但世界各个地区和国家内部的减贫程度参差不齐。中国的经济增长为全世界的减贫做出了不小的贡献，而撒哈拉以南非洲地区、拉丁美洲和东南亚部分地区却没有太大进展（UNDP，2005）。所以很难说我们成功地实现了联合国千年发展目标的第一条，即消除贫穷和饥饿。

因此，发展中国家目前反贫困战略的有效性受到质疑。如果市场方案不能完全解决问题，良好有效的治理也不能如预期所想有效地减少贫困的话，这其中又缺少了什么呢？本章认为类似于新村运动的计划可以联合国家、市场和民间社会的努力，共同助力国家减贫。

事实上，在许多成功的社区运动中，新村运动值得仔细研究，因为它告诉我们社区运动可以和国家一起，为减少贫困而努力。新村运动能够调动起基层的积极性，鼓励大家热心参与，这一点常常是其他项目做不到的。本章以下部分将探讨新村运动取得成功的历史条件，以及它在联合国家、民间社会和基层力量共同参与方面所起的作用。之后研究韩国在 20 世纪 40 年代末和 50 年代进行的土地改革以及促成改革成功的因素。本章想要表明的是：新村运动不仅仅是一个社区运动，它在国家为实现经济发展和减贫目标制定并实施的各项发展政策中起到了多功能的连接作用，联合了各方的力量。最后，本章解释了新村运动如何通过社会融入和创收机制等多种功能为韩国的社会和经济发展做出贡献。

历史背景：韩国土地改革

土地改革一直是经济发展相关辩论中一个很有争议的问题。有人认为这是成功实现经济发展的先决条件，也有人认为土地改革会不可避免地带来政治动荡，扰乱经济发展。一系列文献指出，日本、韩国和中国台湾在20世纪40年代后期成功进行的土地改革与经济发展和减贫密切相关。农民即便只获得了少量土地，也是一种可以自给自足的方式，而且这些土地能在农民遇到经济上的紧急情况时构建起重要的安全网（Dasgupta and Ray, 1987；Deininger and Binswanger, 1999）。土地所有权也会促使农民投资，进行土壤改良、更新农具设备，进而带动经济增长。这些做法能优化农民的资产构成，因此土地所有者比租户更乐意在这些方面下功夫。

虽然公平的土地所有权与农业生产力之间存在着积极的关系，但这并不意味着土地改革和韩国经济发展之间也存在这种直接的积极关系。韩国的经济发展并不基于农业部门的增长（Adelman, 1997），因而一些学者认为韩国的土地改革是失败的，因为它并没有创造出一个由中产阶级农民主导的农业部门（Hwang, 1985）。有关土地改革促进经济发展的机制已经在其他文章中有过深入讨论，本章则侧重于土地改革与新村运动之间的联系。

破除魔咒

韩国土地改革在1946—1955年经历了三次浪潮。在日据时期（1910—1945年），很多人成为朝鲜地主和日本地主的佃农，而改革使得这些佃农有机会成为独立农民。第二次世界大战之后，美国军政府（1945—1948年）在1946年迈出了土地改革的第一步，将农民的土地租金限定在土地年收成的三分之一，相比之前有了大幅减少。1948年，美国军政府又以相当于三年收成的价格向佃农出售原属于日本东方发展公司，即后来的新韩国上市公司的土地。

受到朝鲜土地改革的影响，成立于1948年的大韩民国政府颁布了一系列土地改革法，并在1949—1955年实施。这一系列法律包括三个基本原则，这些原则都更加注重公平而不是增长：第一，只有农民可以拥有农田；第二，农民最多可以拥有3公顷土地；第三，农民不能以农耕为目的将土地承包给其他人（Sin, 1988）。根据这些原则，政府从超过土地最高限额或自己并不耕种的人那里购买土地，并将土地卖给那些耕种相同土地的佃农。[①]

虽然有些地主在土地改革之前就卖掉了土地，但政府仍然购买了超过60%的耕地。地主获得了政府债券，而佃农则是从政府手中以年收成1.5倍的价格购买土地，支付期限为三年（Kim,

---

[①] 关于土地改革有三点政治依据：第一，佃农受日本殖民统治的影响最大，而许多地主被视为日本殖民者的合作者；第二，前总统李承晚想要破坏保守派政治精英的经济基础，其中许多保守派政治精英都是地主；第三，土地改革是美国对抗威胁而进行的活动。美国不仅催促韩国政府进行土地改革，对蒋介石政府也是如此（Kim, 1976）。

1997，p.307）。1945 年，65％的农民是佃农，而在 1951 年土地改革后，这一数据降到了 8.1%。

韩国土地改革帮助农民拥有了自己的土地，土地所有权的不平等现象急剧减少，由此可以说韩国土地改革是成功的。韩国忠清道龙门村在土地改革的作用下，其土地所有权的基尼指数从 0.63 下降到 0.50 以下（Cho，2003，p.297）。此外，农业生产力也有所提高。

土地改革为新村运动的成功提供了两个重要条件。第一个条件是帮助农民拥有了自己的土地，从此农村地区的社区发展就与农民的经济利益紧密联系起来了。新村运动的核心目标是建设和改造社区基础设施。对独立的农民而言，其社区基础设施的现代化改造将直接推动其农业用地生产力的提高，但如果是佃农的话，就不一定能看到这些努力所带来的直接收益。

在 1970 年 4 月韩国发起新村运动时，时任总统朴正熙在访问东南地区期间向农村居民和地方官员发表了讲话，说："韩国需要依靠自己来推动农村发展。凭借着自助、自立与合作的愿望，不仅使村庄更加富有，还要把它变成一个美好的生活场所。"（Oh，2002）

朴正熙的声明强调了农村居民应该努力自助，而不要完全指望国家的帮助。新村运动的关键理念先是自助，然后再扩展到自立与合作。参与新村运动的民众需要为社区建设项目奉献他们的劳动力和其他资源，而政府主要是在原材料上给予支持，有时还会提供财政补贴,但这些补贴仅占项目所需资金的一小部分。

根据20世纪70年代早期的报纸报道,新村运动在农村获得了很大支持(Kim,2004)。通过政府动员,尤其是农村居民对于提高生活质量的美好期盼,可以真正调动起基层自愿参与新村运动的活力。地方官员也热心支持(见表10.1),对活动起到了催化作用。

第二个条件是土地改革促进了教育的普及,而教育又反过来推动新村运动发展。在此过程中,那些受过教育的社区领袖能够有效地组织运动开展。现在,农民拥有了土地,生产力也大大提高,因此农村地区的家庭不是将孩子带到稻田去耕种,而是送到学校去接受教育(Cho,2003)。

在20世纪50年代末和60年代,教育是政府预算中投入最大的部分。此举极大地促进了教育的普及。与其他发展中经济体相比,韩国在这方面创造了惊人的纪录,这也加深了土地改革对教育的影响。

1945—1959年,文科中学的学生人数增加了370%,职业高中的学生人数增加了299%,高等教育的学生人数增加了1 292%。到了20世纪50年代后期,识字率几乎达到了90%(USAID,1959;Cho and Oh,2003,p.283)。土地改革不仅大大减少了土地所有权的不平等现象,而且大大减少了贫困人口数量,提高了农村人口的教育水平。

表10.1 新村运动的增长数据

参与者和项目	1971年	1972年	1973年	1974年	1975年	1976年	1977年	1978年
农村地区参与者（十万人）	72	320	675	373	489	351	451	1 336
参与者总数（十万人）	72	320	693	1 069	1 169	1 175	1 372	2 709
农村地区项目（千）	385	320	1 093	415	696	630	2 200	
项目总数（千）	385	320	1 093	1 099	1 598	887	2 463	2 667

资料来源：Oh（2002）。

新村运动作为一种社会融入机制

新村运动的另一个重要方面在于它在韩国迅速发展的工业化进程中起到了促进社会融合的作用。有关新村运动的大量文献都认为它在20世纪70年代促进了韩国经济发展。这样说的确没什么错，但也有必要全面而平衡地看待这一问题。其实韩国在20世纪七八十年代的经济发展主要是受工业化的推动，农业部门对经济发展的贡献较小（Adelman，1997），而且该部门的从业者人数稳步下降（见表10.2），这就表明主要在农村地区进行的新村运动虽然取得了不错的成果，但是对国家整体经济发展的影响还是有限的。

破除魔咒

表10.2 韩国各产业雇员占比（%）

年份	农业和林业	制造业和采矿业	服务业
1966	57.89	10.48	31.27
1971	48.44	14.19	37.37
1978	38.41	23.15	38.44
1985	24.94	24.44	50.62
1990	18.25	27.32	54.42

资料来源：1966年、1986年和1990年国家统计局数据。

事实上，20世纪70年代，有3.7%的农村居民离开了农村社区，而这一数据在60年代仅为1.3%（Oh，2002）。这就意味着农村人口流失增多。因此，有人认为新村运动并不成功，但即便如此，也有必要从韩国社会结构变化的角度来看待新村运动。

韩国的经济发展主要是工业的发展：首先是进口替代阶段，之后是出口，再后来是重工业和化学工业。20世纪90年代以后，韩国经济战略转向了信息技术、电子产品和汽车等先进技术产业。这些发展并不以农业或者原材料为基础，因此对新村运动的任何评估都必须将韩国工业化考虑进去。在这种背景下，我们需要从结构的角度来审视新村运动在促进社会结构转型，也就是从农村主导向现代和工业化转型中所起的作用。

许多发展中经济体也在工业化发展初期取得了不错的成果，但没能维持这一势头，阿根廷、巴西和菲律宾就属于这类情况。这些国家未能通过工业化实现可持续增长的主要原因之一就是社会的极度不平等，以及无法充分利用农村地区庞大的人力资源

(Kohli，2004；Kwon and Yi，2009）。

韩国工业化得以成功并持续发展的基础在于韩国的农村地区并没有在发展当中落后下来。相反，农村居民通过1946—1955年的大众教育普及和土地改革，为城市地区的工业化提供年轻且受过教育的劳动力，支持了工业化。土地改革严重打击了有可能阻碍工业化结构变化的地主阶级，并为农业部门中的家庭提供了重要的收入来源。

1961年，政府采取了减贫政策，其中包括消除农村地区的高利贷。在一个以自给农业为基础的经济体中，高利贷广泛存在。1961年，朴正熙颁布了确保贷款登记的措施。农民可以将其高息债务转移到全国性的农民组织——农业合作社。农业合作社将提供较长的宽限期以及较低的利息，而贷款人则会从合作社那里获得一笔债券。此外，高利贷被确定为非法行为。之后，农业合作社开始发挥正规农村信贷机构的作用，其贷款交易具有竞争性和有效性。这些合作社能够满足特定作物种植者或者特定地区多样的贷款组合的信贷需求。

这些努力为农业部门带来了重大变革，新村运动也由此发展起来。农民开始修缮房屋，修复村庄道路，建造社区会堂，建立合作社。这些项目反过来提高了农民的生活水平，大大减少了贫困情况（见表10.3）。至关重要的是，农村社区一直紧跟着经济发展的步伐。

破除魔咒

表10.3 绝对贫困发生率（%）

家庭	1965年	1970年	1976年	1980年	1991年
城市家庭	54.9	16.2	18.1	10.4	8.7
农村家庭	35.8	27.9	11.7	9.0	2.8
总体家庭	40.9	23.4	14.8	9.8	7.6

资料来源：权（Kwon, 1998, p.34）。

注：一个五口之家的绝对贫困线为每月121 000韩元（按1981年价格计算）。

相比之下，20世纪60年代开始的改善农村基础设施的公共项目却没有取得太多实际成果。比起以往那些用于改善基础设施的项目框架，新村运动的框架则更加优秀：政府为农村地区的项目提供启动资源，而居民则需要贡献劳动力。这种组合方式缓解了一般社区运动在初始阶段经常面临的困难。而且新村运动不仅是要改善农村地区的基础设施，而且还要提高农村家庭的收入水平（Lee, 2013）。在20世纪70年代早期，政府为了提高农业生产力，向农村居民提供肥料、化学杀虫剂和其他化学品。这些产品都是在本地生产的，因而要比那些进口产品便宜得多。政府还鼓励本地企业建立食品加工厂，丰富农村收入来源，并用其购买当地生产的农产品。与此同时，政府研究实验室还推出了新的水稻品种，以此来提高产量。新村运动在20世纪70年代早期结合了各方不同的工作。

新村运动不是凭空发生的，要真是这样的话，它可能就不会受到民众如此热情的欢迎了。它是历史努力的一部分，通过有效的减贫和更加平等的收入分配扩大了韩国经济发展的基础。柯

（Koh，2006）虽然对新村运动多有批评，但不能否认它在将小农家庭带入现代公民群体中所发挥的作用。从这个意义上说，新村运动虽然没能扭转农村的衰退，但依然是韩国经济发展成功的一个重要因素（见图10.1）。

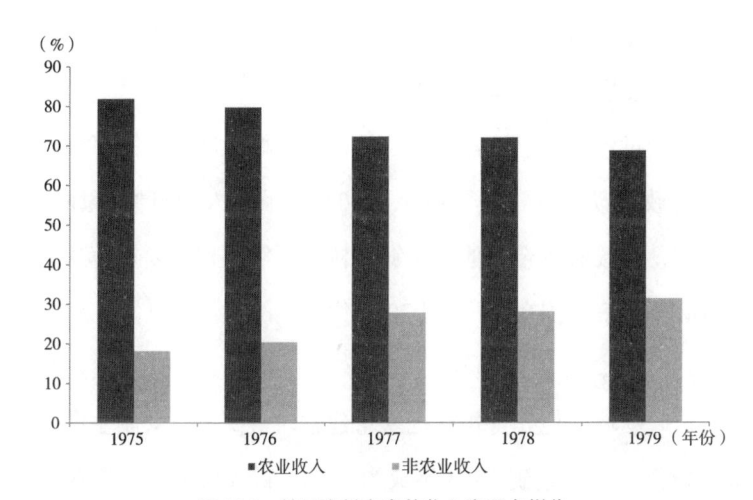

图 10.1 韩国农村家庭的收入来源多样化

资料来源：李（Lee，2013）。

新村运动作为一种政治动员形式

新村运动的关键理念先是自助，然后再扩展到自立与合作。如前所述，参与该运动的居民为社区项目开展贡献劳动力和其他资源，而政府提供的原材料以及偶尔的资金支持只占该运动的一小部分。此外，人们会聚到一起讨论所在社区需要什么样的项目。换句话说，这是一个典型的社区运动，而且获得了基层群众的热心支持（Kim，2004）。一名参与新村运动的地方官员解释说："我们所做的不是为了朴正熙总统，而是为了我们自己。为了减轻眼下的困难，我们需要修缮通往村庄的道路。当我向人们解释这一点时，他们心里都非常明白。"（Eom，2011）这种充满活力的自愿参与是将经济发展和减贫联系起来的关键，这一点可以为其他发展中经济体提供重要经验。

然而批评者的意见也很难否认，即新村运动也是军事独裁政府进行政治动员的工具（Lim，2004）。虽然人们自愿参加了这项运动，但政府也希望他们能够支持朴正熙政权。要理解这一点就有必要了解韩国在20世纪70年代早期的政治背景。

1961年，朴正熙领导了军事政变，摧毁了当时的民主政治制度。政变后，他先是担任国家重建临时最高委员会副主席，后来又担任主席，直到1963年成为总统。新政权迫切需要赋予自己合法性。它在第一年发布了一项五年经济计划（建立在第二共和国①开始的规划基础上），将1961年的政变描述为一场革命。在20世纪60年代中期，朴正熙政府在经济政策方面，开始从原来的进口替代工业化转而向出口导向型经济的方向发展，在此期间，经济增长成果显著，贫困人口大幅减少。

在此期间，国民生产总值迅速增加，失业率大幅下降（见表10.4）。虽然经济活动人口增加了12%，但进口替代工业化战略有

---

① 第二共和国指韩国在1960—1961年议会制下掌权为期八个月的政府。

效地吸收了劳动力，就业率上升了 10%（Adelman, 1997, p.514）。1967—1971 年，劳动密集型产业继续吸收劳动力，同时服务业不断壮大，提高了劳动人口的收入，缓解了城市地区的贫困状况。但城市家庭的收入增加，与农村家庭的收入差距扩大，农村家庭收入平均占城市家庭收入的 62.6%（Oh, 2002, p.163）。新村运动正是为弥补这种差距而采取的应对措施。

表10.4　韩国主要经济指标

指标	1961 年	1966 年	1972 年	1981 年	1987 年	1993 年
人均国民生产总值（美元）	90	125	306	1 741	3 218	7 513
增长率（百分比）	1.6	6.8	16.1	21.3	10.7	15.2
失业率（百分比）[1]	17[2]	15	10	10	5	4
	(7)	(6)	(4)	(4)	(3)	(3)

资料来源：阿德尔曼（Adelman, 1997, p.535）。

1. 此处的数据包括失业者和每周工作时长不足 18 小时的失业者。括号中的数字代表完全失业。
2. 此处为 1963 年的数据。

然而，政治在这次自发的社区运动中发挥了作用。朴正熙本该于 1971 年第二个总统任期结束后退休。但他在修改宪法之后又开始了第三任期。此后又在 1972 年再次修改宪法，以便继续任职。1970 年，朴正熙发起了新村运动，我们很难说清居

破除魔咒

民自愿参与这一运动与政府政治动员之间的关系和区别（Koh，2006）。

长期以来，学者和评论员一直在讨论新村运动的政治性质。显然，该运动在其政治性质上既有优势也有劣势。尽管人们以极大的热情自愿参与新村运动，但这一运动也能在政治方面被人利用，认识到这一点也很重要。

政策启发

新村运动微观层面的特征能在政策方面给我们哪些启发，这个问题一直都备受关注。这对于那些可以直接从新村运动中获得经验的社区活动家来说非常有用。而且同样有必要从结构的视角来看待新村运动，探索推动新村运动成功发展的社会经济条件，以及它在加速韩国从农村经济向现代工业化经济转型中所发挥的作用。

新村运动的核心特征是社区发展的自助和自立。我认为，韩国在20世纪50年代进行的土地改革对于新村运动的成功开展至关重要。土地改革帮助农民获得了独立的身份，而更好的农村基础设施也提高了那些拥有土地的农民的生产力，新村运动因而能够吸引他们积极参与其中。此外，虽然政府也进行了政治动员，但可以说，新村运动主要是由当地社区领袖组织开展的，他们是最了解社区需要的人。因此，为了促进经济发展而进行的社区运动应该具有一种激励人们自愿参与的社会结构，这不仅是为了社区发展，也是为了改善自己的福祉而贡献力量。

从新村运动的结构性作用来看，它帮助农村社区居民融入了国家工业化进程，不仅改善了农村地区的生活条件，也促使农村社区加入了社会变革的主流。这是韩国发展经验有力且可持续的关键原因。

新村运动最大的问题在于它依然保留着过去的旧形态。它所呈现的状态和持有的观点仍然是以韩国30年前的社会背景设定的，过时的理解方式越来越难以发挥作用。因此，目前的挑战是要改造新村运动，以便它能继续为社区运动提供有用的指导。

对学者和社区运动活动家来说，理解发展中社会及其所面临的社会挑战也很重要。在不了解社会发展状况的情况下，试图将韩国经验直接照搬到其他社会是徒劳无益的。国际合作至关重要，学术研讨会和联合社区项目等都是可行的方式。为了确保类似的合作，政府也扮演着至关重要的角色。

第十一章

今日教训和明日前路

里达·谢里夫　福阿德·哈桑诺夫　阿尔弗雷德·卡默
REDA CHERIF, FUAD HASANOV, AND ALFRED KAMMER

> 新加坡能在未来100年保持兴旺发展吗？我不确定。但无论选择如何，我能肯定的是，如果政府变得木讷呆滞的话，那新加坡也就完了，国家必将走向衰落。
>
> 李光耀
>
> 已故新加坡国父

本章将对国家领导人在国家发展过程中的重要性展开讨论。"亚洲四小龙"，尤其是新加坡和韩国，无论将其称为"发展型国家"还是"创业型国家"，它们的增长奇迹都体现了实践中的"领导者"原则。亚洲的发展经验向我们展示了政府是如何成功引领发展进程的，而拉丁美洲和近年来的非洲以及中东的大部分地区，它们要么国家"领导者"让位于"掠夺者"，要么退回了以市场为中心的发展或者谋求私利。

本书最后收录了沙特阿拉伯的穆罕默德·阿尔·贾瑟尔部长与时任国际货币基金组织副总裁朱民的对话实录。他们的对话明确指出了政府干预方式的重要性，而且激励措施和市场力量各有各的作用。开篇，科威特的阿纳斯·阿尔·萨利赫（Anas Al Saleh）部长表示，大型公共部门虽然能够提供舒适的工作岗位，但也会严重阻碍国家对技能和产业发展方面的投资，激励措施、实践和社会也都需要进行改变。这些讨论阐明了政府在促进可持续增长方面的作用，并提出了一个重要问题：政府应该如何干预？也就是说，政府应该把精力集中在哪些关键目标和政策上？

本书的主要议题是：建立活跃而成熟的贸易部门，支持可持续增长，其中详细讨论了从东亚到拉丁美洲的各国政府在创造产业、促进创新和投资人力资本方面所起的作用。在国家发展过程中，无论其缺少的是人力资本、基础设施还是创新型企业，政府都需要制定相应政策来补救这些问题。联合公共机构、私人部门和公民共同参与将会增加成功的可能性。

由于成熟的贸易品风险较高，市场失灵会阻碍国家发展这类商品。石油出口国，特别是海合会成员国就为我们提供了属于这类情况的鲜明案例。这些国家深受"荷兰病"的困扰，石油收入对其他非石油贸易部门造成严重挤出，加剧了市场失灵，并逐渐形成了一种特殊的增长模式。这种增长模式依赖石油出口和石油

破除魔咒

美元环流，其中石油美元环流是通过政府支出、进口大批贸易商品以及高水平非贸易产品的生产和消费来实现的。过去几十年，这种增长模式帮助国家在人力资本和基础设施方面取得了巨大成就，但也造成了收入和生产力停滞不前。海合会成员国和其他石油出口国在这一方面的表现实在无法令人满意。同样，相较于东亚国家，许多拉美国家，包括那些"表现卓越"的国家和自然资源出口国，都曾经历惨淡的生产率增长时期（第六章）。从本质上讲，生产力增长是发展的核心，而推动生产力增长的引擎在于成熟的贸易发展（第七章）。

想要解决市场失灵问题，促进成熟贸易部门发展，从而维持生产力增长的话，政府需要在针对工人和企业的激励结构上做出调整（第一章）。海合会成员国在多元化发展方面所面临的主要障碍在于市场失灵而非政府失灵。它们虽然在商业环境、基础设施、技能发展和机构建设方面尚有改进的空间，但这些还不足以自发地促进非石油类部门的出口。政府不仅需要鼓励公民发展自身技能，参与私人部门的工作，还要帮助企业跳出国内市场限制，寻求新的出口机会。提高教育，特别是早期幼儿教育的质量，推行社会发展计划等都是改变激励机制的重要因素。

本书所讨论的国家经验表明，多元化政策往往伴随着现有出口产业的纵向多元化，以及涉及各类产业的供应商集群和高附加值创新部门在工业前沿的横向多样化。政策手段包括出口补贴，对非贸易领域企业进行税收补贴，通过风险资本基金、开发银行

第三部分　助力多元化发展的关键政策

和出口促进机构提供融资和商业支持服务，建立经济特区、产业集群、研发中心和创业孵化器等。这些支持都是与技能发展、对国际市场技术升级与竞争的重视以及针对受助公司的问责框架结合在一起的。

本书谈及的发展经验都不约而同地包含了发展技能和人力资本这一部分。阿尔及利亚和沙特阿拉伯的经验（第二章）表明，高水平的人力资本虽然很重要，但这并不是实现工业化的先决条件。阿尔及利亚没有太多贸易生产，即使该国培养了许多技术工人，也仍然存在就业不足的问题。相比之下，沙特阿拉伯虽然在人力资本上有待提高，但重工业已经得到了发展。

在开发贸易商品的同时，还需要提高中小学教育水平（比如数学和基本技能熟练程度）、技术水平和教师质量。新加坡缺乏熟练的专业人才，因此引进了大批外国技术工人，还为提升本地劳动力技能创建了培训机构以及技术和商业学校（第三章）。韩国新村运动给农村家庭带来了受教育的机会，并为国家工业化进程输入了所需劳动力（第十章）。马来西亚在其五年发展计划中也针对科学、技术和技能创新方面进行了规划，但目前理科毕业生在当地劳动力中所占的比例仍未达到较高水平（第四章）。

努力进行社会转型，树立职业道德、培养信任，积累社会资本等，这些虽然不是最终目标，但对发展来说也很关键。社会发展计划是国家发展战略的另一个重要组成部分。韩国新村运动就向我们展示了国家是如何将有关当地基础设施建设等各类项目的

破除魔咒

社会基金计划与社区运动结合起来，调动人力资源，改变社会态度的（第十章）。社区领袖和地方官员通过劳务服务机会动员百姓参与基层运动，投身当地基础设施建设项目，在提高生活质量的同时，向社区成员灌输自立与合作的理念。在此过程中，政府提供了启动资源，又帮助企业增加收入来源，比如建立食品加工厂，而不单单进行原始农产品生产等。新村运动的开展也希望能缓解百姓的担忧，当社会处于从农村贫困社区向城市工业化国家转型之际，该运动吸引了民众的参与，鼓励了社会融合。新加坡也积极开展社会发展项目，推出低成本住房发展方案，进行环境清理和城市规划等（第三章）。

推动产业发展是发展难题的最后一部分。新加坡促进制造业发展，将沼泽地改建为工厂，为居民提供就业机会，并将目光转向高附加值产业、价值链、产业集群和研发方面。此外，新加坡还将公共和私人部门、城市规划和高新技术区等相关基础设施以及人力资本开发整合起来，朝着成为创新型和知识驱动型经济体的目标前进（第三章）。马来西亚利用石油、棕榈油和橡胶等自然资源创造附加值，围绕价值链构建产业体系（第四章）。分配给相关公共机构的具体任务，比如促进农村发展或改善城市公共交通等，可以推动问责制的实行，提高办事效率。马来西亚也逐渐走上了科学、技术和创新的道路，而这些是实现高附加值生产和成熟出口的必要条件。

韩国在20世纪六七十年代经历的工业化发展受到了国家力

推,其中政府定向支持的产业包括钢铁、化工、金属、机械制造、造船和电子等(第五章)。集中精力发展规模经济,生产出的高质量产品不仅用于替代进口,更是为了能从一开始就获得出口市场份额。政府投入了资源,对财阀给予各种形式的支持。但如果没有达到目标,韩国政府也会采取严厉的处罚措施。

选择重点发展的产业并非易事,但具有溢出潜力、能够实现生产率增长的出口和高附加值生产显然更受关注。迪拜利用区位优势和商业友好型环境建立了自由贸易区,吸引外国投资,但除了黄金和珠宝之外,迪拜的出口并没有进一步扩大。此外,海合会成员国之间可能需要在产业促进方面进行某种程度的协调,确保各国不会扎堆发展相同产业(如旅游、物流或金融中心),避免相互挤占的风险。贸易部门和产业内贸易(如发达经济体的情况)的跨国竞争可能会有所帮助。相比之下,新加坡则是建立了各类制造业、科学和高新技术园区,促进产业集群建设和研发,并在出口多元化方面取得了更大的成功。巴西自21世纪恢复产业政策后,决定发展制药业、甘蔗产业和软件产业,在巴西国家开发银行的支持下,这一举措取得了实质性进展(第九章)。

结合适应性创新政策而进行的创新使国家在国际市场上进行高附加值产品竞争成为可能。随着创新和学习实践过程的加深,研发活动进一步激发了生产力的增长(第六章)。国际市场为发展中国家的企业提供了参与竞争和提高生产力方面的准则。投资

破除魔咒

研发、知识和创新会为激烈的全球竞争创造更加公平的环境。新产品和高效流程的引入离不开公众投入以及横向和纵向（部门）的市场干预。过去10年中，巴西一直在创新政策上下功夫，大力促进产业增长（第九章）。经过适当设计的定向部门政策可以提升创新水平，促进产业增长，提高生产力。国家干预应该侧重于特定产业而不是挑选企业，并且应该保持竞争和"创造性破坏"（第七章）。换句话说，通过干预促进发展时，应该定向选择某些产业而不是挑选特定企业。在短期关注、机构问题和公共捕获等政府失灵的情况下，需要设立恰当的机构，明确公共机构间的任务分配，并在选择部门、为其提供和终止援助时做到公开公正，将规则透明化。

为创新进行融资时，政府和包括金融体系在内的私人部门需要相互协作，为国家的创新发展扮演风险投资家的角色。风险资本、私人股本、股票市场和伊斯兰金融等其他可以分担风险的金融机构可以为具有一定风险的创新活动提供支持。政府也可以通过税收抵免、研发支出等财政政策手段，以及贷款担保和股权投资等其他项目进一步提供资金支持（第八章）。助力美国小型企业技术和创新发展的小企业创新研究计划就取得了不错的效果。

总之，正如梅雷迪思·伍在第五章中所强调的，各国间通过互动交流和文献、书籍等方式相互学习，逐渐积累国家发展的相关经验、理论和实践，这一点是理解发展问题重要方面。熊彼特学派增长理论的先驱之一菲利普·阿格因曾经指出,"创造性破坏"能够帮助发展中国家实现它们一直所期望的飞跃。每个国家的发展道路都是独特的,但各国的历史发展经验为那些探索经济发展奥秘的国家提供了可以借鉴的模式。

后　记

2014年4月30日至5月1日，经济多元化高级别会议于科威特举行。在此之后，时任沙特阿拉伯经济与规划部长穆罕默德·阿尔·贾瑟尔阁下与时任国际货币基金组织副总裁朱民先生进行了一次对话讨论，这次讨论由阿尔弗雷德·卡默担任主持。本篇为对话内容的编辑精简版本。

关于多元化挑战的讨论

卡默先生：我们在过去的一天半里进行了非常充分的讨论，提出了很多有关石油出口国实现经济多元化和非石油产业可持续增长的重要因素。我们还从学术界那里听到了关于发展战略的重要内容，从政策制定者那里获得了许多案例研究成果，分析了在特定国家，哪些措施行之有效，而哪些措施无法发挥作用。

后 记

现在，我们有机会请来了海合会地区的一位政策制定者，一直参与发展战略和多样化议程设计和实施的阿尔·贾瑟尔部长，以及国际货币基金组织副总裁朱民先生，听听他们如何从全球视角来理解这些问题。

我们了解到海合会地区在社会发展方面取得了很大进展，但也听说该地区的相对经济表现出现了下滑。非石油类部门进一步发展，并在非贸易部门中变得更加多元化，但与此同时，总生产力增长逐渐放缓，甚至开始出现负增长。会议当中涉及的一个主要议题就是探索国家成功发展贸易部门的强大动力。为什么贸易部门对于成功的多元化战略如此重要？从长远来看，这对可持续增长来说又有什么实际意义？

朱民先生：多元化是一个过程，而贸易部门在多元化的过程中起着非常重要的作用。当我们谈论多元化时，就不得不谈到工业化，其中涉及一些重要方面。首先，我们必须坚持以市场为基础的发展方式，不要忽略市场信号。这种方法允许我们将竞争引入国际市场，而贸易部门的重要作用在于将国际竞争引入本国市场。我们需要让本国经济和企业参与国际竞争。贸易部门会改变技能和经验，推动企业攀登经济的"质量阶梯"。

促进生产力提高也非常重要。当我们谈论多元化时，从全球经验中发现的关键问题就是，可持续增长在很大程度上受到了生产力可持续增长的驱动。贸易部门对生产力可持续提高的贡献最

破除魔咒

大。许多研究表明,贸易部门的生产力提高要远远大于非贸易部门。我认为其中一种解释与引入国际竞争有关。

当我们谈论多元化时,需要考虑开放经济,采用市场驱动的发展方式,引入国际竞争,扩大贸易部门。

卡默先生:因此我们需要通过扩大开放来推动贸易发展。从一些国家的经验中可以看出,政府可以发挥积极作用,支持横向和纵向多元化,创建知识集群。

包括沙特阿拉伯在内的海湾合作委员会已经朝着这些方向启动发展贸易部门了,创建经济城市,发展特定产业,全力支持中小企业。然而,贸易部门似乎还没准备好大显身手。

所以想请您讲讲沙特阿拉伯的发展经历、现行的政策措施以及在发展贸易部门过程中需要吸取的教训和面临的障碍。

阿尔·贾瑟尔先生:我先从历史的角度来谈谈,因为我们绝不能忽视初始条件和文化背景。否则,发展战略和进程将会不可避免地面临重大障碍。

20世纪70年代之前,海合会成员国的发展水平很低。70年代初期,沙特人的预期寿命大概是53岁,我想海合会各国的情况基本都差不多,但现在预期寿命已经增长到75岁了。这是教育、卫生保健、意识观念、饮食条件等许多因素共同发展的结果。在这期间,我们走了很长一段路。

后 记

  我们一开始完全依赖原油出口，那时候就有声音说附加值不够。于是我们开始进行精炼和提取。开发过程的其他组成部分也都随之而来，比如培训、专业知识和技能、知识转移和积累以及劳动力成熟度，还有在这些部门中就业的大量当地工人，比如在沙特阿美石油公司中，本地工人占85%～90%。

  之后，我们继续扩大附加值活动。采油期间，我们一般会烧掉从地下随石油而出的伴生气。后来政府从预算中拿出一部分，启动了天然气采集项目，该项目由政府实施，而不是由石油公司来进行。天然气被收集起来，沙特基础工业公司和石化工业就是这样诞生的。这是另一个发展阶段，并且与之相关的所有活动使知识的学习和转移成为可能。沙特基础工业公司成立于1976年。当时，我们没能竭尽所能沿着价值链尽早推进生产。几十年前，原本可以发展起来的第二产业却没有出现。如今我们正迎头赶上。政府为推进工业化进程成立了一家新公司，它的任务就是基于沙特基础工业公司和其他公司的基本产品，进一步推进生产，深化价值链。

  这些年来，多元化已经得到了发展。当然，这还不够。抛开石油出口，单看非石油出口，虽然这一部分也包括一些石化产品（在这里仍然属于制造业），但是自2001年以来，非石油出口的年增长率约为17%，从310亿沙特里亚尔增到2013年末的2 040亿沙特里亚尔。这是一项重要成果。

  再回到主题上来，我们为什么要生产贸易品，促进出口。先

259

破除魔咒

从沙特非石油出口占进口的比例来看，沙特的非石油出口可以为进口融得多少资金？虽然进口大幅增加，但非石油出口为进口融得的资金占比也从 2001 年的大约 25% 上升到 34%。

从某种程度上讲，海合会成员国政府目前所做的尝试与最近出版的书籍《创业型国家》[①] 的观点不谋而合。我认为这个概念已经在海合会成员国广泛应用了。政府感觉到，利用并且更加有效地利用从石油或其他采掘业获得的大量收入能更快地推动发展。我们正在努力建设下游产业，这些产业具有更高的附加值、更多的就业机会以及各类可转移的专业知识和管理技能。

我还要提到创业型国家的另一个例子。在沙特阿拉伯，我们没有开发除石油以外的其他矿产资源。但现在，大约成立于 10 年前的沙特阿拉伯矿业公司正在开采位于沙特北部的巨大磷酸盐矿床，并在中部地区开发铝土矿。我们首次建造了巨大的铁路网络，将矿石从矿山转移到东海岸的新海港，再进行冶炼，生产磷酸肥料和各类铝制品，并将其销往市场，特别是亚洲。我们从这一举措中看到了汽车产业集群的发展潜力。为什么会这样认为呢？因为我们生产出的一种特殊类型的铝可用于制造汽车车身，而且价格非常合理。

如今，我们正处在这股工业化和贸易发展的浪潮当中。我们也在努力引进外国直接投资，这样做并不是因为我们需要资金，

[①] *The Entrepreneurial State: Debunking Public vs. Private Sector Myths* by Mariana Mazzucato（Anthem Press，2013）.

虽然其他许多国家都是如此，但对我们来说，这更是专业知识和技能的转移过程。

最后要说的是我们一直所面临的挑战，这可能是海合会成员国特有的现象，就是我们，尤其是私人部门，特别依赖外国劳工。我担心的不是财富流失，而是人才流失，就好比发生在沙特的知识积累会随着合同到期而前功尽弃一样。我们又回到了起点。开始积累知识至关重要。我并不是说货币外流没关系，而是专业知识技能的流失问题更加要紧。这正是需要我们集中精力好好思考的地方。

多元化并不是目的。随着时间推移，知识积累会帮助我们改变劳动力市场的现状，更加依靠本地劳动力。没有什么是一蹴而就的。为了确保我们朝着知识型社会的方向发展，我们所获得的和在沙特以及机构和工厂运用的所有知识都会逐渐积累起来。

联系到生产力的话，在我看来，对生产力来说最重要的因素就是知识内容。知识内容不仅仅是指技术技能，还包括职业伦理、行为准则以及所有能够使个人和劳动力具备生产能力的因素。只有通过沙特的本地劳动力才能实现这种生产力增长。多元化其实是这一过程的副产品。

卡默先生：我认为积累知识、提高技能、建立人力资本等非常重要，我们还会回到这一点上来。关于政府，我们通常认为政府的作用是创造良好的环境，促进私人部门蓬勃发展，解决市场失

破除魔咒

灵问题。那么政府作为风险投资家,应该在多大程度上发挥作用呢?

朱民先生:从阿尔及利亚、巴西、马来西亚、韩国和新加坡的例子中可以出到政府在发展当中发挥着相应的作用,然而这种作用会随着时间的推移而不断变化。我认为政府如今的作用和以往相比稍有不同。

我们通常给出的答案是为市场提供有利环境,包括物质基础设施、法律框架、税收政策、激励措施和教育等。这些要素都非常重要。但我要说的是,既然我们不是白手起家,那么除了这些以外,其他很多问题也变得很有必要。

政府在促进多元化发展和可持续增长方面的作用,第一点就是改革,也就是"把屋子打扫干净"。比如政府能否管理好公共部门的工资就非常重要。如果公共部门的工资水平非常高的话,是很难吸引劳动力进入私人部门工作的,吸引外国投资者进入这些产业也不太容易,毕竟最好的人都更愿意进入公共部门工作。问责制和透明度等其他方面也很重要。通过平衡竞争环境,公司可以和其他对手展开竞争。

至于政府应该在多大程度上扮演风险投资家的角色,我认为政府应该谨慎地做出选择,这一点很重要。我要强调的第一点就是打开大门,让外国公司进入市场,并鼓励它们相互竞争。第二点就是政府可以在进行规划时选择特定的产业或者行业,但不要选择特定企业。处在政府的位置上不太适合这样做。

另外,说到风险投资家的角色,政府不是要为整个产业提供资金,而是要支持创业。如果政府不是单单挑选一个产业,而是投入资源,设计更好的政策来加速推进创业活动的话,能够更好地推动发展进程。

在当今互联网和全球化的世界中,国家可以利用世界市场获取全球知识,并依附于供应链和价值链。政府必须谨慎做出选择,并让市场充分发挥作用。

卡默先生:政府要对产业部门进行选择,但要保持谨慎。那么沙特阿拉伯作为风险投资家是否会更进一步呢?

阿尔·贾瑟尔先生:我刚刚提到过一些例子,比如沙特矿业公司、沙特基础工业公司、新工业化公司,还有我们发起的集群计划和汽车工业。政府正扮演着创业者的角色,特别是因为其中许多公司将要上市和私有化。事实就是如此,沙特基础工业公司已经上市了,并且进行了首次公开募股。

我们在海合会提出,尽管政府扮演着创业者的角色,但我们的经济体制是市场经济。政府最重要的作用之一是制定政策并执行监管。法规条例必须透明,还得被充分理解,而且要反垄断。沙特阿拉伯有一个经过重组的竞争力委员会,正在推进反竞争和反垄断的问题。随着时间推移,它应该会发展成为国家监管框架

破除魔咒

中的一个重要的里程碑。

人们在找工作时,往往会把政府当作第一选择。现在政府也开始进行转变,摆脱这种雇主身份。现在我们听到的更多是关于创业的声音。我们的每一个儿女都不应该首先想到在政府部门找一份工作,甚至不应该直接找一份工作。他们应该思考,"我能为自己创造一份工作吗?如果答案是肯定的,那么下一步,我可以为其他人创造就业机会吗?"这种心态上的变化非常重要。

政府在很多方面都发挥着重要作用,不仅要挑选重点发展的企业或者产业,而且要创建产业集群。集群计划不仅涵盖了基础工业和石化产品,开采铝土矿和磷酸盐,生产肥料等,还包括汽车产业。集群中的相互联系,这么说吧,就是进入某一产业的备件和其他组件对其他产业来说也非常需要。在与社会中的其他产业建立联系之前,没有任何级联效应可以将经济推向更高水平的生产力和竞争力,因此多元化不是发展的目标,而是结果。

卡默先生:你提到了思维转变和创业精神的重要性。在海合会成员国,公共部门的工资水平非常高,因此国民很难自发进入私人部门工作,参与这种贸易部门的革命。我想这也是这些国家正在努力解决的一个问题。为此我们可以做些什么呢?

阿尔·贾瑟尔先生:事实上,如果你去问问那些受过良好教育并且技术娴熟的人就会发现,他们根本不想待在政府部门。我们其实是在吸引非常有能力的公民加入政府部门这件事上碰到了问题。从某种程度上看这是一个积极的变化，因为他们许多人都想创业或者到私人部门工作。对能力水平较低的人来说，公共部门的吸引力一直很大。新的劳动部门将进行研究，探讨如何通过以市场为基础的方法加强劳动力市场合理化。NITAQAT 系统就是基于市场运行的系统，它会对每个部门的本国劳动力和外国劳动力进行调查，并绘制一条标准线，如果公司的本国劳动力数量下降到标准线以下的话，就需要努力赶上，提高本国工人在公司劳动力中的占比。为此，很多公司开始在这方面下大力气，努力达到标准，沙特本地人平均占比甚至开始出现上升。在下一阶段，我们会更加关注工资问题。工人的生产能力越强，雇主和政府支付的附加费用就越高，通过基于市场的激励措施，促进工人提高生产能力，更多地参与劳动力市场。

卡默先生：建立人力资本是讨论当中反复出现的问题。关于贸易部门、知识获取和知识留存，这些都和生产有关。在教育方面，我们关注更多的是优质普及的小学教育、大学层面的开放和竞争教育以及外派留学生获取国外知识经验的重要性。沙特阿拉伯在这些方面做了很多工作。大约有 18 万名学生被派往国外学习。您在这些方面有什么见解？

阿尔·贾瑟尔先生：我们向全球各地，包括美国、加拿大、中

破除魔咒

国、韩国和欧洲等共派出了185 000名留学生。在国内大学的教育方面也做了努力。现在沙特有30所公立大学,所有的新大学都以基础科学、医学、工程、信息工程和工商管理等方面的教育为主。

沙特社会中关于教育的讨论正在发生变化。原来人们会说,"啊,我的儿子或女儿知道如何读写了"。但现在家长们会问学校:"你们打算教给我的孩子们哪些解决问题的技能或者批判性思维的概念?"我记得保罗·弗莱雷(Paulo Freire)在他的著作《被压迫者教育学》中谈到了对话教育是何等重要。这正是我们所需要的。现代教育应该帮助孩子们培养技能,建立自信,使他们有能力胜任社会上的工作。沙特的人口结构非常年轻,15—64岁的人口占61%,15岁以下的占35%。我们有一批正准备以及正在进入市场的国家劳动力,这些劳动力需要适应市场需求,而政府不能掉到陷阱中去,只想着创造就业机会吸收劳动力,却不帮他们获得应该掌握的技能,成为能够胜任社会工作的公民。

朱民先生:在教育方面,我想补充一点。一方面,教育需要尽早开始,而且普及范围要广,这是训练和培养下一代的主要渠道,应该进一步开放思维,更有创造性,惠及更多人。我认为这些已经变得越来越重要了。另一方面,培训当前一代使之获得今日所需的技能也很重要。这两方面必须同步进行。我们需要培养更加开放而富有创造力的新生代,也还需要进行产业特定技能和需求的培训。

后 记

阿尔·贾瑟尔先生：我们向知识型社会和知识型经济过渡的工作还远未完成，需要把知识留存下来。我们在海外的 185 000 名留学生、国内 30 所专注于基础科学的大学、阿卜杜拉国王核能和可再生能源城、阿卜杜勒阿齐兹国王科技城、阿卜杜拉国王科技大学、法赫德国王石油与矿业大学还有它旁边的科技谷会帮助我们实现这一转型。在科技谷，外国公司正在设立车间，雇用沙特大学的毕业生，进行基础和应用研究，比如通用电气正在沙特阿拉伯建造涡轮机，而我们也有一些由沙特先进电子公司制造的高端电子设备。

所有的努力刚刚开始滚雪球。我们不能完全依赖外国的专业知识技能，而是要逐步建立自身的能力来满足发展需求。我们正在积累。在先进产业工作的工程师和其他专家也将助力这一过程，即便他们离开公司，也会从事其他处在技术前沿的产业。沙特阿拉伯正经历着知识积累和知识留存的过程，我们应该更加努力地朝着这个方向发展。

鸣　谢

2014年4月30日至5月1日,国际货币基金组织和科威特财政部共同举办了一场经济多元化高级别会议。[①] 会议由国际货币基金组织设立在科威特的中东经济金融中心主办。尽管当时石油价格还保持在较高水平,经济多元化主题也尚不突出,但本次会议已率先围绕中东地区未来经济发展规划进行讨论。本书基于本次会议的交流成果进行编写。为此,中东经济金融中心提供了不可或缺的支持。

中东经济金融中心自成立以来,在短时间内就发展成了该地区的精英管理者聚集中心,并为其提供了交流机会,极大地丰富了有关该地区经济挑战的讨论。而国际货币基金组织则主要提供技术援助,并与其他国际组织合作,帮助加强该地区政策制定方

[①] 详情请浏览 http : //www.imf.org/external/np/seminars/eng/2014/mcd/。

鸣谢

面的机构建设和能力建设。正如本书所述，人力资本的投入对于成功实现经济多元化的重要性不言而喻。为此，中东经济金融中心与国际货币基金组织紧密合作，在阿拉伯地区的许多国家正在经历经济转型的关键时刻，该中心的设立也帮助国际货币基金组织扩大了在该地区的培训规模。

我们还要感谢科威特政府在资金等方面对中东经济金融中心给予的大力支持，这对在阿拉伯地区推广高质量培训起到了积极作用。

我们要特别感谢科威特财政部长阿纳斯·阿尔·萨利赫阁下，科威特投资局局长巴德·阿尔·萨德（Bader Al Saad），科威特投资局执行主任阿哈迈德·巴斯塔基（Ahmad Bastaki），时任沙特阿拉伯经济与规划部长、现任皇家法院部长穆罕默德·阿尔·贾瑟尔阁下（His Excellency Muhammad Al Jasser），以及国际货币基金组织沙特阿拉伯执行主任法赫德·阿尔萨斯瑞（Fahad Alshathri）。他们的热情参与和慷慨支持推动了本次高级别会议的成功举办，也为本书的编写铺平了道路。

本书也是国际货币基金组织众多同事共同努力的成果。我们要特别感谢战略与政策审查部副主任阿尔弗雷德·卡默(Alfred Kammer)、中东和中亚部海合会司司长蒂姆·卡伦(Tim Callen)。正是他们有力的领导，致力于促进公开对话的努力和不断的支持使整个项目成为可能。

我们还要感谢能力发展研究所主任沙米尼·科瑞（Sharmini

破除魔咒

Coorey）、中东和中亚部主任马斯伍德·阿哈迈德（Masood Ahmed）、能力发展研究所副主任阿兰·麦克阿瑟（Alan MacArthur）、能力发展研究所科长雷·布鲁克斯（Ray Brooks）、中东和中亚部副主任阿斯姆·侯赛因（Aasim Husain）、能力发展研究所副主任安德鲁·博格（Andrew Berg）和吉尔德·施瓦茨（Gerd Schwartz）的大力支持。

我们也对中东经济金融中心的同事所给予的智慧和在组织方面的支持表示感谢。特别感谢中心前主任阿布德哈迪·尤瑟夫（Abdelhadi Yousef）和前代理主任菲利普·卡拉姆（Philippe Karam），以及现任主任奥萨马·卡南（Oussama Kanaan）和副主任萨米·本·纳色尔（Sami Ben Naceur）。

我们还要感谢中东经济金融中心的会议协调员阿里阿·阿尔－杜艾杰（Alia Al-Duaij）和穆罕纳德·达维希（Muhannad Darwish）以及华盛顿特区的萨拉·奈特（Sara Knight），感谢他们出色的后勤支持和努力。

此外，通信部的同事们在本书出版和推广过程中也付出了巨大努力，为此要特别感谢杰里米·克利夫特（Jeremy Clift）、乔安妮·克里里·约翰逊（Joanne Creary Johnson）、琳达·基恩（Linda Kean）和琳达·隆（Linda Long）的出色工作。同时，还要感谢麦赫弗斯·克努克（Mehveş Konuk）为本书创作的书法作品，感谢科威特石油公司允许我们使用其大楼中这幅历史悠久的科威特壁画的图像作为本书英文版的封面。

鸣　谢

最后，我们要感谢本次会议中杰出的贡献者和发言人，包括菲利普·阿格因，何塞·米格尔·贝内文特、伊夫特哈尔·哈桑、克莱门特·亨利，权赫周、穆罕默德·拉韦勒（Mohamed Lahouel）、胡利奥·拉蒙多、艾哈迈德·塔尤丁·阿里、梅雷迪思·伍、杨烈国。他们富有见解的分享使本次活动充满活力，并激励了参与的人。没有他们，本书就无法成形。

经济多元化是石油出口国面临的最具挑战性且最紧迫的任务之一，我们希望这部文集可以成为有关国家推进经济多元化的起点，给政策制定者以启发。

参考文献

第一章

1. Aghion, Philippe, and Peter Howitt. 1992. "A Model of Growth through Creative Destruction." *Econometrica* 60: 323–51.
2. Aivazova, Natalia. 2013. "Role of Apprenticeships in Combating Youth Unemployment in Europe and the United States." Peterson Institute for International Economics Policy Brief (August). Peterson Institute for International Economics, Washington.
3. Araujo, Federico Metzger. 2012. "The Aerospace Industry in Mexico: Baja California, Chihuahua, Sonora and Queretaro." MINERVA Papers. The Center for Latin American Issues, George Washington University, Washington.
4. Arezki, Rabah, Reda Cherif, and John Piotrowski. 2009. "Tourism Specialization and Economic Development: Evidence from the UNESCO World Heritage List." IMF Working Paper 09/176, International Monetary Fund, Washington.
5. Aswicahyono, Haryo, and Chris Manning. 2011. "Exports and Job Creation in Indonesia Before and After the Asian Financial Crisis." Departmental Working Papers 2011–11, The Australian National University, Arndt-Corden Department of Economics, Canberra.

参考文献

6. Aswicahyono, Haryo, and Dionisius Narjok. 2011. "Indonesian Industrialization." Working Paper Series UNU-WIDER Research Paper, World Institute for Development Economic Research (UNU-WIDER), Helsinki, Finland.
7. Behar, Alberto, and Junghwan Mok. 2013. "Does Public-Sector Employment Fully Crowd Out Private-Sector Employment?" IMF Working Paper 13/146, International Monetary Fund, Washington.
8. Cave, Damien. 2013. "In the Middle of Mexico, a Middle Class Rises." *New York Times*, November 18.
9. Chang, Ha-Joon. 2007. "State-Owned Enterprise Reform." Policy Notes, United Nations, Department of Economics and Social Affairs. http://EconPapers.repec.org/RePEc:une:pnotes:4.
10. Chang, Ha-Joon, and Justin Lin. 2009. "Should Industrial Policy in Developing Countries Conform to Comparative Advantage or Defy it? A Debate between Justin Lin and Ha-Joon Chang." *Development Policy Review 27* (5): 483–502.
11. Cherif, Reda. 2013. "The Dutch Disease and the Technological Gap." *Journal of Development Economics 101* (C): 248–55.
12. Cherif, Reda, and Fuad Hasanov. 2013. "Oil Exporters' Dilemma: How Much to Save and How Much to Invest." *World Development 52* (C): 120–31.
13. ———. forthcoming. "Exports Sophistication, Investment and Growth."
14. ———. forthcoming. "Dutch Disease with Labor Mobility."
15. Choe, Chang Soo. 2005. "Key Factors to Successful Community Development: The Korean Experience." Discussion Paper 39, Institute of Developing Economies, Japan.
16. Dhanani, S. 2000. "Indonesia: Strategy for Manufacturing Competitiveness." Vol. II. Jakarta: United Nations Industrial Development Organization.
17. Di John, Jonathan. 2009. *From Windfall to Curse? Oil and Industrialization in Venezuela, 1920 to the Present.* University Park, Pennsylvania: Penn State University Press.
18. Dolton, Peter, and Oscar D. Marcenaro-Gutierrez. 2011. "If You Pay Peanuts Do You Get Monkeys? A Cross-Country Analysis of Teacher Pay and Pupil Performance." *Economic Policy* (January): 5–55.
19. Elbadawi, Ibrahim A. 2009. "Oil, Economic Diversification and Development in the

Arab World." Working Paper, Economic Research Forum, Egypt.
20. El Beblawi, H. 2011. "Gulf industrialization in Perspective." In *Industrialization in the Gulf: A Socioeconomic Revolution,* edited by J. F. Seznec and M. Kirk. London: Center for Contemporary Arab Studies, Georgetown University/Routledge.
21. Energy Information Administration. 2014. "Indonesia." Country report, March. http://www. eia.gov/countries/cab.cfm?fips=ID.
22. Espinosa, R., G. Fayad, and A. Prasad. 2013. *The Macroeconomics of the Arab States of the Gulf.* Oxford: Oxford University Press.
23. Feenstra, Robert C., Robert E. Lipsey, Haiyan Deng, Alyson C. Ma, and Hengyong Mo. 2005. "World Trade Flows: 1962–2000." National Bureau of Economic Research Working Papers 11040, National Bureau of Economic Research, Cambridge, Massachusetts.
24. Gelb, Alan and Associates. 1988. *Oil Windfalls: Blessing or Curse?* Oxford: Oxford University Press.
25. Hausmann, Ricardo, Jason Hwang, and Dani Rodrik. 2007. "What You Export Matters." *Journal of Economic Growth 12* (1): 1–25.
26. Hausmann, Ricardo, Francisco Rodriguez, and Rodrigo Wagner. 2006. "Growth Collapses." Working Paper Series rwp06–046, John F. Kennedy School of Government, Harvard University, Cambridge, Massachusetts.
27. Heckman, James J. 2008. "Schools, Skills and Synapses." *Economic Inquiry,* 46 (3): 289–324.
28. Heckman, James, Rodrigo Pinto, and Peter Savelyev. 2013. "Understanding the Mechanisms through Which an Influential Early Childhood Program Boosted Adult Outcomes." *American Economic Review* 103 (6): 2052–86.
29. Henry, Clement M. 2009. "Between the Shocks: 'White Elephant' Industrialization in Algeria." In *Viewpoints: The 1979 "Oil Shock:" Legacy, Lessons, and Lasting Reverberations. Viewpoints Special Edition* (summer): 49–52. The Middle East Institute, Washington.
30. Henry, Peter Blair, and Conrad Miller. 2009. "Institutions versus Policies: A Tale of Two Islands." *American Economic Review* 99 (2): 261–67.
31. Hertog, S. 2011. "Lean and Mean: The New Breed of State-Owned Enterprises in the Gulf Monarchies." In *Industrialization in the Gulf: A Socioeconomic Revolution,*

edited by J. F. Seznec and M. Kirk. London: Center for Contemporary Arab Studies, Georgetown University/Routledge.

32. Heum, P. 2008. "Local Content Development—Experiences from Oil and Gas Activities in Norway." SNF Working Paper 02/08. SNF, Bergen, Norway.

33. Hill, H. 1988. *Foreign Investment and Industrialization in Indonesia.* Oxford: Oxford University Press.

34. Husain, Aasim M., Kamilya Tazhibayeva, and Anna Ter-Martirosyan. 2008. "Fiscal Policy and Economic Cycles in Oil-Exporting Countries." IMF Working Paper 08/253, International Monetary Fund, Washington.

35. Hvidt, Martin. 2013. "Economic Diversification in GCC Countries: Past Record and Future Trends." LSE Research Online Documents on Economics 55252, London School of Economics and Political Science, LSE Library.

36. International Monetary Fund (IMF). 2012. *The Challenge of Public Pension Reform in Advanced and Emerging Market Economies.* Occasional Paper 275. Washington: International Monetary Fund.

37. ———. 2013a. "Labor Market Reforms to Boost Employment and Productivity in the GCC." Policy Paper, International Monetary Fund, Washington.

38. ———. 2013b. "Energy Subsidy Reform: Lessons and Implications." Policy Paper, International Monetary Fund, Washington.

39. Ismail, Kareem. 2010. "The Structural Manifestation of the Dutch Disease: The Case of Oil Exporting Countries." IMF Working Paper 10/103, International Monetary Fund, Washington.

40. Jarreau, Joachim, and Sandra Poncet. 2012. "Export Sophistication and Economic Growth: Evidence from China." *Journal of Development Economics* 97 (2): 281–92.

41. Jomo, K. S. 2001. "Growth and Structural Change in the Second-tier Southeast Asian NICs." In *Southeast Asia's Industrialization: Industrial Policy, Capabilities and Sustainability,* edited by K.S. Jomo. Houndmills, UK: Palgrave.

42. Jomo K. S., Chen Yun Chung, Brian Folk, Irfan ul-Haque, Pasuk Phongpaichit, Batara Simatupang, and Mayuri Tateishi. 1997. *Southeast Asia's Misunderstood Miracle: Industrial Policy and Economic Development in Thailand, Malaysia, and Indonesia.* Oxford: Westview Press.

43. Krugman, Paul. 1987. "The Narrow Moving Band, the Dutch Disease, and the

Competitive Consequences of Mrs. Thatcher: Notes on Trade in the Presence of Dynamic Scale Economies." *Journal of Development Economics* 27 (1–2): 41–55.
44. Kuznetsov, Yevgeny, and Charles Sabel. 2011. "New Open Economy Industrial Policy: Making Choices without Picking Winners." World Bank PREM notes 161 (September).
45. Kwon, Huck-Ju. 2010. "Implications of Korea's Saemaul Undong for International Development Policy: A Structural Perspective." *Korean Journal of Policy Studies* 25 (3): 87–100.
46. Lerner, Josh. 1996. "The Government as Venture Capitalist: The Long-Run Effects of the SBIR Program." NBER Working Paper 5753, National Bureau of Economic Research, Cambridge, Massachusetts.
47. Leskinen, Olivia, Paul Klouman Bekken, Haja Razafinjatovo, and Manuel García. 2012. "Norway Oil and Gas Cluster: A Story of Achieving Success through Supplier Development." Harvard Business School, Cambridge, Massachusetts.
48. Looney, R. E. 1994. *Industrial Development and Diversification of the Arabian Gulf Economies*. Greenwich, Connecticut: JAI Press.
49. Lucas, Robert E. 1993. "Making a Miracle." *Econometrica* 61 (2): 251–72.
50. Matsuyama, Kiminori. 1992. "Agricultural Productivity, Comparative Advantage, and Economic Growth." *Journal of Economic Theory* 58 (2): 317–34.
51. Mazerov, Michael. 2014. "More Evidence That You Can't Lure Entrepreneurs with Tax Cuts." Center on Budget and Policy Priorities, February 14. http://www.offthechartsblog.org/more-evidence-that-you-cant-lure-entrepreneurs-with-tax-cuts/.
52. Mazzucato, Mariana. 2013. *The Entrepreneurial State: Debunking Public vs. Private Sector Myths*. London: Anthem Press.
53. McKendrick, D. 1992. "Obstacles to 'Catch-up': The Case of the Indonesian Aircraft Industry." *Bulletin of Indonesian Economic Studies* 28 (1): 39–66.
54. Minli, Han. 2008. "The China-Singapore Suzhou Industrial Park: Can the Singapore Model of Development be Exported?" MSc thesis, National University of Singapore.
55. Moretti, Enrico. 2012. *The New Geography of Jobs*. New York: Houghton Mifflin Harcourt.
56. Murphy, Kevin, Andrei Shleifer, and Robert W. Vishny. 1989. "Industrialization and

the Big Push." *Journal of Political Economy* 97 (5): 1003–26.

57. Nabli, Mustapha, Jennifer Keller, Claudia Nassif, and Carlos Silva-Jauregui. 2008. "The Political Economy of Industrial Policy in the Middle East and North Africa." In *Industrial Policy in the Middle East and North Africa: Rethinking the Role of the State,* edited by Ahmed Galal, 109–136. Cairo: Egyptian Center for Economic Studies.

58. Nash, Betty J. 2012. "Journey to Work: European Model Combines Education with Vocation." *Region Focus,* Fourth Quarter, Federal Reserve Bank of Richmond: 17–19.

59. Organisation for Economic Co-operation and Development (OECD). 2013. "The Structure and Prospects of the Indonesian Steel Industry." http://www.oecd.org/sti/ind/Item%205%20 3%20OECD%20Naoki%20-%20Copy.pdf.

60. Papageorgiou, Chris, and Nicola Spatafora. 2012. "Economic Diversification in LICs: Stylized Facts and Macroeconomic Implications." IMF Staff Discussion Note 12/13, International Monetary Fund, Washington.

61. Poot, Huib, Arie Kuyvenhoven, and Jaap Jansen. 1990. *Industrialisation and Trade in Indonesia.* Yogyakarta: Gadjah Mada University Press.

62. Ramírez, Carlos, and Ling Hui Tan. 2004. "Singapore Inc. versus the Private Sector: Are Government-Linked Companies Different?" *IMF Staff Papers* 51 (3): 510–28.

63. Rodrik, Dani. 2005. "Growth Strategies." In *Handbook of Economic Growth,* edited by Philippe Aghion and Steven Durlauf. Amsterdam: Elsevier.

64. ———. 2011. "Unconditional Convergence." NBER Working Papers 17546, National Bureau of Economic Research, Cambridge, Massachusetts.

65. Romero, Javier Martínez. 2010. "The Development of Aerospace Clusters in Mexico." Working Paper, 2010–03, The Global Network for Economics of Learning, Innovation, and Competence Building System.

66. Sasson, Amir, and Atle Blomgren. 2011a. "Knowledge Based Oil and Gas Industry." Knowledge-Based Norway, March, Report No. 4.

67. ———. 2011b. "Developing NODE: Mediating Strategy for Sustainable Growth." Working Paper, Norwegian Business School, Oslo.

68. Stanford, Jim. 2012. "A Cure for Dutch Disease: Active Sector Strategies for Canada's Economy." Technical Paper, Canadian Center for Policy Alternatives.

69. Stern, N. 2001. "A Strategy for Development." ABCDE Keynote Address. World Bank, Washington.
70. Verhoogen, Eric. 2012. "Industrial Structure and Innovation: Notes toward a New Strategy for Industrial Development in Mexico." Working Paper, Columbia University, New York.
71. United Nations. 2001. "Economic Diversification in the Oil Producing Countries." Economic and Social Commission for Western Asia, United Nations, New York.
72. United Nations Department of Economic and Social Affairs. 2009. *World Population Prospects: The 2008 Revision.*
73. World Social Security Forum. 2013. "Civil Retirement and Social Insurance Systems in GCC-Reality and Challenges." International Social Security Association, Geneva.
74. Young, Alwyn. 1991. "Learning by Doing and Dynamic Effects of International Trade." *Quarterly Journal of Economics* (May): 369–405.
75. Yusof, Zainal. 2012. "Economic Diversification: The Case of Malaysia." Revenue Watch Institute, New York.

第二章

76. Abdesselam, Belaid. 2007. "La Politique de Developpement Appliquee par L'Algerie au Lendemain de Son Independance." October 2007. http://www.belaidabdesselam.com/?page_id=81.
77. ———. 1990. Le Gaz Algérien: Strategies et Enjeux. Algiers: Editions Bouchene.
78. Abdon, Arnelyn, and Jesus Felipe. 2011. "The Product Space: What Does It Say About the Opportunities for Growth and Structural Transformation of Sub-Saharan Africa?" Working Paper 670, Levy Economics Institute of Bard College, Annandale-on-Hudson, New York. http://www.levyinstitute.org/pubs/wp_670.pdf.
79. Ali, S. Nazim, ed. 2012. *Sharia-Compliant Microfinance*. London and New York: Routledge.
80. Bennoune, Mahfoudh, and Ali El-Kenz. 1990. Entretiens avec Belaid Abdesselam. Algiers: ENAG.
81. Bianchi, Robert. 2013. *Islamic Globalization: Pilgrimage, Capitalism, Democracy and Diplomacy*. Singapore: World Scientific.

82. Destanne de Bernis, Gérard. 1963. "L'industrialisation en Algérie." In *Problèmes de l'Algérie indépendante,* edited by François Perroux, 125–37. Paris: Presses Universitaires de France.
83. ———. 1966. "Industries Industrialisantes et Contenu d'une Politique d'Intégration Régionale." *Economie Appliquée* 19 (3/4): 415–73.
84. El-Gamal, M. A., M. El-Komi, D. Karlan, and A. Osman. 2014. "Bank-Insured RoSCA for Microfinance: Experimental Evidence in Poor Egyptian Villages." *Journal of Economic Behavior and Organization* 103: 56–73.
85. El-Kenz, Ali. 1985. *Le Complexe Siderurgique d'el Hadjar.* Paris: Editions du CNRS.
86. ———. 1992. "Les Deux Paradigmes (Algérie)." In *L'industrie et la Recherché,* edited by Roland Waast and A. El Kenz, 230–38. Marseilles: Institut de Recherche pour le Développement.
87. El-Komi, Mohammed, and Rachel Croson. 2013. "Experiments in Islamic Microfinance." *Journal of Economic Behavior and Organization* 95 (2013): 252–269.
88. Gellner, Ernest. 1981. "The Unknown Apollo of Biskra: The Social Base of Algerian Puritanism." In *Muslim Society,* 149–173. Cambridge: Cambridge University Press.
89. Guerid, Djamel. 2007. "Algerie: Dualite de la Societe et Dualite de L'elite: Les Origines Historiques." In *Elites et Sociétés: Algérie et Egypt,* edited by Omar Lardjane, 55–67. Algiers: Editions Casbah.
90. Hausmann, Ricardo, and César Hidalgo. 2010. "Country Diversification, Product Ubiquity, and Economic Divergence." CID Working Paper No 201, Kennedy School of Government, Harvard University, Cambridge, Massachusetts.
91. Hausmann, Ricardo, Bailey Klinger, and José R. López-Cálix. 2008. "Export Diversification in Algeria." In *Trade Competitiveness of the Middle East and North Africa: Policies for Export Diversification,* edited by José R. López-Cálix, Peter Walkenhorst, and Ndiamé Diop. Washington: World Bank.
92. Henry, Clement M. 2009. "Between the Shocks: 'White Elephant' Industrialization in Algeria." In *Viewpoints: The 1979 "Oil Shock:" Legacy, Lessons, and Lasting Reverberations. Viewpoints Special Edition:* 49–52. Washington: The Middle East Institute.
93. International Monetary Fund (IMF). 2013. *Economic Prospects and Policy*

破除魔咒

Challenges for the GCC Countries. Prepared for the Annual Meeting of Ministers of Finance and Central Bank Governors, October 5, 2013.
94. Kingdom of Saudi Arabia. 2013. "Achievements of the Development Plan: Facts and Figures (version 30)." http://www.mep.gov.sa/themes/BlueArc/index.jsp.
95. Lardjane, Omar. 2007. „Les Médersiens: Destinées d'une Elite." In *Elites et Sociétés: Algérie et Egypte,* edited by Omar Lardjane. Algiers: Editions Casbah.
96. Looney, Robert E. 2014. "The Saudi Arabian Model." In *Handbook of Emerging Economies,* edited by Robert E. Looney, chapter 25. London and New York: Routledge.
97. Madi, Mustapha. 1994. "Arabization and Industrial Organization in Algeria (Arabic)." In *Maghreb et Maîtrise Technologique: Enjeux et perspectives,* edited by Henry Clément Moore, 495–526, Actes de colloque. Tunis: Centre d'Etudes, de Recherches et de Publications and Centre d'Etudes Maghrébines à Tunis.
98. Malek, Redha. 2010. *Guerre de Liberation et Revolution Democratique.* Algiers: Casbah Editions.
99. McClelland, David, C. 1961. *The Achieving Society.* Princeton, New Jersey: Princeton University Press.
100. Moore, Henry Clément, ed. 1994. *Maghreb et Maîtrise Technologique: Enjeux et Perspectives.* Actes de colloque. Tunis: Centre d'Etudes, de Recherches et de Publications and Centre d'Etudes Maghrébines à Tunis.
101. Naas, Abdelkrim. 2003. *Le Système Bancaire Algérien; de la Décolonisation a L'économie de Marché.* Paris: Maisonneuve et Larose.
102. Pervillé, Guy. 1997. *Les Etudiants Algériens de l'Université Française* 1880–1962. Algiers: Editions Casbah. Reprinted, Centre National de la Recherche Scientifique, 2004.
103. Ross, Michael L. 2012. *The Oil Curse: How Petroleum Wealth Shapes the Development of Nations.* Princeton, New Jersey: Princeton University Press.
104. Saudi Arabian Monetary Agency. 2013. "48th Annual Report." Riyadh.
105. World Economic Forum. 2013. *Global Competitiveness Report 2013–2014.* Geneva: World Economic Forum. http://reports.weforum.org/the-global-competitiveness-report-2013-2014/.
106. Zahlan, A. B. 2012. *Science, Development, and Sovereignty in the Arab World.*

New York: Palgrave Macmillan.

第三章

107. Economic Development Board (EDB). 2014a. "Our History. Future Ready Singapore." http:// www.edb.gov.sg/content/edb/en/about-edb/company-information/our-history.html.
108. ———. 2014b. Electronics Fact Sheet 2014. Future Ready Singapore webpage. https://www. edb.gov.sg/content/edb/en/industries/industries/electronics. htmlhttp://www.edb.gov.sg/ content/dam/edb/en/industries/Electronics/downloads/ElectronicsFactsheet-2014.pdf.
109. ———. 2011. "Energy Facts Sheet 2011." Singapore. http://www.edb.gov.sg/content/dam/ edb/en/resources/pdfs/factsheets/Energy% percent 20Factsheet.pdf.
110. Energy Market Authority. 2011. "Statement of Opportunities for the Singapore Energy Industry." Singapore. https://www.nccs.gov.sg/sites/nccs/files/SOO_US_LETTER_Finalversion. pdf.
111. Housing & Development Board. 2014. "Annual Report 2008–2009 and 2013–2014." Annual Reports. http://www.hdb.gov.sg/cs/infoweb/about-us/news-and-publications/annual-reports.
112. Matthews, John A., and Dong-Sung Cho. 2007. *Tiger Technology: The Creation of a Semiconductor Industry in East Asia.* Cambridge: Cambridge University Press.
113. Parliament of Singapore. 1981. "Singapore's Economic Development Plan for the Eighties." Highlights, Annex I. http://sprs.parl.gov.sg/search/resource/NonPDF/1981/19810306/ 19810306-HA-0400357.htm.
114. Singapore Department of Statistics. 2014a. Time Series on Annual GDP at Current Market Prices and on Per Capita GDP, 20 May. http://www.singstat.gov.sg/statistics/browse-by-theme/national-accounts.
115. ———. 2014b. GDP by Industry. Accessed February 20, 2014. http://www.singstat.gov.sg/ statistics/browse-by-theme/national-accounts.
116. ———. 2014c. Key Demographic Indicators, 1970–2013.
117. Accessed February 20, 2014. http://www.singstat.gov.sg/statistics/browse-by-theme/population-and-population-structure.
118. ———. 2014d. Manufacturing (Statistical Tables from Yearbooks). Accessed

February 20, 2014. Available: http://www.singstat.gov.sg/statistics/browse-by-theme/manufacturing.

119. ———. 2014e. Research and Development (Statistical Tables from Yearbooks). http://www. singstat.gov.sg/statistics/browse-by-theme/research-and-development.

120. ———. 2014f. Principal Statistics of Manufacturing by Industry Cluster, 2013. Accessed February 20, 2014. http://www.singstat.gov.sg/statistics/browse-by-theme/manufacturing.

121. Singapore Ministry of Trade and Industry. 1991. "The Strategic Development Plan: Towards a Developed Nation." Executive Summary. Singapore. http://www.mti.gov.sg/ResearchRoom/ Documents/app.mti.gov.sg/data/pages/885/doc/NWS_plan.pdf.

122. Spring Singapore. 2011. "A Guide to Productivity Measurement." http://www.spring.gov.sg/ resources/documents/guidebook_productivity_measurement.pdf.

第四章

123. Bank Negara Malaysia. 2013. "Economic Developments in 2013." Annual Report 2013. http:// www.bnm.gov.my/files/publication/ar/en/2013/cp01.pdf.

124. Economic Planning Unit. 2013. "Economic History." http://www.epu.gov.my/en/economic-his tory;jsessionid=AB199A4C187395F9CA5EB3F7B8251E18

125. Mahari, Zarinah. 2011. "Demographic Transition in Malaysia: The Changing Roles of Women." Paper presented at the 15th Conference of Commonwealth Statisticians, New Delhi, India. 7–10 February.

126. Malaysian Foresight Institute. 2014. "The Science to Action（S2A）Programme." Interview with Professor Tan Sri Zakri Abdul. http://www.myforesight.my/index.php/architects/insights-leaders/612-science-to-action-s2a-programme.html.

127. Malaysian Industrial Development Authority. 2015. "Why Malaysia." http://www.mida.gov. my/home/why-malaysia/posts/.

128. Malaysia Palm Oil Council. 2012. "Malaysian Palm Oil Industry." http://www.mpoc.org.my/ Malaysian_Palm_Oil_Industry.aspx.

129. ———. 2014. "Annual Report 2014." http://www.mpoc.org.my/More_Publications.aspx.

130. Malaysian Rubber Board. 2011. "The Origin and Establishment of the Rubber Research Institute Malaysia." http://www.lgm.gov.my/general/rrim70yrs.aspx.

131. Malaysian Rubber Board. 2013. "Natural Rubber Statistics 2013." http://www.lgm.gov.my/.
132. Ministry of Education Malaysia. 2013. "Malaysia Education Blueprint 2013–2025." Kementerian Pendidikan Malaysia, Putrajaya, Malaysia.
133. Performance Management and Delivery Unit (PEMANDU). 2013. "Economic Transformation Programme Annual Report 2013." Prime Minister's Department. http://etp.pemandu.gov. my/annualreport2013/.
134. World Economic Forum. 2012, 2014. "Global Competitiveness Report 2012–13 and 2014–15." http://www.weforum.org/reports/global-competitiveness-report-2014-2015.
135. Yusof, Ahmad Mohd. 1998. "Impact of National Policies upon Malaysia's Employment Sector." Essay, Graduate School of Policy Science, Saitama University, Japan.

第五章

136. Hirschman, Albert. 1945. *National Power and the Structure of Foreign Trade.* Berkeley: University of California Press.
137. Rostow, Walt Whitman. 1962. *The Stages of Economic Growth.* London: Cambridge University Press.
138. Woo, Jung-En. 1991. *Race to the Swift.* New York: Columbia University Press.

第六章

139. Aghion, P., and P. Howitt. 1992. "A Model of Growth through Creative Destruction." *Econometrica* 60 (2): 323–51.
140. Benavente, J. M., J. de Gregorio, and M. Núñez. 2006. "Rates of Return for Industrial R&D in Chile." Working Paper No. 220, Department of Economics, University of Chile.
141. Benavente, J. M., and R. Lauterbach. 2008. "Technological Innovation and Employment: Complements or Substitutes?" *European Journal of Development Research* 20 (2): 318–29.
142. Bosworth, B., and S. Collins. 2003. "The Empirics of Growth: An Update." *Brookings Papers on Economic Activity* 34 (2): 113–206.
143. Bravo-Ortega, C., J. M. Benavente, and A. Gonzalez. 2014. "Innovation, Exports

and Productivity: Learning and Self Selection in Chile." *Emerging Markets Finance and Trade.* 50 (1): 68–95.

144. Crespi, G. 2006. "Productivity and Firm Heterogeneity in Chile." PRUS Working Paper 36, Poverty Research Unit, University of Sussex.
145. Crespi, G., E. Stein, and E. Fernandez-Arias, eds. 2014. *Rethinking Productive Development: Sound Policies and Institutions for Economic Transformation.* London: Palgrave Macmillan.
146. Fuentes, R., F. Gredig, and M. Larraín. 2007. "Estimating the Output Gap for Chile." Working Papers Central Bank of Chile 455, Central Bank of Chile.
147. Goto, A., and K. Suzuki. 1989. "R&D Capital Rate of Return on R&D Investment and Spillover of R&D in Japanese Manufacturing Industries." *Review of Economics and Statistics.* 71 (4): 555–64.
148. Grilliches, Z. 1995. "R&D and Productivity." In *Handbook of the Economics of Innovation and Technological Change,* edited by P. Stoneman, 52–89. Oxford: Blackwell.
149. Hall, Robert E., and Charles I. Jones. 1999. "Why Do Some Countries Produce So Much More Output per Worker Than Others?" *Quarterly Journal of Economics.* 114 (1): 83–116.
150. Harrison, R., J. Jaumandreu, J. Mairesse, and B. Peters. 2014. "Does Innovation Stimulate Employment? A Firm-Level Analysis Using Comparable Micro-Data from Four European Countries." *International Journal of Industrial Organization* 35 (C): 29–43.
151. Hausmann, R., C. A. Hidalgo, S. Bustos, M. Coscia, A. Simoes, and M. Yildirim. 2011. *The Atlas of Economic Complexity.* Hollis, New Hampshire: Puritan Press.
152. Hidalgo, César A., and Ricardo Hausmann. 2011. "The Network Structure of Economic Output." *Journal of Economic Growth* 16: 309–42.
153. Mazzucato, M. 2013. *The Entrepreneurial State: Debunking Private vs. Public Sector Myths.* London: Anthem Press.
154. Mohnen, P., and B. Hall. 2013. "Innovation and Productivity: An Update." *Eurasian Business Review.* 3 (1): 47–65.
155. Pavcnick, N. 2002. "Trade Liberalization, Exit and Productivity Improvements: Evidence from Chilean Plants." *Review of Economic Studies* 69 (1): 245–76.

156. Pavitt, K. 1984. "Sectoral Patterns of Technical Change: Towards a Taxonomy and a Theory." *Research Policy* 13 (6): 343–73.
157. Roberts, M. J., and J. R. Tybout, eds. 1996. *Industrial Evolution in Developing Countries: Micro Patterns of Turnover, Productivity and Market Structure.* New York: Oxford University Press.
158. Romer, P. 1990. "Endogenous Technological Change." *Journal of Political Economy* 98 (5): 71–102.
159. Rouvinen, P. 2002. "R&D-Productivity Dynamics: Causality, Lags, and 'Dry Holes'." *Journal of Applied Economics* 5 (1): 123–56.
160. World Economic Forum. 2013. Global Competitiveness Report, 2012–2013. Geneva: World Economic Forum.

第七章

161. Acemoglu, D., P. Aghion, L. Bursztyn, and D. Hemous. 2012. "The Environment and Directed Technical Change." *American Economic Review* 102 (1): 131–66.
162. Acemoglu, D., N. U. Akcigit, N. Bloom, and W. Kerr. (2013). "Innovation, Reallocation, and Growth." NBER Working Paper 18993, National Bureau of Economic Research, Cambridge, Massachusetts.
163. Aghion, P., and P. Howitt. 1992. "A Model of Growth through Creative Destruction." *Econometrica* 60: 323–51.
164. ———. 2006. "Appropriate Growth Policy." *Journal of the European Economic Association* 4: 269–314.
165. ———. 2009. *The Economics of Growth.* Cambridge, Massachusetts: MIT Press.
166. Aghion, P., U. Akcigit, and P. Howitt. 2013. "What Do We Learn From Schumpeterian Growth Theory?" Working Paper, Harvard University, Cambridge, Massachusetts.
167. Aghion, P., P. Askenazy, R. Bourles, G. Cette, and N. Dromel. 2009. "Education, Market Rigidities and Growth." *Economics Letters* 102 (1): 62–65.
168. Aghion, P., N. Bloom, R. Blundell, R. Griffith, and P. Howitt. 2005. "Competition and Innovation: An Inverted-U Relationship." *Quarterly Journal of Economics* 120: 701–28.
169. Aghion, P., R. Blundell, R. Griffith, P. Howitt, and S. Prantl. 2009. "The Effects

of Entry on Incumbent Innovation and Productivity." *Review of Economics and Statistics* 91 (1): 20–32.
170. Aghion, P., L. Boustan, Hoxby, C., and J. Vandenbussche. 2009. "Exploiting States' Mistakes to Identify the Causal Effects of Higher Education on Growth." Unpublished, Harvard University, Cambridge, Massachusetts.
171. Aghion, P., A. Dechezlepretre, D. Hemous, R. Martin, and J. Van Reenen. 2013. "Carbon Taxes, Path Dependence and Directed Technical Change: Evidence from the Auto Industry." Unpublished, Harvard University, Cambridge, Massachusetts.
172. Aghion, P., M. Dewatripont, C. Hoxby, A. Mas-Colell, and A. Sapir. 2010. "The Governance and Performance of Universities: Evidence from Europe and the US." *Economic Policy* 25: 7–59.
173. Aghion, P., M. Dewatripont, L. Du, A. Harrison, and P. Legros. 2012. "Industrial Policy and Competition." Unpublished, Harvard University, Cambridge, Massachusetts.
174. Aghion, P., T. Fally, and S. Scarpetta. 2007. "Credit Constraints as a Barrier to the Entry and Post-Entry Growth of Firms." *Economic Policy* 22: 731–79.
175. Aghion, P., E. Farhi, and E. Kharroubi. 2012. "Monetary Policy, Liquidity and Growth." Unpublished, Harvard University, Cambridge, Massachusetts.
176. Aghion, P., D. Hemous, and E. Kharroubi. 2009. "Cyclical Fiscal Policy, Credit Constraints, and Industry Growth." *Journal of Monetary Economics* 62 (C): 41–58.
177. Akcigit, U., K. Alp, and M. Peters. 2014. "Lack of Selection and Imperfect Managerial Contracts: Firm Dynamics in Developing Countries." Unpublished, University of Pennsylvania, Philadelphia.
178. Bartelsman, E., J. Haltiwanger, and S. Scarpetta. 2004. "Microeconomic Evidence of Creative Destruction in Industrial and Developing Countries." IZA Discussion Papers 1374, Institute for the Study of Labor (IZA), Bonn, Germany.
179. Beck, T., A. Demirgüç-Kunt, L. Laeven, and R. Levine. 2008. "Finance, Firm Size, and Growth." *Journal of Money, Credit and Banking* 40 (7): 1379—1405.
180. Beck, T., A. Demirgüç-Kunt, and V. Maksimovic. 2005. "Financial and Legal Constraints to Firm Growth: Does Firm Size Matter?" *Journal of Finance* 60: 137–77.
181. Bloom, D., and J. Van Reenen. 2010. "Why Do Management Practices Differ Across Firms and Countries?" *Journal of Economic Perspectives* 24: 203–24.

182. Cable, Vince. 2010. "Vince Cable Speech." Speech at the Cass Business School, June 3, 2010. https://www.gov.uk/government/news/vince-cable-speech-cass-business-school-june-3-2010.
183. Cette, G., and J. Lopez. 2012. "ICT Demand Behavior: An International Comparison." *Economics of Innovation and New Technology* 21: 397–410.
184. Cette, G., J. Lopez, and J. Mairesse. 2013. "Upstream Product Market Regulations, ICT, R&D and Productivity." NBER Working Paper 19488, National Bureau of Economic Research, Cambridge, Massachusetts.
185. Frankel, J., and D. Romer. 1999. "Does Trade Cause Growth?" *American Economic Review* 89 (3): 379–99.
186. Garicano, L., Lelarge, C., and J. Van Reenen. 2013. "Firm Size Distortion and the Productivity Distribution: Evidence from France." NBER Working Paper 18841, National Bureau of Economic Research, Cambridge, Massachusetts.
187. Helpman, E. 2004. *The Mystery of Economic Growth*. Cambridge, Massachusetts: Belknap Press.
188. Hsieh, C.-T., and P. Klenow. 2009. "Misallocation and Manufacturing TFP in China and India." *Quarterly Journal of Economics* 124 (2): 771–807.
189. Klette, T., and S. Kortum. 2004. "Innovating Firms and Aggregate Innovation." *Journal of Political Economy* 112 (5): 986–1018.
190. Koch, W. 2014. "Bank-Based Versus Market-Based Finance as Appropriate Institution." Working Paper, Université du Québec à Montréal, Montreal, Canada.
191. Nunn, N., and D. Trefler. 2010. "The Structure of Tariffs and Long-Term Growth." *American Economic Journal: Macroeconomics* 2 (4): 158–94.
192. Rajan, R., and L. Zingales. 1998. "Financial Dependence and Growth." *American Economic Review* 88 (3): 559–86.
193. Solow, R. 1956. "A Contribution to the Theory of Economic Growth." *Quarterly Journal of Economics* 70 (1): 65–94.
194. Wacziarg, R. 2001. "Measuring the Dynamic Gains from Trade." *World Bank Economic Review,* 15 (3): 393–429.

第八章

195. Acemoglu, D., and F. Zilibotti. 1997. "Was Prometheus Unbound by Chance?

Risk, Diversification, and Growth." *Journal of Political Economy* 105 (4): 709–51.

196. Carvalho, V., and X. Gabaix. 2013. "The Great Diversification and Its Undoing." *American Economic Review* 103 (5): 1697–1727.

197. Kalemli-Ozcan, S., B. E. Sørensen, and O. Yosha. 2003. "Risk Sharing and Industrial Specialization: Regional and International Evidence." *American Economic Review* 93 (3): 903–18.

198. Koren, M., and S. Tenreyro. 2013. "Technological Diversification." *American Economic Review* 103 (1): 378–414.

199. Lerner, J. 1999. "The Government as Venture Capitalist: The Long-Run Impact of the SBIR Program." *Journal of Business* 72 (3): 285–318.

200. Lucas, R. E. 1998. "On the Mechanics of Economic Development." *Journal of Monetary Economics* 29: 61–70.

201. Quah, D. 1993. "Empirical Cross-Section Dynamics in Economic Growth." *European Economic Review* 37 (2): 426–34.

202. Ramey, G., and V. A. Ramey. 1995. "Cross-Country Evidence on the Link between Volatility and Growth." *American Economic Review 85* (5): 1138–51.

第九章

203. Cavalcante, L. R., and F. De Negri. 2011. "Recent Innovation Indicators in Brazil" [Trajetória Recente dos Indicadores de Inovação no Brasil]. Discussion Paper 1659, Institute of Applied Economic Research (IPEA), Brazil.

第十章

204. Adelman, I. 1997. "Social Development in Korea, 1953–1993." In The Korean Economy 1945– 1995, edited by D. Cha, K. Kim, and D. Perkins, 509–40. Seoul: Korea Development Institute.

205. Cho, S. 2003. "Land Reform and Capitalism in Korea." *In The History of the Korean Development Model and Its Crisis,* edited by C. Yoo. Seoul: Cobook.

206. Cho, S., and Y. Oh. 2003. "The Formation of Some Preconditions for the Condensed Growth in the 1950s." *Donghyanggwa Chonmang* 59: 258–302 (in Korean).

207. Coelho, V. S. P., and A. Favareto. 2008. "Participatory Governance and Development: In Search of a Causal Nexus." Paper presented at the RC19 Annual

Conference on the Future of Social Citizenship, Stockholm, September.
208. Dasgupta, P., and D. Ray. 1987. "Inequality as a Determinant of Malnutrition and Unemployment Policy." *Economic Journal* 97 (385): 177–88.
209. Deininger, K., and H. Binswanger. 1999. "The Evolution of the World Bank's Land Policy: Principles, Experience and Future Challenges." *World Bank Research Observer* 14 (2): 247–76.
210. Eom, Sek-Jin. 2011. "Between Mobilization and Participation: A Study on the Roles of Public Officials in Local Administration during the Rural Saemaul Undong in the 1970s." *Korean Public Administration Review* 45 (3): 97–122 (in Korean).
211. Gough, I., and G. Wood. 2004. *Insecurity and Welfare Regimes in Asia, Africa and Latin America: Social Policy in Development Contexts.* Cambridge: Cambridge University Press.
212. Grindle, M. S. 2004. Good Enough Governance: Poverty Reduction and Reform in Developing Countries. *Governance* 17 (4): 525–48.
213. Hwang, H. 1985. "A Study on Land Reform in Korea." *In The Modern History of Korea,* edited by J. Choi. Seoul: Yeoleum (in Korean).
214. Kim, D. 2004. "A Study on Park Chun-Hee's National Mobilization: Focusing on the New Community Movement." *Economy and Society* (Spring) (in Korean).
215. Kim, I. 1991. "Saemaul Movements and Changes in Rural Communities in the 1970s in Korea. Urban Growth and Regional Change after the 1940s." Academy of Korean Studies. Seongnam, (in Korean).
216. Kim, J. 1976. *Divided Korea: The Politics of Development 1945–1972.* Cambridge, Massachusetts: Harvard University Press.
217. Kim, S. 1997. "A Study of Land Reform in Korea. *In Essays on Korean Economic History,* edited by K. Kim. Seoul: Areum.
218. Koh, W. 2006. The New Community Movement in the President Park Era and the Making of Modern Citizens. *Economy and Society* (Spring) (in Korean).
219. Kohli, A. 2004. *State-Directed Development: Political Power and Industrialization in the Global Periphery.* New York: Cambridge University Press.
220. Kwon, H. J. 1998. "Democracy and the Politics of Social Welfare: A Comparative Analysis of Welfare Systems in East Asia." *In East Asian Welfare Model: Welfare*

Orientalism and the State, edited by R. Goodman, G. White, and H.-J. Kwon. London: Routledge.

221. ———. 2010. "Implications of Korea's Saemaul Undong for International Development Policy: A Structural Perspective." *Korean Journal of Policy Studies* 25 (3): 87–100.

222. Kwon, H. J., and H. K. Kwak. 2008. "Global Governance and the Possibility of Global Social Policy: Why Is It Difficult to Achieve MDGs?" Paper presented at the International Conference on Globalization and Reframing the Public Sector, Seoul, October.

223. Kwon, H. J., and I. Yi. 2009. "Economic Development and Poverty Reduction in Korea: Governing Multifunctional Institutions." *Development and Change* 40 (4): 769–92.

224. Lee, H. B. 2013. "The Development of the Project to Increase Income during the Saemaul Movement." *DongKook Sahak* 55 (in Korean).

225. Lim, J. 2004. "Mapping out Mass-Authoritarianism." *In Mass-Authoritarianism: Between Oppression and Consent,* edited by J. Lim and Y. Kim. Seoul: Book World (in Korean).

226. National Statistical Office. 1966, 1986, 1990. *National Statistical Yearbook.* Seoul: National Statistical Office.

227. Oh, Y. 2002. "Park Chung-Hee's Modernization Strategy and Rural Saemaul Movement." *Trends and Prospects* 55: 157–77 (in Korean).

228. Sin, P. 1988. "Comparative Research on Land Reform in Korea and Taiwan." *Korea and World Politics* 4 (2): 29–91 (in Korean).

229. United Nations Development Programme (UNDP). 2005. *Investing in Development: A Practical Plan to Achieve the UN Millennium Development Goals.* New York: UNDP.

230. United States Agency for International Development (USAID). 1959. *Country Program Book Aid Level Section.* Washington: USAID.

231. World Bank. 2005. *Global Monitoring Reports 2005: Millennium Development Goals: From Consensus to Momentum.* Washington: World Bank.

232. ———. 2006. *World Development Report 2006.* Washington: World Bank